青岛市教育科研专著出版及成果奖励基金资助项目

我心中的学校教育

覃川 著

中国海洋大学出版社
·青岛·

图书在版编目（CIP）数据

我心中的学校教育 / 覃川著 . —青岛：中国海洋
大学出版社，2014.9
ISBN 978-7-5670-0706-2

Ⅰ . ①我 … Ⅱ . ①覃 … Ⅲ . ①学校教育 – 文集 Ⅳ .
① G4-53

中国版本图书馆 CIP 数据核字 (2014) 第 182434 号

出版发行	中国海洋大学出版社		
社　　址	青岛市香港东路 23 号	**邮政编码**	266071
出 版 人	杨立敏		
网　　址	http://www.ouc-press.com		
电子信箱	zhanghua@ouc-press.com		
订购电话	0532-82032573（传真）		
责任编辑	张　华	**电　　话**	0532-85902342
装帧设计	青岛乐道视觉创意设计工作室		
印　　制	日照日报印务中心		
版　　次	2016 年 7 月第 1 版		
印　　次	2016 年 7 月第 1 次印刷		
成品尺寸	166 mm × 240 mm		
印　　张	22.5		
字　　数	368 千		
定　　价	32.00 元		

序

在平凡和细微处的教育情怀

教育事业是一项神圣的事业，它指向深远，关乎国家民族的未来，但它的落脚点往往在平凡和细微处，在一堂课、一句话，甚至一个眼神上。覃川教授的《我心中的学校教育》，带给我这样的感动。

《我心中的学校教育》收录了覃川有关教育、课程、课堂教学以及教师成长方面的对话、文章和评论。所涉及的有基础教育的课程改革和教学方法改革问题，也有高等职业教育的人才培养问题；有的是看了其他老师的文章或经验介绍、教学感悟后引发的思考和评论，还有的是自身工作感悟中激发而出的思想火花；大到对教育本质的终极诘问，小到对一个教育事件的感触评说。这些内容多数是以网络跟帖形式呈现，在这些看似没有章节系统的字里行间，我们感受到了教育事业的复杂，同时也更加深刻体会到了教育事业的崇高。

教育，一定是让人幸福的，这幸福并不仅仅是通过教育，让我们的学生获得知识和技能以及生存的本领，从自食其力到事业成功，从默默无闻到成家成名。教育更重要的在于面对每一个生命给予的尊重和让他们通过自我的修养而具有获得尊重的能力。教育就是要用爱心来启动善意，让我们的学生具备善的愿望和善的能力、美的心灵和美的艺术。用什么样的教育才能达到这样的目标，是我们需要深入思考的问题，这个问题就体现在我们做的每一项工作中，体现在每一节课中，体现在每一个人的分分秒秒之中。

有人关乎成功，有人关乎情怀。关乎成功者，看重的是结果，他们认认真真、一丝不苟，最终把每一件事做到精致，每一项工作成果都成为精品,把自己的学生培养成为合格、优秀的未来职业工作者、成功人士。他们的每分每秒都在思考着工作任务,能够成为别人学习和羡慕的典范,他们永远会是工作的先进和模范。关乎情怀者,关注着每一位学习的心灵成长,思考着教育到底要学生现在怎么样,将来会怎么样,所以他们在课堂上常常忘情地展示自己的思考,他们的日常生活中常常有小的感动,他们可能一辈子没有什么荣誉却能让学生总是想起来、说起来,甚至千里迢迢前来,仅为一句对师长的问候。

覃川教授的书,就是通过短短的一个故事和这个故事所引发的思考,或者是一个观点和这个观点产生的前因和观点的后续思索,抑或是老师们在最习以为常的行为中引发的争论和争论背后的教育观点,一次又一次地让我们看到一种情怀,是对教育事业执著而坚定的情怀。他不停地思索,不停地学习,不停地发现。在这些思索、学习和发现中,渗透着他的自我积累,也塑造着一份崇高。

基础教育是对学生基本人格的培育,高等职业教育是直接面对未来职业的教育。作为一所高职院校的管理者,如何确立高职教育的价值定位,是办好高职教育的根本和基点。职业教育要面向职业工作,决定了其目标是要让学生适应未来的职业,并在职业活动中获得成功;高等教育要培养高素质的人,培养具有良好知识素养和科学精神,勇于创新,积极参与社会进步的人。高职教育就是要培养学生通过职业工作实现对社会进步的参与,就是要把提高知识素养和科学精神的过程内化在职业学习中。教育情怀体现在对学习者的关怀,不仅仅为了他们未来的职业生涯,也为了他们未来的职业生活;不仅仅未来的生活要幸福,现在的学习生活也应该幸福。关注学生的心灵,走进学生的生活,应该就是全书最根本的精神所在。

让学生成为他自己,是覃川贯穿在全书中的一个基本教育思想。每一位学生都应该获得一份属于自己的尊严和幸福。我们的学校教育,如何让我们的学生获得他们自己在校学习期间这一段生命的幸福和快乐,为未来的幸福快乐打下基础?这是我们每一位教师、每一位教育工作者应该思索和身体力行的。它不是空洞的口号和理念,它在我们的每一项工作任务里,在每一节课堂上,在我们工作的分分秒秒中。

　　我想这正是这些平凡和细微给我们带来的崇高,正是一个教育工作者朴素的教育情怀。

　　　　　　　　　　　　中国教育学会会长、博士生导师　钟秉林

　　　　　　　　　　　　2014 年 5 月

目　录

目
录

3

目录

对话札记篇

"善意的谎言"真是万能钥匙吗

　　最近读了一篇题为《善意的谎言》的文章,一个学生上课时偷写情书,被老师发现并收走,对起哄的学生老师却便编造了"美丽的谎言"搪塞,以保全写情书学生的尊严。作者总结道:"恰到好处地运用一些善意的谎言,可以更好地管理班级,融洽师生关系……'善意的谎言'有时真的是班主任打开学生心锁的'万能钥匙'。"

　　"善意的谎言"真的是"万能钥匙"吗?仅靠一次"善意的谎言"真的就能打开学生的心锁吗?这究竟是标本兼治的法宝,还是治标不治本的表面化的做法?

　　在这个故事中,受"善意的谎言"的感动,学生课后主动找老师承认"错误",感谢老师保护自己的尊严。但这不一定就能从根本上解决学生的思想问题。也许,当时对这个学生的确起到了作用,或者说解决了当时的思想问题,但是,这种办法不一定就是打开学生的心锁的"万能钥匙"。

　　没有发现的事情不一定就不存在。可能老师以后再也看不到学生写的情书了,但这不一定就能保证他们以后不再写。思想问题并非靠一次谈话、靠"善意的谎言"就能解决。或许学生由公开转入地下,继续写情书;或许学生从此远离与异性同学,不敢正常交往,甚至从此以后拒绝异性,出现"谈爱色变"的心理问题……

　　我们究竟是直面学生的问题,还是回避了事呢?从这则案例中,不难看出老师对待学生情感问题的态度是谨慎、回避的。作者认为,"面对学生多变复杂的个性心理,单一、陈旧的'说教'、'管教'模式是行不通的。更何况,我们所面对的是生理和心理尚处于发育期的学生,其稚嫩的心灵更需要我们百般呵护,容不得我们出丝毫的差错。"

就是这种"容不得我们出丝毫的差错"的心态使得一些教师不敢触及学生情感方面的话题,而是避实就虚。因此,"善意的谎言"被推崇也就不足为怪了。

我们肯定这位老师对学生"保护、理解和宽容"的态度,但是,这种做法并没有达到解开学生心锁的目的。在信息社会的当下,网络媒介使得很多原来看似秘密的事情不再是秘密。就学生情感方面的问题来说,教师应该客观地面对,而不是主观地回避。

爱慕异性是人性的一种本能。生理上的成熟使得青春期的学生对异性有着强烈的好奇感,他们开始关注异性,并不时地在异性面前表现自己。学生写情书是其懵懂的青春期心理的正常反应。然而,在处理这类事情时,一些老师要么等闲视之,要么强加管制,这些做法其实都是在回避青春期学生的情感问题。教育、引导学生是教师的分内之事,教师应该引导学生正确地与异性交往,理智地自我控制。

"善意的谎言"仅仅是一种权宜之计,更艰巨、更细致的思想工作还在后面。教师不能被表面现象所迷惑,应该及时地跟进并疏导学生情绪,帮助他们在迷茫中调整方向,培养学生健康乐观、积极向上的心理。需要反思的是,一些教师在处理学生问题时,没有理清目的与手段的关系,在处理事件时缺少计划性和系统性,以至于很多事情就像烧开水那样,烧到八九十度就不再烧了,老是差一点、少股劲,结果功亏一篑。

教师应该时刻考虑的一个重要问题是:自己的一言一行会给学生带来怎样的影响?"善意的谎言"在特定情况下使用一次也未尝不可,但是,倘若将这种办法作为一种工具性方法经常使用的话,很有可能会出现负面效应。对于这一点,作者并没有意识到,而是极力推崇"善意的谎言":"如果能设身处地,编造一些善意的谎言,往往可加强师生间的心理沟通,使问题得到圆满的解决。""毕竟'教育孩子'与'教育好孩子'不完全是一回事,真话并不等于真理。要真正做到'教育好孩子'是需要讲究艺术的,而艺术的教育有时是需要'谎言'的……"

读了这几句论述,我们不禁要问:教育需要艺术,但这个艺术与"善意的谎言"之间是什么样的关系呢? 教育需要"艺术"的目的是什么? 编造谎言果真"具有神奇的力量",能"使问题得到圆满解决"吗?

教师屡屡使用"善意的谎言",很有可能造成学生效仿老师的行为,也去编造"善意的谎言",久而久之便会形成一种习惯。其实,处理学生课堂上写纸条的方法还有很多,不一定要当场拿走学生写的纸条,然后通过"善意的谎言"来转移目标。即使这样做,其他学生也不一定相信老师的"善意的谎言"。此外,为了处理这个不听讲、写纸条的学生而中断教学,让听课的学生转移注意力,这种课堂管理方式也是值得商榷的。

在这件事上,教师是否也该反思一下:为什么在自己的课堂教学中会出现学生不听讲、写纸条的现象呢? 在未经学生许可的情况下,以"对学生负责"的理由,理直气壮地收走纸条的做法对不对?

(网名: 郝焰,后刊载于《中国教育报》2008 年 11 月 13 日第 8 版)

【跟帖】

发表人: 广水

无论是谁,作为一个人,都希望能够有尊严地活着。一个人具有了尊严感,才能有责任感! 学生和老师一样同样都是有尊严的。老师想要得到学生的尊重,同样学生也需要老师的理解和尊重。让学生在被尊重中学会尊重别人吧,让他们健康地成长,学会做人的道理!

发表人: 城阳越凌空

任何事物都有两面性,没有绝对的好,也没有完全的错。

从出发点来考虑,是好的;从手段来说,不怎么好;从结果来说,应该也是好的结果。什么事都是相对的,并不是绝对的,有时候没必要非要黑白分明。作为一名教师,要运用自己的智慧巧妙地运用这把双刃剑,才能把事情很好地解决。

发表人: guangshui 阳

善意的谎言有时候是好的,但不一定都是对的。文中老师用谎言维护孩子的尊严,出发点和当时的效果是好的,但要真正达到郝焰老师说的标本兼治的目的,可能性就有待证实了。我们总是本着好的目的而去,却往往容易忽视善后工作。善意的谎言也许只是敲门砖,后来的探索和改变工作应该是更重要的。

发表人：黄岛区新薛倩

善意的谎言需要正确运用，否则有弊无益。当然在我看来，学生的尊严是一定要维护的。这也是首要的。

发表人：李聚好

我想我们要针对不同的学生采取不同的教育方法，力求完美地处理好每个问题。

发表人：华楼姜艳

一句善意的谎言，维护了孩子的自尊，从而得到这个孩子的信任，发挥了其作用。

发表人：黄岛新薛佩瑶

学生跟我们教师是一样的，我们都拥有健全的人格，我们彼此之间是平等的，作为教师的我们应该正确地看待事物，任何事物都有两面性，没有绝对好的，也没有完全错的。

发表人：黄岛李岩飞

每件事情都有两面，善意的谎言也一样，这只能靠我们老师自己巧妙地运用这把双刃剑。

发表人：娟子

善意的谎言，它只能在特定的时刻发挥它的积极作用，但也可能不能完全地去处理好孩子的问题。我觉得老师还是应该从问题的根源入手，彻底地解决。

发表人：无病斋主人

郝焰老师的分析，深刻而中肯。让我们来分析一下这"善意的谎言"就会发现许多问题值得研究。第一，老师有必要"撒"这个"谎"吗？一个女生写纸条，老师没收之后，男生起哄，这时，首先该批评的是起哄的男生。老师没批评起哄者，而是说了一句"善意的谎言"。这等于老师迁就了这一起起哄的行为。第二，老师没收了女生的纸条后，"用饱含深情的目光看了那个女孩一眼"，这一眼，是什么意思？是批评吗？是鼓励吗？是想向学生传递什么信息？其实，老师完全没有必要"饱含深情"！第三，这样的谎言，尽管是善意的，但能够真正改变学生的思想吗？她真的能从此不再早恋了吗？第四，老师当场没收了学生的纸条，这种行为是合法的吗？老师面对学生的隐私，应该怎么处理？……总之，这个"善意的谎言"，是很值得我们深思的。

郝焰老师的文章，我看有展开讨论的必要。我承认这个老师的确是善意的。这一点没有人会怀疑。但把这说成是"万能钥匙"，怕不尽然吧。我甚至怀疑，教育学生，做学生的思想工作，真的有"万能钥匙"吗？

发表人：心向太阳

"善意的谎言"或许应该辩证地来看待，有好的一面，同时也存在一定的弊端，郝老师把这个问题谈得更加深入。记得在《善意的谎言》文章后的跟帖中，"小小绿叶"老师说："适合学生的，才是最好的！"我们解决问题归根到底是为了孩子。给孩子留有尊严，有的时候运用善意的谎言也未必不对，善意的谎言就能够起到安慰他人的作用。因此很多人认为，带来伤害的谎言不可饶恕，但善意的谎言、无害的谎言却是可以宽恕的，教育当中善意的谎言也起到一定的教育作用，这个我们是不容否定的。

我们谈到的"谎言"——善意的，加上了这个限定词后，谎言的本质也就发生了根本的改变。"善意的谎言"是人们对事物寄托的美好愿望，是人们善良心灵的对白，是人们彼此之间相互安慰的一丝暖意，是人们心底里流露出来的一种柔情……谁也不会去追究它的可信程度，即使听到善意谎言的人明知道是谎话，也一样会去努力相信，不会觉得说谎者的虚伪，有时还要从心里感激呢。在我们的教育当中适当地运用会起到一定效果的。

发表人：崂山俊

感觉在那个场景，面对那个女孩以及男生们的起哄，孙老师的这一做法是合适的，顾全了女孩的自尊心。试想，如果老师没那样做，照实把纸条上的内容读出来，全班学生会怎样？是否还能照常进行？女孩在以后的学习生活中还能像以前那样，没有心理包袱？或者那时老师什么也不说，没收上纸条，照旧登上讲台，"若无其事"地开始上课，女孩还能听进去吗？可能她会猜测老师课下的做法，还有男孩子们呢？好奇心没满足，下课后的他们会不会继续"询问"女孩？

所以感觉在那样的情境下，孙老师的做法是可取的。而且文中老师也说这一方法"有时"是打开学生心扉的钥匙，并没有以偏概全，直截了当地说这是万能钥匙。当然，郝老师提出这样的观点也有道理，即告诉我们要注意在班级管理中，在纠正学生的小问题时，都要有相关的后续工作，杜绝此类事情的再次发生。但我觉得孙老师的那句话说得并没有错误。

发表人：徐水荣荣

任何一位老师都不会一直用一种教育方法教育学生，而是根据学生的实际情况因人、因事制宜，目的都是为了使学生能够健康、快乐地成长。我认为《善意的谎言》中孙老师的做法保护了学生的自尊心，在后来的谈话中也让学生受到了教育，这样做很好。

发表人：黄岛新 syc

学生的尊严是一定要维护的，"善意的谎言"只是维护学生尊严的一个看情况而定的方法。教师必须在恰当的时候运用，如果是滥用或乱用，一旦被揭破，将使教师的公信力大打折扣，最终不利于教育学生！在我看来，这一方法应该慎用！

发表人：黄岛 xue-jing

其实对待学生的方法需要因人而异，不管怎样，那位老师的出发点是好的，不使孩子的自尊心受到打击比什么都重要。

发表人：胶南 wbx

对不同的学生应该用不同的方法，我们应该在实际工作过程中不断地去摸索，积极地思考，寻求新的好的方法，以促进学生的成长。

发表人：书声琅琅

善意的谎言，一石激起千层浪。面对我们复杂的教学工作，面对千差万别的学生，面对"形态各异"的教育问题，我们都在追问反思这样一个问题：老师该如何有效地处理类似问题？处理类似问题的出发点是什么？我不敢妄言当时为什么会出现这样的事情，因为不要把学生想象得在每一节中都是优秀的"三好生"那样规规矩矩地上课。我可以想象在当时那样的情景，我赞赏该老师的做法。这样的做法在当时肯定是维护了孩子的自尊。就算是当时班里的孩子不相信老师念的是真话(相信在当时，老师念的时候也不会有念真话的语气的)，但是，这又算得了什么呢？大家都不言自明，但是班里的绝大部分同学同意老师的做法。

同时我觉得，事情远远没有结束，有经验的教师应该明白：这一时的"遮眼法"解决不了学生中存在的实际问题：青春期问题。所以老师不要为自己"一时的机智"而得意(可能有些过分，谅解)，而是应该沉下心来，思考问题的根源，从学生的思想认识的角度让学生对自己成长中遇到的问题有一个正确的认识。教师更不能让"善意的谎言"泛滥，否则，久而久之，教师的教育就会失去力量。撼动学生心灵的不就是对事情有个彻底、清晰的认识吗？

发表人：徐水李艳杰

"善意的谎言"老师运用得好、处理得当，对维护孩子的自尊、促进孩子自我反省是有效的。但它不可能成为教育孩子的"万能钥匙"，毕竟孩子是有个体差异的，对甲管用不一定对乙管用，需要教师运用智慧巧妙解决。让我们共同努力吧！

发表人：jingshuiliushen

作者这么中肯而透彻的分析，引发了我对自己处理问题方式的反思。很多时候，我处理学生的问题时并没有经过大脑深入的思考，凭着自己的心性去做，没考虑到这么做是否正确？为什么要这么做？这么做的后果是什么？有没有更合理的做法？怎样补救自己因为鲁莽行为而造成的对学生的伤害？我个人认为，《善意的谎言》中老师的做法并没有什么不妥。我们都经历过懵懂的年代，都能体会到学生当时的心理，不是靠老师精彩的讲课就能遏制住青春期学生的冲动，况且哪一位老师也不能保证每一节课都能做到精彩，学生上课开点小差是正常的。关键是我们怎么把学生开放的思绪引到学习上来，怎样让学生正确地认识到自己做法的不妥从而正确地处理情感问题。郝焰老师的文章肯定也会使《善意的谎言》的作者得到启发。

发表人：潘欣明

善意的谎言是需要的，毕竟这个世界存在太多虚假了，没有谎言是难以生存的，对人对事都该用正确的角度去看。所谓的谎言只不过是人言所谓，纵然不说谎，也会有人冤枉你说谎，所以没有绝对的谎言，只有面对真正的自己，理解自己。

发表人：黄岛新 minami

个人认为，谎言应该因人而异，每个学生都不同，有的学生能够知道老师的谎言是为了给他留面子，有的学生就不知道，对于这一部分学生，就不能用这个方法，应该直接跟他说清楚危害，防微杜渐。

发表人：黄岛新祖文文

善意的谎言对某些学生、理解教师用意的学生会起到好的作用，所以我们在教学时候要因人施教。

发表人：黄岛新马丽

善意的谎言在特定的时刻，会有特定的作用，但是，谎言终究是谎言，总有被揭破的那一天。所以，我认为，即使是善意的谎言也要慎用！

发表人：黄岛新焦炜

教育需要运用多种教育艺术，旨在维护学生幼小的自尊心。

发表人：黄岛新薛娇

善意的谎言，有时会收获到意想不到的效果，它会使原本困难的事情变得迎刃而解。

发表人：辉辉

不论是善是恶，谎言永远会被揭穿，善意的谎言要有针对性，否则就说不清。

发表人：黄岛新冷晓军

世界上没有什么事情是绝对的，也没有一步就登上顶端的天梯，善意的谎言可以保全孩子的自尊心，也能够用柔和的方法使孩子认识到错误，既然孩子能够就"自尊"对老师表示感谢，就表示，这孩子的是非观念和价值观念还是很端正的。孩子也有自己的速度，作为老师也不是生产天才儿童的圣人，如果强硬地改变他们，也是容易出现矫枉过正的情况。

再乖的孩子也有调皮捣蛋的时候，再闹的孩子也有乖巧可人的时候，关键是怎样发现孩子的闪光点。潜移默化，慢慢来，"一口吃成胖子"在教育中是永远不会适用的。

发表人：黄岛新高德远

方法之所以是管用的，是因为它是合适的。没有所谓的万能钥匙存在，不同的教师也会有不同的处理问题方式，不可强求一致。对于青少年的错误应该怎样处理，很多时候是左右为难的，太软不行，不解决问题；太硬不行，会伤害学生自尊。具体问题具体分析是唯一的办法。

发表人：黄岛新苏苏

没有什么事情是绝对一定的，教师有的时候就需要对学生说一些能够激励他们的话！各种教育理论著作都提倡教师对学生多表扬，少批评。作为教师就要能够因材施教地对待学生，从学生实际出发。

发表人：开发区新叶伟

善意的谎言有的时候确实是需要的，但是不见得对每一种情况都适用，思想问题我觉得不能只靠一次谈心就可以解决问题，因为学生毕竟是个孩子，需要借助他人的监督与帮助才能不断地克服自身的问题。

发表人：黄岛新于东波

不管怎样，善意的谎言终归是来得委婉，小孩子的心很脆弱，需要每一个人来维护。

发表人：徐水李娜

教育真的是一门艺术，教师就是"艺术家"，怎样能让学生听话，怎样能让他们通过批评受到教育，怎样能让他们学习好，等等，这都是一些"艺术"的问题，只有掌握了正确的方法才能做好，不同的老师有不同的方法，而效果就不一样。真的很羡慕那些成功教师，现在看来，方法真的很重要。

发表人：黄岛薛立琳老师

善意的谎言，给我很大的启示。

其实这对于不同的学生，奏效也是不一样。

我在处理这类问题时，只是一笔带过，草草了事，没有细致地分析问题、解决问题，现在想来，好好谈心式的交流，与孩子一起找出他的"病源"，才能对症下药！

【链接文章】

善意的谎言

（为保护这位老师研修的积极性，特隐去其名字）

学生犯错误是常有的事，面对其错，我们最常用的方法就是严厉批评加苦口婆心地教育。但这样的教育，往往是班主任居高临下地娓娓道来，其效果未必理想；而如果能设身处地，编造一些善意的谎言，往往可加强师生间的心理沟通，使问题得到圆满的解决。

一次，我上课时，看到一名女同学没有注意听讲，却偷偷地在一张纸条上写着什么。我走近前去把纸条拿过来一看，竟是写给同班某男生的一封情书。我正准备走开，旁边的男同学却不依不饶地起哄，一定要老师当场把纸条上的内容读出来。面对大家我清清嗓子，高声读道："我一定要好好努力，不辜负老师对我的期望。"然后，我又用饱含深情的目光看了那女孩一眼，便一声不响地回到讲台，继续讲课。下课后我也未叫她到办公室，可那女孩却在一个晚上主动上门找到我，和我推心置腹地谈了自己的心里话，她已经认识到了自己的错误，并下决心努力改正。她还一再感谢老师维护了她的尊严。毫无疑问，如果我当场理直气壮地痛斥那位女同学，然后再找其家长语重心长地摆上一番大道理。这样的教育方式对她产生的影响是可想而知的，会使她羞愧，自卑，甚至会从此堕落乃至产生轻生的念头。

毕竟"教育孩子"与"教育好孩子"不完全是一回事，"真话"并不等于真理。要真正做到"教育好孩子"是需要讲究艺术的，而艺术的教育有时是需要"谎言"的。

面对学生多变复杂的个性心理，单一、陈旧的"说教"、"管教"模式是行不通的。更何况，我们所面对的是生理、心理尚处于发育期的学生，其稚嫩的心灵更需要我们百般地呵护，容不得我们出丝毫的差错。善意的"谎言"需要教师超越主观情感，放下师道尊严的架子,真正走进学生的心灵,了解学生内心的所思、所想、所需。当我们为了学生的幸福和希望适度地扯一些小谎的时候,谎言即变为理解、尊重和宽容,具有神奇的力量。

班主任工作中,恰到好处地运用一些善意的谎言,可以更好地管理班级,融洽师生关系,真可谓班主任工作中的一大"法宝"。当然,这样的谎言要巧妙设计,以防止"善意的谎言"的负面效应。"善意的谎言"有时真的是班主任打开学生心锁的"万能钥匙"。

《梨一样的苹果》带给我们的思考是什么

2008年2月3日琴岛教师成长工作室网站上所刊登的文章《梨一样的苹果》是一篇思想内涵比较丰富的美文。当时,我被这篇文章深深地吸引住了,一口气地把它读完。在阅读的过程中有一种说不出来的强烈的心理感受,随着故事情节的变化不断地变换着自己的角色:一会儿是那位爱发脾气咆哮的老师米哈朵夫,一会儿是那个可怜巴巴缩在墙角的学生尤里卡,再一会儿又是痛苦、神气快活的米哈朵夫老师……

从阅读时自己角色的不断更替中,仿佛再现了自己作为老师、作为学生时曾经所亲历过的类似的情境,勾起了许许多多当年发生在学校、发生在家庭、发生在身边的酸甜苦辣的回忆。这个故事、这个案例带给我们的思考有很多很多,下面我主要从两个方面谈一下自己的一些感悟。

一、敬畏生命

作为学生,应该在属于他们的学校生活、课堂生活里进行充满灵性的生命运动,这里不仅包括他们的身心能够在一种和谐的环境里成长,而且包括他们的思维也能够在和谐的环境里发展。作为教师,不能一味地以自己对待事物的好恶、自己的生活习惯以及自己教学工作所谓"严谨"的态度来对待发生在教室里的一切。因为,往往是老师的这些行为,或者说是老师这些"好心"的行为把孩子们的创造欲望给扼杀掉,把那些富有天分的孩子的前途给葬送掉,使他们成为平庸的人,甚至还让一个好端端的孩子从他们"天堂"般的理想国里坠入噩梦般的"地狱"里。不是吗？发生在校园里、发生在家庭中这样的事例还少吗？而这些当中有很多不就是我们一些教育工作者(也包括家长在内)给制造出来的吗？

米哈朵夫老师一开始在对待尤里卡所画的梨一样的苹果时就犯了一个错误，那就是没有尊重孩子的生命。这种不尊重的出现，源于老师的尊严受到了冲击与挑战，源于学生与老师的思维和习惯格格不入的叛逆。结果，米哈朵夫老师以他的咆哮、撕掉作业本，换来了尤里卡在全班同学的哄笑之下"可怜巴巴地缩在墙角"、最终被赶出教室的后果，以至于最后再次交到米哈朵夫老师手里的则是尤里卡"洒满了斑斑点点的泪渍"的老师所需要的那种"圆润鲜艳的苹果"。读到这里，我心中是沉甸甸的，眼前不断地呈现出一个个熟悉的小尤里卡的面庞，他们在一些老师、家长的"心灵暴力"下无助般地煎熬着，那种呆滞的眼神，那个耷拉着脑袋，那般无声地抽泣，那样痛苦地抽搐，让人看到揪心、寒颤。对此，作为一个有良知的教师、一个孩子的父母来说，在看到、回想起这些情景时难道还能无动于衷吗？

可能，有的读者朋友会说，米哈朵夫尽管"爱发脾气，但所有的孩子还是特别喜爱上他的图画课"。而且，这位老师也是一个敬业的"好"老师：

他在苏联一个偏远的小城中教了一年又一年图画课，直到翘起的小胡子中出现了一根根令他叹息的白毛。

他一如既往地按照自己的范图评价学生的图画作业，从未出现过任何差错。

可是，这个"爱发脾气"、"按照自己的范图评价"又说明了什么呢？老师的"专横"与学生的"自由"之间、老师的"范式"与学生的"多元"之间难道就是一条难以逾越的鸿沟吗？孩子们对老师的"喜爱"难道就是建立在这样的基础之上的吗？这样就是对学生的爱吗?！

其实，米哈朵夫老师在对待这位"不识时务"的、"土头土脑"的尤里卡时的变化就说明了一切：米哈朵夫老师在自我反思，在内心里谴责自己的所作所为，他感受到了从未有过的压力与痛苦：

米哈朵夫虽然一如既往地上他的图画课，但是那两撇可爱的小胡子似乎是患了感冒，再也不会欢快地抖动了。

爱发脾气的米哈朵夫好像是真的病了。他莫明其妙地自言自语，烦躁地跺脚挥手。可是，无论他的手挥得怎样有力，总也赶不走缠在脑袋中的像梨的苹果。无论他是多么不愿意，那些泪渍早已像一块块苦涩的盐斑深深印在他的心上了。

最后，米哈朵夫老师不得不去求救于园艺家来解除他心中的苦闷。这一切表明，米哈朵夫老师在思想斗争的过程中开始了自我批判，对多年来所奉行的课堂教学程式产生了怀疑，他试图通过转换课堂角色来关注学生，来尊重学生的生命。是的，在人世间每一个人都是鲜活、具有个性的，人与人之间有着亲疏远近之分也在常理之中，然而，作为老师可以不喜欢孩子们的一些性格秉性，但是不可以不尊重孩子们的人格自由。

从这个故事来看，老师米哈朵夫与学生尤里卡都是幸运的。因为，在米哈朵夫的威慑之下，执拗的尤里卡的身心并没有最后被崩溃掉，也没有出现让米哈朵夫感到终生遗憾的悲剧。而且，在米哈朵夫的愧怍与不安下，经过三年的努力终于证明了尤里卡的正确。可是，这也不免有一些缺憾：尽管三年后洗清了尤里卡所蒙受的"不白之冤"，似乎最后是一个"皆大欢喜"大团圆的结局，可是，就这三年里，在小尤里卡一生中黄金般的童年时光里，却在饱受着三年学校生活的煎熬，有过被老师驱赶回家、有过被同学们"哄笑"经历的尤里卡还能坚持自己的主张吗？还会有与众不同的"思想"吗？想到这里，我情不自禁地在内心里呼唤着：可怜的小尤里卡，你这三年还好吗？

尤里卡开始"变"了，变成能够让米哈朵夫喜欢的"乖孩子"了。不是吗？在米哈朵夫驱赶尤里卡回家的第二天，尤里卡不就"乖乖地"拿着画满了苹果的作业交到米哈朵夫的手中了吗？假若是尤里卡这样一直"乖"下去的话，三年后的"平反"、"正名"对他还有什么意义呢？他还能回归到三年前那种纯真吗？他还能找回到当初的自我吗？由此看来，教师应该慎用自己手中评判、左右学生的权利，因为，不当的用权将会导致扼杀学生创造力、甚至会发生危及学生生命的严重后果。

米哈朵夫也在"变"，因为，是尤里卡的"变"在刺痛着米哈朵夫，是尤里卡的"变"在唤醒着米哈朵夫的良知。正如跟帖的读者所认为的那样,米哈朵夫老师已经认识到自己的不妥的行为了,也在通过自己的积极努力改变对学生尤里卡的态度,这些读者甚至还被米哈朵夫老师"知错改错"的精神所感动,敬佩米哈朵夫老师的"认真"、"执著"、"不懈"和"负责"。不可否认,米哈朵夫老师的这些表现是令人感动的,可是感动之余我们又能发现些什么呢? 特别是"梨一样的苹果"事件发生后,米哈朵夫老师与学生尤里卡是如何相处的呢? 他在没有取得证实尤里卡正确、否定自己之前,在处理与尤里卡的相处关系上采取的却是一种回避、等待的消极态度:

米哈朵夫的小胡子越来越白了。每一节图画课都是一次折磨:他不敢看缩在墙角的尤里卡,更害怕同学们对尤里卡的嘲笑,那些尖锐的笑声像锥子似的扎在心上,使他痛苦极了。

米哈朵夫回到了小学校,开始了漫长的等待。三个秋天过去了,米丘林一点信息也没有。

米哈朵夫在慢慢地改变自己,可是,这个改变一下子就是三年! 然而,这三年对一个正在发育成长中的孩子来说是多么的漫长、是多么关键啊! 仅仅有"痛苦"、"等待"是不够的,重要的在改变自己的同时怎样迅速地改善与学生的关系。

敬畏生命给我们的另外一个启示就是要相信学生。这个故事再一次印证了建构主义学说,让我们再一次地认识到:学生并不是空着脑袋进入学习情境中的,作为教师应该相信学生身上所蕴藏的巨大的潜能。从另外一个层面来看,相信学生就是相信教师自己,进而也就是尊重教师自己,因为,在这当中,教师从内心里树立了自信与自尊,同时也获得了学生真诚的敬畏。

二、重塑自我

社会在发展,人们在进步,这是一个不争的事实,特别是信息社会的今天,世界的时空越来越显得狭小了,知识、信息也不再是那些高楼深院里的权威、专家所独有,它们越来越走向大众,走进百姓的生活。对学校的教育工作者来说,面对社会变迁所带来的这些变化就应该顺势而动,就应该主动地摆脱旧传统与旧经验的束缚,摒弃那种"几十年如一日"的教学习惯与思维定势,通过改变自己来顺应社会。

重塑自我首先要超越自我。否定自我获得重生，这是一个艰苦历练的过程，可是一旦尝试着去做了的话，那么往往会出现"柳暗花明"的转机，而且，还会导致自己的教育理念、教学模式实现革命性的重构。从米哈朵夫老师两次教学生画苹果的不同要求，就可以看出他在三年间经过痛苦的反思后走出了自我，开始了重塑自我的新征程，让这位原先比较自负、爱发脾气的老师变得民主与和善起来：

他在黑板上飞快地画了大大小小十几种苹果，然后让孩子们每人选画一个自己喜欢的苹果。

像三年前一样，米哈朵夫神气地站在讲台上，一口气画了大大小小十几种苹果："同学们，让我们再画一次苹果。我要说的是，请画出和我不一样的苹果。而尤里卡同学，请务必再画一幅梨苹果。"

这两次的画苹果不同的要求是什么呢？第一次的画苹果是老师给出学生一些范式的苹果，尽管苹果的样式有十几种，但总是跳不出老师所规定的模式与范围，要求学生从中"选画一个自己喜欢的苹果"，学生只能模仿老师给出的"规定动作"。第二次的画苹果虽然仍是老师给出的一些范式的十几个苹果，可是在怎样画苹果的要求上却发生了质的变化，这次，老师的苹果只是一个参考了，学生们有了"自选动作"的选择与权利，他们可以按照老师的要求画出与老师不同的苹果，除此之外还让尤里卡同学再画一幅自己所画过的梨苹果。两次都是画苹果，却在本质上有着天壤之别。第一次是束缚学生，以老师为中心，关注的是教学的流程，强调的是模仿、跟随、继承；第二次是解放学生，以学生为中心，关注的是学生的体验，强调的是创造、创意、发展。这两次对照鲜明、反差强烈的画苹果给我们所带来的思考是：变，是一个永恒的主题，只有变，才能适应社会的日新月异，才能使得教师的教学与学生学习的需求相匹配，才能不断地激活学生的创造性思维，才能使教师的教育教学生命永葆青春活力。

教师重塑自我就需要重新认识自己，重新认识教师的"尊严"。苏格拉底有一句名言叫作"认识你自己"。然而，我们常常容易犯的错误就是对自己缺乏正确的认识，从而在生活、工作的空间中带有极大的随意性、盲从性。我曾与一些有发展需求的教师做过一些交流，从他们的迷惘、痛苦、失望和徘徊的感受中体味到他们之所以在自己的发展道路上呈现盲目的状态，还是没有真正地放下裹在外表的、经过外在包装的美丽外纱，没有还自己于本原，把自己置身于大千世界之中。因此，对一名把教师职业生涯与教师生活有机结合在一起并有志于发展的教师来说，弄清楚"我是谁，我从哪里来，我到哪里去"的规划目标，选准适合自己发展的目标定位，对重塑自我是十分必要的。

教师的"尊严"所体现出来的首先应该是一种精神、一种情怀、一种态度。苏格拉底给我们的又一个提示就是"我知道，我也不知道"。我想，这句名言也就是教师的"尊严"赖以存在并被认可的基础吧。"尊严"是一种标杆，是一种示范，还是一种精神，它存在于教师教育教学工作与生活的各环节之中。教师在其一生的职业生涯中可能出现这样那样的问题，也会发生这样那样的过错，有很多不会甚至不知道的知识，问题是，我们究竟以什么样的心态去对待，是否有勇气来改变自己，纠正自己的过错。教师的行为在影响着学生，教师对待错误的态度也在潜移默化地影响着学生，这里面就有科学精神与素养问题，也就是如何对待自己，如何对待他人。在人们的眼里，学校是神圣的，教师职业也是神圣的，因为它有着对后人进行布道的功能，因此也就有了"师道尊严"之说。有人说选择了教育就是选择了责任，而从这个意义上来说，教师首先应该有"尊严"才能有信服地去"师道"，"尊严师道"在某种角度上看要比"师道尊严"更具有现实意义。米哈朵夫三年来的苦苦追寻，最后成为实现植物界嫁接技术上的革命的功臣的事例让我们看到了什么是教师的"尊严"，痛苦、猛醒后的执著、责任，促使他放弃了一直固守的"我知道"的传统经验，也使得他原先的"我不知道"的东西变成了"我知道"。与此同时，他这三年的经历对学生来说还是演绎了一场活生生的、尊严厚重的、耐人寻味的"师道"大片。

重塑自我的重要阵地在学校课堂。这个课堂不能狭义地理解成那种学校里物化了的教室，而应该是能够进行教学活动的场所。因此，在这种界定意义之下的教室里的革命，才能因源于对现实生活与现实世界真实体验，源于对待事物的严谨、科学的态度而实现革命性的发现与创造。在这个故事里，教室里所呈现出来的尤里卡画好的梨苹果的画上，发生了从洒满尤里卡泪渍到洒满米哈朵夫老师的泪渍的变化，这两次不同泪渍，表达的却是不同意境，前一次是尤里卡的委屈无助的悲伤，后一次则是米哈朵夫的喜极而泣的激动，但这两个不同心境的泪渍却是两种不同的课堂观的体现。

写到这里，我的感悟就算告一段落了，但是，总觉得还有好多好多的话没有说完，亲爱的朋友，您能帮我再续写下去吗？

（网名：郝焰）

【跟帖】

发表人：一剪梅

这是思想内涵比较深刻的一篇美文，读后，耐人寻味，启示多多。

1. 社会的发展进步要求教师摆脱旧传统与旧经验的束缚，那种"几十年如一日"的教学习惯与思维定势应该遭到摒弃。

2. 建构主义学说再一次地得到了印证：学生并不是空着脑袋进入学习情境中的，作为教师应该相信学生身上所蕴藏的巨大的潜能。

3. 每一次革命性的发现都是源于对现实生活与现实世界真实体验，同时也源于那种严谨、科学的态度。

4. 否定自我获得重生，这是一个艰苦历练的过程，可是一旦尝试着去做了的话，往往会出现"柳暗花明"的转机。

5. 教师慎用自己手中评判、左右学生的权利，不当的用权将会扼杀学生的创造力。

6. 变，是一个永恒的主题。只有变，才能适应社会的日新月异，才能使得教师自己的教学与学生学习的需求相匹配。

发表人：一剪梅

看到本文和网友的跟帖之后，我想提出以下的问题请这两位老师，当然也包括其他老师帮助阐释。

1. 米哈朵夫老师好在哪里？是因为他感觉到自己的错误，通过四处寻找梨苹果的"答案"来证明自己是错的，还尤里卡一个清白吗？假若米哈朵夫最终找不到答案，或者找到的答案说明根本没有梨苹果之说的话，米哈朵夫老师会怎样做呢？他还能感到自责吗？

2. 米哈朵夫的"坚持"是源于对尤里卡的信任吗？假如他信任尤里卡的话，为何要对尤里卡咆哮？为何撕掉本子？为何赶尤里卡回家，并威胁假若找不到梨苹果就不要来上学？

3. 按照米哈朵夫的这种行为,孩子们能够或者还敢坚持自己的信念吗?

4. 我们中间有许多这样的"米哈朵夫"式的"好老师"真的是孩子们的一种"福分"吗?

5. 在饱受了米哈朵夫严厉的"发脾气"之后,孩子们的身心还能一直健康地成长吗?

发表人:一剪梅

我们教给孩子尊敬老师、尊重长辈、学会感恩,这是简单"教"出来的吗? 我们做老师的为什么不去尊敬学生、感恩学生呢? 没有学生能有教师的职业岗位吗? 教师没有做到尊敬学生、感恩学生,没有真正地关爱学生,没有教师的率先垂范,而一味地要求学生做到这样、做到那样,这样的教育能成功吗? 学生能"被教"会吗?

怎样评价简单粗鲁的办法的有效性呢? 表面上的安静、守纪律、听话就是我们所要求、所需要的教育效果吗?

发脾气是为了学生的发展,这可以成为一个包括学生当事人在内的所有人所普遍认可的定律吗?

不知网友们是否注意到文章的这么一个细节,米哈朵夫三年中的行为是否体现了对学生的生命关怀呢? 在他的眼里真正有学生吗? 若有,那么他究竟是怎样对待学生的呢? 发脾气的时候他想过了没有? 三年里他又是如何与学生相处的呢?

发表人:一剪梅

敬畏米哈朵夫? 那么,他可敬畏的地方是什么呢? 难道是敬畏他对尤里卡的粗暴? 难道是敬畏他在三年中为了等待那个结果而对尤里卡的不闻不问吗? 这三年背负着老师的惩罚,饱受着同学的歧视,这个幼小、脆弱的孩子还能幸福、快乐地生存吗? 他的"坚持"或许是为了证明尤里卡是对的,可是,为什么就不能在三年里坚持关爱孩子呢?

发表人:东川霞光

米哈朵夫的求真求实精神值得我们学习,可是我们也要警惕自己,千万不要每次都把事情做错以后再想方设法补救,这样即使最后像米哈朵夫一样还给了尤里卡一个公道,但是曾经对尤里卡造成的伤害是无法抹杀的,因此,我们要先想清楚再做,三思而后行,不要总是贸然下结论。

发表人: 静水深流

说实话,当我第一次读《梨一样的苹果》的时候,我只是被米哈朵夫的执著所深深地打动,扪心自问,我们是否有过这样的追寻,这般的负责。一路走来,品味着老师们不同角度的剖析,对问题的认识愈加深邃、丰满起来。可能因为自己的狭隘,每次的剖析都让自己有一种如芒在背的感觉,回忆自己多年的教学经历,我其实不也是在或多或少地扮演着其中的角色,也是或多或少地存在这样的行为。

敬畏生命、重塑自我,郝焰老师的深邃、专业,让我们站在更高的角度来审视我们的教育教学行为,审视我们在课堂教学中的一举一动所反映出来的教学理念和专业素养。

从开始的米哈朵夫身上我们是否看到了自己的影子,武断地判定学生的思维认识。而这且恰恰反映在老师在课堂中师生关系的不平等。老师用自己的专权控制学生的思维,在情感上、语言上乃至思维上存有霸权。这种霸权意识必然带来师生关系的不平等,师爱的不平等。老师的霸权意识下,怎会带来师生关系真正意义的和谐? 怎能体现真正的有教无类? 怎能体现学生生命意识在课堂的焕发?

发表人: cysl

我想,教育永远是无止境的,它是一个特殊的行业,我们老师所面对的也是一个特殊的群体,他们有自己的思想有自己的意识,每个学生都有自己的个性,而我们要做的是真正了解学生的特点,反思自己的言行能对其产生的作用或影响,使教育真正起到作用,促进学生的发展。

作为一名刚刚参加工作的新教师,不断反思更是开展教育工作不可缺少的环节,为此,我会继续努力!

发表人: cygy

看过七八篇有关《梨一样的苹果》的读后感了,像郝老师这般洋洋洒洒一大篇还真是为数不多! 情到深处,文思泉涌也就不足为奇了,身为教师的我们同样被米哈朵夫老师和尤里卡所感动着,只是我突然想到一个问题,米哈朵夫老师是用三年的时间洗去对尤里卡的误解,但是在现实生活中，一个孩子一个阶段的学习又有几个三年？好比我现在教初中，初中只有一个三年，如果我们不可避免地对孩子产生误解，如果我们也具备米哈朵夫老师那样锲而不舍的求证精神，认真负责地对待学生，我们最后洗去对孩子的误解，可是如果这个时候孩子已经毕业，奔向他下一个人生驿站，这个时候我们还有后悔的余地吗？

敬畏生命，重塑自我，郝老师说得好！如果还要续写下去，再加一个：用心倾听每一朵花开的声音！

传说这个世界上有一种幸福，那就是倾听花开的声音，我们既然都是园丁，就都有属于自己的花园，孩子就是花园中的小草、小花，相信他们，让他们在这和风中绽放属于他们的笑脸，让哭泣的尤里卡抹去泪珠，让他给大家讲述一下梨一样的苹果的故事，让孩子教育孩子！

笔端停不下来了，想说的还很多，让大家接着来续。

发表人：cyxd

"作为教师，不能一味地以自己对待事物的好恶、自己的生活习惯以及自己教学工作所谓'严谨'的态度来对待发生在教室里的一切。"的确如此，作为新教师的我们，在教育教学工作上还有很多需要学习和改进的地方。一味地一意孤行，不仅难以走入学生的心灵，落个光杆司令的下场，更会伤害学生的自尊，磨灭学生智慧的灵光。

作为一名新教师更应当经常进行自我反省，日三省吾身，一点一滴地不断进步！

发表人：胶南你好

在教育活动中，一个自我控制能力不很稳定的教师，特别容易受学生消极态度与行为的影响，诱发不安、紧张、沮丧等消极的情绪体验，而导致对学生的"报复"。譬如对学生无端发泄，随意迁怒，一人违纪便株连全班，指责起来冷嘲热讽信口开河。心理学认为，人都会有以自我为中心地对待事物的倾向。

学生并不是空着脑袋进入学习情境中的，作为教师应该相信学生身上所蕴藏的巨大的潜能。是的，相信学生、尊重学生与生俱来的潜力，不断地发现挖掘学生的潜力才是我们应该不断努力的方向。学生就像未点燃引信的炮弹，一旦我们给他们一点希望、一次力量，那么学生就会"惊天动地"。

发表人：guangshuizhang

　　郝老师的见解非常独到。从郝老师的文章中也能看出郝老师是一位对于教育、学生投入很多情感和思考的人。有人说教师是在夹缝中求生存的人，要时刻关注到自己的言行会给学生带来怎样的影响，关注社会上对于老师的误解和尖锐的言辞。但是只要怀着对学生的责任心，像米哈朵夫尽管犯了错误但是愿意用三年的时间来改正自己的错误，就会有前进的动力。

发表人：cylj

　　教育用心就在此，在《读者》上看了一篇文章《如果你感到幸福你就踩踩脚》，为什么老师要带大家踩脚而不是拍手？因为老师发现一个不拍手的孩子，以为孩子逆反，结果后来发现是没有手，他再次领大家唱的时候改成了如果你感到幸福你就踩踩脚，而学生后来发现，这个老师竟然装的是假肢！这其中心灵的震撼让我感慨！没有歧视的公平教育来自教师的言行。

发表人：广水007

　　一口气读完郝老师的文章，感觉郝老师的文章真是文笔流畅、寓意深刻。

　　作为教师，不能一味地以自己对待事物的好恶、自己的生活习惯以及自己教学工作所谓严谨的态度来对待发生在教室里的一切。是啊，作为一名教师我们不能总是以"自我为中心"。教师是教育活动的组织者和领导者，居于"支配"的地位。我们不能在课堂上随心所欲地单向灌输，任意撤回或变更学习指令。那样我们就会较少顾及学生"学"的需要，而把自己的意愿强加到学生身上。

　　亲爱的老师们，敬畏我们的孩子，重塑自我，认真倾听孩子的心声，一定会成功！

发表人：guangshui阳光

　　反复读《梨一样的苹果》，我会被小尤里卡的经历牵引着。不禁会像郝老师那样呼唤：孩子，你这三年还好吗？关于他这三年的处境，发挥我们的想象，应该能够猜测这孩子的状况。我觉得我们总是作为一个旁观者来看待这个问题，总有很多的理性成分在里面，会对尤里卡接下来的三年有种种假设，似乎这些都是那么的自然。可是，尤里卡不会，他仅仅是个孩子，一个不懂得用理性控制自己的孩子！他这三年无论是怎么过去的，都将是他生命中不可重复与挽回的。人生有几个三年？这三年又会对以后的无数个三年有什么样的影响呢？我们不妨把自己当作尤里卡，设想成年后的自己……我在充满嘲讽的教室里度过了一段时间。那段日子，同学们仍会"梨苹果、梨苹果"地叫我，可是，你知道的，我已经把那个苹果保存在记忆里了，老师不相信我就不想再申辩了。而且，在父母的开导下，我已经明白了老师的一片苦心。于是，我下定决心按老师要求画各种事物，并且不止一次地得到老师的表扬，他说我的作品可以拿到城里去参加展览了，同学们就开始羡慕我了。我知道老师的技艺高超，我应该好好跟他学画，将来……多少年后，我成功地开了自己的画展。人们对我的作品称赞有加，不论什么在我的画里都像真的一样。是的，这就是我的风格——逼真。恩师来到这里的时候，他一将小胡子，不断地重复着那句话："就要把人们都知道的东西画到这个境界。"我知道老师很看重我的才华，所以他才会如此帮我。我应该像他那样，帮助每一个有才华的孩子成为人们都称赞的画家……

这该死的、难熬的日子终于结束了。那固执的老头子自己见识短，还不允许我说实话，当着那么多人的面嘲笑我，让我丢尽了脸，害得我跟个缩头乌龟似的见不得人，不能好好学画，除了逃课我还能怎么样？……现在，我是大人了，可以自己说得算了。我一定得研究出那样的梨苹果，我就不信世上再结不出第二个！年复一年的研究让我如愿以偿。我拿着自己精心培育的梨苹果跑到米哈朵夫老师家，喊道："你看看，你看看！到底我说的是不是真的！"老师已经两眼昏花了，但不知为什么，他看到梨苹果的时候居然两眼发光，接着就泣不成声，难不成他还是不信？

我小心翼翼地做个好孩子，生怕自己惹老师生气。不过，我的表现让他们称好。在我的努力下，终于考上了理想的大学，并且被分配到一个不错的单位工作。在那里，我依然默默无闻地工作，领导的话我就当作圣旨，因为我实在不想得罪领导，不想被炒鱿鱼。可是，不知道为什么，自己竟然被划到了"下岗"的行列里。我，我到底哪里做得不好了？

种种设想的结局不同，但是在尤里卡的心里都留下了伤痕，钉上去的钉子再拔下来，都会很痛。甚至，有时候我们钉上的钉子在孩子的心里永远也拔不出来，任它长成什么……

发表人：jingshuiliushen

当我们心中真正地装着孩子的时候，当我们真正走进孩子的内心世界的时候，那时我们就能蹲下身子和学生说话，就能平视着孩子的眼睛，对孩子说："孩子，我读懂了你的心。"

发表人：华楼毕吉伟

读了郝老师带给我们的对《梨一样的苹果》的思考，真的让我们看到了有深度的东西，让我们有了质的收获。当我们读完《梨一样的苹果》的时候，更多的是在为米哈朵夫老师那种为了找到梨一样的苹果的那种坚持、执著所赞叹和感动，甚至把米哈朵夫老师当作教师中的榜样，表面上看起来的确如此，但是当我们读完郝老师的文章之后，才发现有很多隐藏的问题是我们所没能发现的，如同郝老师所言：在小尤里卡一生中黄金般的童年时光里，却在饱受着三年学校生活的煎熬，有过被老师驱赶回家、被同学们"哄笑"的经历……对于一个孩子来说这是何等的痛苦啊，好在终于有了梨一样的苹果，假如没有呢？小尤里卡说不定会就此患上精神疾病，成为一个"折翅的天使"！这是多么的可怕！在这个故事中小尤里卡真的是不幸中的万幸啊，我们怎么能把这样的米哈朵夫老师当作我们学习的榜样呢！还好，米哈朵夫老师进行了自我的重塑，这给孩子们甚至是教育带来了光明……

那么三年后，米哈朵夫老师和尤里卡又会变得怎样呢？让我们来想象一下。

关于米哈朵夫的故事1

这天，同学们又开始了自己喜爱的美术课，这次画的不是苹果，而是自己的家，米哈朵夫没有画好多的房子，只把自己喜欢的房子画到了黑板上，让孩子们自己画自己想要的房子，没有了规定和范围，这次孩子们各画各的，有圆圆的西瓜房，有花瓶一样的玻璃房……米哈朵夫看到孩子们画的各式各样的充满了童真与奇思妙想的房子，他的小胡子又开心地跳起了舞。课下,同学们和米哈朵夫一起交流自己的小房子,师生关系是那么的融洽,孩子们开心地拨一拨米哈朵夫那跳舞的小胡子,米哈朵夫则用自己的小胡子去蹭蹭孩子们,多么和谐,多么令人开心的画面啊……

关于米哈朵夫的故事2

自此以后,一上课米哈朵夫就会看到坐在角落里的小尤里卡,看到小尤里卡的沉默,他为自己以前的行为感到无限的悲哀,整日他都沉浸在这种难过当中。他的小胡子已经全是银色,再也没有抖动过了……

关于尤里卡的故事1

同学们又开始了自己喜欢的美术课,米哈朵夫老师让同学们画自己心中的房子,小尤里卡画出了如同云朵一样美妙而又洁白的房子,他高兴地跑着拿到米哈朵夫跟前,他得到了又一次表扬。三年里经过他的坚持,他的创造力和想象力从此被激发,看着又活泼起来的小尤里卡,米哈朵夫心也乐开了花……

关于尤里卡的故事2

三年过去了,梨一样的苹果找到了,可是,小尤里卡从此失去了以前的天真活泼。上课,他从不敢抬头看老师一眼,课下他从不主动去找小伙伴们玩,只是躲在那个没人关注的角落中自己玩,他把自己严严实实地封闭了起来,从此失去了这个年龄段本该属于他的欢乐与健康……

关于尤里卡的故事3

三年过去了,梨一样的苹果找到了,但是小尤里卡却和变了一个人似的,他再也不相信老师的话了。一次,米哈朵夫让尤里卡画自己心中的房子,他却把老师黑板上画的老师心中的房子一模一样地给画了出来,然后交给老师,米哈朵夫问他:"你想象中的房子和我想象中的一样吗?"尤里卡冷冷地说了句"这不是你希望的吗"就回位了。以后的每次美术课,他都这样消沉,不再画属于自己脑海中的东西了……

想了这几种可能出现的结果,有令人感到欣慰的,也有令人感到恐惧的,也还有许多可能,好在小尤里卡最后得到了老师的肯定,真是不幸中的万幸。所以,老师们,我们一定不能让尤里卡这样的故事重演了,我们也该经常反思自我,重塑自我,真正做到相信孩子,尊重孩子……

其实作为老师,不能够扼杀学生的天性,我们要让学生充分发挥自己的聪明才智,在创新中求发展。

　　郝老师谈到的"敬畏感"和"重塑自我"是人犯错误之后的改过方法——知耻近勇、有敬畏心、有勇气与决心。孟子认为知耻对人的影响太大了,米哈朵夫老师如果不懂得知耻近勇,故事也就结束了,至于尤里卡的命运大家也想象过很多,总的就是不好。所以人做错事首贵知耻。我觉得"敬畏心"可以理解为人的素质、素养,不论人前人后言行都一致,不畏惧别人的评议,因为把有人无人都当作一种监督与考验,自然就不会表里不一、注意自己的言行了。米哈朵夫老师就是因为有敬畏心,即便是旁人不知此事,但自我谴责已让他如同变了个人,可见他的赎罪感和愧疚感有多重,此之改错必备要素;"过失不拘大小,因能改为要",可见勇气与决心的重要性,这也是我们敬佩米哈朵夫老师的原因。总之,错误越少越好,一旦错了,必须想办法挽回才行。

发表人:无病斋主人

　　郝老师的文章有分析,有解剖,有深度。对同一篇文章,的确可以做不同解读,见仁见智,各抒己见。我认真看了每一篇文章,也看了每一篇文章后面的每一个跟帖,我在想,这是多么令人欣喜啊。正当年假当中,当别人正在忙着过年的时候,我们的许多老师,却自甘寂寞,看书写作,为教育,为学生,为了我们心中那份坚守,执著地思索着。这本身就令人感动。

(注:特用网络笔名"一剪梅"参与跟帖)

【链接文章1】

梨一样的苹果

　　时间:2008 年 2 月 3 日

　　出处:琴岛教师成长工作室

　　作者:寸草心摘自《读者》2007 第 21 期

　　编者按:家里每年都订阅《读者》杂志,那晚在灯下,打理完网站,随手翻看刚带回来的 2007 年第 21 期,当我读到《梨一样的苹果》一文时,一下子被这篇文章的内容深深地吸引了。当那个翘着小白胡子的自信的米哈朵夫教师遇到来自学生尤里卡的"梨苹果"的挑战时,那种锲而不舍的求证态度深深地打动了我。读完文章,我掩卷沉思了好久,那个"梨一样的苹果"仿佛就在我的眼前……

梨一样的苹果

耿 青

米哈朵夫是一位出色的小学图画教师，能飞快地调出各种颜色，闪电似的画出各种线条。尽管他爱发脾气，但所有的孩子还是特别喜爱上他的图画课。他在苏联这个偏远的小城中教了一年又一年图画课，直到翘起的小胡子中出现了一根根令他叹息的白毛。

他一如既往地按照自己的范图评价学生的图画作业，从未出现过任何差错。

像以往一样，米哈朵夫翘着有些俏皮的小胡子走上讲台，教学生画苹果。他在黑板上飞快地画了大大小小十几种苹果，然后让孩子们每人选画一个自己喜欢的苹果。

米哈朵夫绕着教室看了一圈，小胡子快活地抖动着，他满意极了。孩子们画的苹果简直可以拿到莫斯科参加展览了。

他的目光落在墙角的课桌上。这是刚刚转到班里的尤里卡，他的父亲是西伯利亚的护林员，因病调到小城工作。似乎是故意捣蛋，尤里卡画的苹果又长又圆，蒂部尖尖的，并且涂满了梨黄色。可以说，他画的根本就不是苹果。米哈朵夫的眼睛眯缝起来，同学们都知道，这是他发作的前兆。

米哈朵夫没有发作：也许这个从西伯利亚来的孩子根本就没见过苹果。他压住火气问孩子："你画的是苹果吗？"孩子回答："是苹果。""我看倒有些像梨。""是的，老师，有些像梨的苹果。"米哈朵夫告诉那孩子，苹果是扁扁的，圆圆的，应该用浅黄，再加上一些鲜艳的红色。他的口气非常温和，他希望用老师惯用的说理、感化方法，使尤里卡放弃这个像梨的苹果。但这个孩子压根就没在意他的温和，他告诉老师，在西伯利亚大森林里，一棵苹果树和一棵梨树各自被雷劈去了一半，两棵树紧紧靠在一起，长成了一棵树，上面结的就是这种像梨的苹果。并且，他还吃过这种苹果。他是世界上唯一吃过这种苹果的人，因为，这两棵树只结了一个苹果，后来，两棵树慢慢烂掉，都死了。

专注倾听的米哈朵夫从故事的结尾感到了嘲弄的味道，他终于忍不住咆哮了:"两棵树长成了一棵树,只结了一个果子,然后死掉——好吧,好吧,既然你的苹果死了,那么——"他嚓一下撕掉了那页像梨的苹果:"你就必须乖乖地画我的苹果。"

在全班哄堂大笑中,这个从西伯利亚来的土头土脑的小男孩可怜巴巴地缩在墙角,但他仍执拗地坚持:确实有这种苹果,我吃过这种苹果。

米哈朵夫使出老师们最后的也是最有效的一招,他把尤里卡赶出教室:要么你拿出你所说的那种苹果,要么,你就乖乖地画我的苹果,画出黑板上所有的苹果。否则,你就再不要进教室上课。

如他所料,第二天孩子拿着画满了苹果的作业乖乖地走到他面前。使米哈朵夫吃惊的是,这些苹果比所有学生的苹果都画得好,只是在每一个圆润鲜艳的苹果边都洒满了斑斑点点的泪渍。

如果尤里卡是一个爱说谎的孩子,事情也就这样过去了。但无论米哈朵夫怎样明查暗访,尤里卡从不说谎。米哈朵夫虽然一如既往地上他的图画课,但是那两撇可爱的小胡子似乎是患了感冒,再也不会欢快地抖动了。

爱发脾气的米哈朵夫好像是真的病了。他莫明其妙地自言自语,烦躁地跺脚挥手。可是,无论他的手挥得怎样有力,总也赶不走缠在脑袋中的像梨的苹果。无论他是多么不愿意,那些泪渍早已像一块块苦涩的盐斑深深印在他的心上了。

他知道,他必须弄清到底有没有像梨的苹果。他来到护林员家里,但这位昔日的护林员也只是听儿子说过在森林里吃过一个像梨的苹果。护林员没见过这个苹果。

迎着风雪,米哈朵夫一趟趟到邮电所去发信,到处询问有没有像梨的苹果。一封封信像雪花一样飘走了,一点回音也没有。

米哈朵夫的小胡子越来越白了。每一节图画课都是一次折磨:他不敢看缩在墙角的尤里卡,更害怕同学们对尤里卡的嘲笑,那些尖锐的笑声像锥子似的扎在心上,使他痛苦极了。终于有一天,米哈朵夫跳上了一辆破旧的汽车,风尘仆仆地赶到两千里外的莫斯科。在国家园林科研所里,他把尤里卡的画和这个梨苹果的故事一起交给了米丘林。听完他的故事,这位伟大的园艺家突然疯子似的跳起来拿出了伏特加酒,为他的故事,为他身上两千里路的尘土,为他们的令人尊敬的痛苦一次次干杯,整整碰完了两瓶伏特加:"亲爱的米哈朵夫,我的确不知道世界上有没有这种苹果,但我必须感谢你的故事。回答这个问题至少需要三年,也许,三年之后的秋天我会送给你一个像梨的苹果。"

米哈朵夫回到了小学校,开始了漫长的等待。三个秋天过去了,米丘林一点信息也没有。突然有一天,学校的大门被猛地撞开了,一个披着厚厚尘土的人匆匆闯了进来。这正是伟大的米丘林,他的手里握着两个神奇的梨苹果。

教室里静悄悄的,讲桌上放着那两个金黄金黄的梨苹果。庄严的米丘林走上讲台,向同学们讲述了他从米哈朵夫故事中得到的启示,采用嫁接术获得梨苹果的经过。"这是植物界的一场真正的革命,有了嫁接术,我们就有了成千上万种没有见过没有吃过的神奇水果。而开始这场伟大革命的有两个人,一个是图画老师米哈朵夫,一个是12岁的学生尤里卡。"

像三年前一样,米哈朵夫神气地站在讲台上,一口气画了大大小小十几种苹果:"同学们,让我们再画一次苹果。我要说的是,请画出和我不一样的苹果。而尤里卡同学,请务必再画一幅梨苹果。"

尤里卡画好的梨苹果上,再一次洒满了泪渍。不过,那是米哈朵夫老师不小心弄上去的。"亲爱的同学们,你们说,尤里卡这幅梨苹果该得多少分?"

"满分!""不,不!"米哈朵夫的小胡子快活地抖动着,他拿起笔来,巧妙地把"1"画成了树,把"0"画成了梨苹果。他一口气在"树"上画了7个"梨苹果"。

(摘自 2007 年第 21 期《读者》)

【链接文章2】

从两次画苹果的故事中感悟
——教师的尊严哪里来

覃 川

学生尤里卡在图画课上画了一个像梨一样的苹果,结果受到了图画老师米哈朵夫的否定并要求重画。尤里卡申辩说，他在西伯利亚大森林里，看到过一棵苹果树和一棵梨树因雷劈后紧紧靠在一起，长成了一棵树，他曾吃过这棵树上结的像梨一样的苹果。听完申辩后，米哈朵夫感觉受到了嘲弄，咆哮着撕掉了尤里卡画的梨苹果，把他赶出了教室，还逼着尤里卡照他的样子画好苹果后才能回教室。第二天，尤里卡只好把按老师要求画好了的苹果带回到教室，但在画上洒满了斑斑点点的泪渍。

米哈朵夫通过明查暗访了解到尤里卡是一个诚实的孩子后，决定弄清楚究竟有没有像梨一样的苹果。米哈朵夫开始了漫长、锲而不舍的求证。他多方打听并千里迢迢去莫斯科登门求教著名园艺家米丘林。经过三年的努力、等待，终于收到了米丘林在尤里卡的启发下通过嫁接技术培养出梨苹果的好消息。最后米哈朵夫又要求同学们画一次苹果，并强调要画和老师不一样的苹果，而尤里卡务必再画一幅梨苹果。尤里卡所画好的梨苹果上再一次洒满了泪渍，不过，这次是米哈朵夫老师不小心弄上去的。

这是《读者》上刊登的一则题为《梨一样的苹果》的故事。我在阅读这个故事时，仿佛再现了自己作为老师、作为学生时曾经亲历过的类似情境，也勾起了许许多多当年在学校、在家庭、在身边所见所闻的一些酸甜苦辣的回忆。

应该相信学生身上所蕴藏的巨大的潜能

米哈朵夫老师一开始就犯了一个错误，那就是没有尊重孩子。这源于老师的尊严受到了冲击与挑战，源于学生与老师的思维习惯有所不同。米哈朵夫咆哮着撕掉作业本的举动，导致尤里卡在全班同学的哄笑之下"可怜巴巴地缩在墙角"、最终被赶出教室。读到这里，我心中是沉甸甸的，眼前不断地浮现一个个"尤里卡"的脸庞，他们在老师和家长的暴力下无助地忍受煎熬，那呆滞的眼神、耷拉的脑袋、无声的抽泣，让人看了揪心。

可能有人会说，米哈朵夫尽管"爱发脾气，但所有的孩子还是特别喜爱上他的图画课。"而且，这位老师也是一个敬业的"好老师"。可是，孩子们对老师的喜爱难道就是建立在这样的基础之上吗？这就是对学生的爱吗？

其实，米哈朵夫对"不识时务"的、"土头土脑"的尤里卡的态度变化就说明了一切。他在内心反思、谴责自己的所作所为，他感受到了从未有过的压力与痛苦：

米哈朵夫虽然一如既往地上他的图画课，但是那两撇可爱的小胡子似乎是患了感冒，再也不会欢快地抖动了。

爱发脾气的米哈朵夫好像是真的病了。他莫明其妙地自言自语，烦躁地跺脚挥手。可是，无论他的手挥得怎样有力，总也赶不走缠在脑袋中的像梨的苹果。无论他是多么不愿意，那些泪渍早已像一块块苦涩的盐斑深深印在他的心上了。

最后，米哈朵夫不得不去求助园艺家来消除心中的苦闷。这一切表明，米哈朵夫在思想斗争过程中开始了自我批评，对多年来所奉行的课堂教学程式产生了怀疑，他试图通过转换课堂角色来关心、尊重学生。

从这个故事来看，老师米哈朵夫与学生尤里卡都是幸运的。尽管遭到不公正的对待，尤里卡的身心最后并没有崩溃，也没有出现让米哈朵夫感到终生遗憾的悲剧。而且，在米哈朵夫的愧疚与不安下，经过三年的努力终于证明尤里卡是正确的。可是，这也不免有一些缺憾：尽管三年后尤里卡所蒙受的"不白之冤"得以清洗，故事以"皆大欢喜"结局，可是，尤里卡却饱受了三年学校生活的煎熬。有过被老师驱赶回家、有过被同学们嘲笑经历的尤里卡还能坚持自己的主张吗？还会有与众不同的思想吗？

尤里卡开始变了，变成能够让米哈朵夫喜欢的"乖孩子"了。不是吗？在米哈朵夫驱赶尤里卡回家的第二天，他不就"乖乖地"拿着画满了苹果的作业交到米哈朵夫的手中吗？假若尤里卡一直"乖"下去的话，三年后的"平反"、"正名"对他还有什么意义呢？他还能回归到三年前的那种纯真吗？他还能找回当初的自我吗？

这个故事让我们再一次认识到：学生并不是空着脑袋进入学习情境中的，作为教师，我们应该相信学生身上所蕴藏的巨大潜能。从另外一个层面来看，相信学生就是相信自己，进而也就是尊重自己，因为在这个过程中，教师从内心里树立了自信与自尊，同时也获得了学生真诚友好的回应。

教师有尊严才能令人信服地追求师道

重塑自我首先要否定自我、超越自我。否定自我是一个需要艰苦历练的过程，可是一旦尝试去做的话，往往会出现"柳暗花明"的转机，而且还会使自己的教育理念、教学模式发生革命性的重构。从米哈朵夫两次让学生画苹果的心态变化来看，他在三年里经过痛苦的反思终于走出了自我，并开始重新塑造自我。这位原先比较自负、爱发脾气的老师也变得民主、和善起来。

这两次画苹果有什么不同呢？第一次画的是老师给出一定范式的苹果，尽管苹果的样式有十几种，但总是跳不出老师所规定的模式与范围，要求学生从中"选画一个自己喜欢的苹果"，学生只能模仿老师给出的规定动作。第二次画苹果时，老师给的苹果只是一个参考了，学生们有了选择和创造的权利，他们可以画出不同的苹果。两次都是画苹果，本质上却有着天壤之别。第一次是以老师为中心，侧重的是教学的流程，强调的是模仿、跟随和继承，学生完全被束缚了；第二次是以学生为中心，侧重的是学生的体验，强调创造、创意、发展，学生获得了解放。这两次对照鲜明、反差强烈的画苹果带给我们的思考是：变是一个永恒的主题，只有变，才能适应社会的日新月异，才能不断地激活学生的创造性思维，才能使老师的教学生命永葆青春活力。

教师重塑自我就需要重新认识自己，重新认识教师的尊严。我们常常容易犯的错误就是对自己缺乏正确的认识，在生活和工作中带有极大的随意性、盲从性。我曾与一些老师进行过交流，他们往往流露出迷惘、痛苦、失望和徘徊的情绪。他们之所以在自己的发展道路上呈现盲目的状态，主要是因为没有真正放下裹在外表的美丽纱衣，没有还自己以本原。因此，对于把职业生涯与教师生活有机结合在一起并有志于发展的教师来说，弄清楚"我是谁，我从哪里来，我到哪里去"的规划目标，选准适合自己发展的目标定位对重塑自我是十分必要的。

教师尊严体现出来的首先应该是一种精神、一种情怀、一种态度。教师在一生的职业生涯中可能出现这样或那样的问题,也会发生这样或那样的过错,这都很正常,但我们究竟该以什么样的心态去对待这些问题和错误,是否有勇气改变自己、纠正自己的过错。教师的行为能影响学生,教师对待错误的态度也在潜移默化地影响着学生。在人们眼里,学校是神圣的,教师职业也是神圣的,因为它有着"布道"的功能,因此也就有了"师道尊严"之说。有人说选择教育就是选择责任,从这个意义来说,教师首先应该有尊严才能令人信服地追求师道,"尊严师道"其实比"师道尊严"更具有现实意义。

(刊载于《中国教育报》2008 年 3 月 27 日第 8 版)

【链接文章3】

再谈教师的尊严哪里来

秦 力

读了覃川在《中国教育报》2008 年 3 月 27 日第 8 版发表的《教师尊严哪里来》,谈点个人体会。

看得出,覃川是一位善于从原始资料里挖掘意义的思考者,他在读过题为《梨一样的苹果》的故事后,将故事内容与他对教育的理解链接了起来,并阐发了他自己对于教师尊严的理解,这种思考是独到的,读来非常受益。

只是当观察问题的视角不同时,当个体的已有经验大相径庭时,从同一材料中阐发出来的价值和意义指向往往就不太相同,更何况在素材与所阐发的意义之间还有一个相关性大小的问题。因此,从我的视角来看,我觉得从这个故事中,我不仅想解读"教师的尊严哪里来",更想解读"学生的尊严哪里来"。

有一段时间,我和我的朋友曾热议培养学生创造力的问题,我所倾向于的一种声音是:孩子们天性中就有饱满的创造力,优秀的教师从不压抑学生的创造力,甚至会时不时采取相应的举措去唤起沉睡于学生心灵深处的创造欲望,而后者就是所谓的"培养"学生创造力或创新精神了。在我们个体成长的过程中,亲身体会到了封闭的校园生活和一元的考试答案,是多么无情地扼杀了我们创造的欲望。以人心度人心,学生身上所蕴藏的巨大的潜能,难道我们不能从自己身上、自己的孩子身上看得到吗？如果认可了学生身上的巨大潜能和创造力，那么，教师能做的不就是保护和唤起吗？

不太喜欢故事中的那个教师，他居然用三年的时间在求证一个"小"问题，其执著和认真与他行为上所表现出来的暴躁和专横看似有显著不同，却有着内在的性格的一脉相承，这个在我看来不大的问题，在他看来却成了一个了不得的事情，以致影响他的心情和生活。在我眼里，三年的时间来求证这个问题，真是有点愚公移山的精神，而学生不是山，在那里静态地等待着教师去挖掘，这三年的时间对学生来说太长了，与刚才的苹果是否可以长得像梨这一"小"问题来比较，学生所遭受的伤害是"大"得无法弥补的（要是发生在现在的中国城市里，家长还不得冲进学校与教师理论啊）。而在三年后，教师以不同的教育态度第二次教学生画梨时，学生是可以画一个梨苹果了，但教师是否做好了学生会画个桃苹果和杏苹果的准备呢？教师是人，岂能无过？有"过"不怕，怕的是让错误在学生心里发酵；教师的教育机智便体现在能够及时地反思，打开师生间心灵对话的窗户，让清新的风拂过心扉。

在这个正趋多元化的信息时代，教师已经从过去的神坛走了下来，毕竟，教师和年长者对知识垄断的前喻文化时代已然结束。这时，教师的尊严和学生的尊严便不需再局限在教师和学生这两个特定的角色里，都可归结为人的尊严。人作为社会性的群居动物，人与人之间的交往总要遵循一定的规则，相互间的尊重便是通行不变的定律，不顾及别人尊严的人，也难以获得他自身的尊严，换句话说，教师和学生的尊严是相依而存的。

覃川在文中说，"相信学生就是相信自己，进而也就是尊重自己，因为在这个过程中，教师从内心里树立了自信与自尊，同时也获得了学生真诚友好的回应。"我同意这句话，只是想把"相信学生就是相信自己，进而也就是尊重自己"改成"尊重学生就是尊重自己"，至于相不相信学生，需要教师作出基本的判断。尊重不意味着相信，不意味着缺失自身的判断，不是学生对教师的一味服从和崇拜，也不是教师对学生的一味忍让和纵容，独立人格间的相互尊重尤其重要。

把做教师看作一种生活

"今天怎样做教师"这是个又容易回答又不容易回答的问题。从《读后感》中可以看得出读者读书后联系实际的反思,而且这种反思所带来的积极效应是明显的。教师的职业是伟大的又是平凡的,伟大之中有平凡,平凡之中又有伟大。我常想,教师是个职业,是个谋生的岗位,是个传播文化的使者,当然,还可以有更多的表述。但是,还有一个表述应该把做教师看作一种生活,是教师本人在其人生生涯中的一段经历。既然是生命中的一段生活,一段经历,那是否可以印刻出一种不能忘怀的记忆,或是一种生活的画卷? 把做教师纳入自己的生活之中,成为不可或缺的一部分,那么,塑造教育的真情才能有基础,才能感受到做教师所带来的快乐。愿更多的教育工作者的教师职业成为教师的生活。

附一

让我们在职场放飞理想
——读《今天怎样做教师》

青岛市崂山区教体局教研室　特级教师赵春凤

大凡著书立说者,大都是有思想、有见识之人,所以读书是在与智者交流与大师对话,如果能够心悦纳之、身体察之、行效验之,就会增智开慧、怡情养德。而只有读好书、读可用之书,才可达到如此功效。

近日我花月余时间精读了覃川先生的专著《今天怎样做教师》,觉得这是一本既能给一线教师指明方向，又能提升教师专业素养和学术水平的好书。

如果让我具体说出这本书的好处，恐怕多有遗漏，在此仅把我读此书的感受简述如下。

首先，此书能够从寻常的生活中发现，从真实的故事中感悟。读覃先生的书，你不会感到辛苦，因为书中到处是生动形象、贴近生活的故事，在这里你可以从一个又一个真实的故事中领悟教育的真谛。从小徒弟带着寻常的小石头到市场问价，领悟到一个人的价值关键要看他把自己定位在哪里。从小伙子手抓小鸟逼智者卜问生死，让人们明白一个人的命运完全掌握在自己手里。从酒店服务员知晓是老人节主动给老人送"福"字，让大家懂得有了主动精神将会创造奇迹……读完此书，书中的故事会不断地从你大脑中跳出，让你回味涵咏。

其次，此书能够用高深的理论阐释现象，将朴素的经验升华为科学原理。"世事洞明皆学问，人情练达即文章"，如果仅用此句概括覃先生的文章，还不能算是精当。我觉得覃先生的书是一个教育资源库，古今中外的教育理论云集其间，这些教育的精华像一颗颗璀璨的珍珠散落在碧草间，装点在一个个朴素的故事后，如果你想拾取，俯首皆是。我之所以那么有耐心地读覃先生的书，并时时在心中产生波澜，大概是惊叹于它的信息量之大，涉猎理论多之故。

我想纯理论的著作作为一线老师恐怕没有几人能够读得进去，但此书能够用真实的生活现象、形象的教育故事做引子，在现象之后用独特的眼光来审视、用精要的理论来概括，恐怕没有人读不进去。

第三，此书能够用独特的眼光看教育，以负责的态度提建议。今天怎样做教师？这是许多人都在探索的问题。目前指手画脚的人很多，但真正有真知灼见的人却很少，目前老师们所渴望的不是画饼充饥的设想，而是实实在在的行为能力的提升。

看覃先生的著作，很让人得到启示。一是他列举的教育现象大都是自己亲见，二是他提出的主张很有独特的见解，并非人云亦云，很多看法力中时弊，颇有胆识。也就是说他敢于发别人不敢发之议论，敢于提常人不敢提之建议。当然，可能有些建议在目前情况下不能得到落实，但是却能够给教育人尤其是某些决策者以很大的启示。

第四，此书能够用冷静的提问启迪心智，让读者与自己共同反思。读覃先生的文章，你必定边读边思，因为他在字里行间潜藏了许多问题。或者请你想一想，要么让你出出主意，所以读覃先生的书你会启迪心智，你会对寻常的教育现象高度重视。

人只有思索才能进步。一个人教一辈子书，如果不去思索也不会有什么建树；如果学会了思索，尽管只教了一年半载也可能发现很多问题。

问题是我们的朋友，思索是成功的阶梯。读覃先生的书，你不仅可以发现很多现实问题，也可以促使你不断思索，不断用智慧的办法解决问题。

亲爱的老师，如果你想在职场放飞理想，建议你读一读《今天怎样做教师》。

（注：此文曾刊载于《中国教育报》2006-11-16（8））

读《让学生明白数学》一文所想到的

近日拜读了 6 月 30 日挂在琴岛教师成长工作室网站《读书园地》教育随笔栏目里的、东川路小学苏红艳老师的《让学生明白数学》的文章,在这篇文章里有两个话题值得深思:一是,"听与说",一是"明与白"。因对这两个话题有些感悟,便将自己的一孔之见抛出来与同行们交流,以求得斧正。

学生的听与教师的说也好,教师的听与学生的说也罢,这本应是落实在课堂教学中一对和谐的统一体,是对话交流的媒介,可是,看一看我们一些学校的真实课堂,教师、学生之间的听与说并不怎么和谐,经常出现一些关系错位或者信息不对称的现象。

学生的听应该基于学习的需求,教师的说应该基于教学的需要。需求与需要倘若能够和谐地融入一体的话,那么,学生就会听得进去,教师就会说得动听。可是,如果我们将自己的意愿通过"说"来强加给学生让他们"倾听"的话,这样的"听"会有效果吗?

教师应该关注学生自己思想情感的表达。有了教师的向善之心,学生就可以没有顾忌地表达出自己的真实思想,就可以向教师"倾诉"自己的内心世界。倘若学生的话语权被教师给剥夺了,学生的"说"又能有多大的价值呢?

教学过程中的听与说是否能够有效地互动起来,其背后是现代学校或者说现代课堂中师生和谐关系的体现。从某种意义上看,学生就是"客户",教师就是"客服",教师服务于学生是天经地义的事情,然而,对一些学校或一些教师来说,他们往往在有意或无意中忘记了服务学生的这一职责。

教学中听与说的一个很重要的出发点就是能否呈现出有价值的问题,教师能够捕捉到或者学生能够提供出有价值的问题,那么,师生在不断更替的说与听的过程中,就会生成智慧,就会出现思想。有智慧的教师往往能够发现有价值的问题并追问到底,在教师追问与学生回应的过程中,双方都听出了"效益"、听出了"收获"。

听与说实际上就是沟通,就是互动。教学过程中的沟通、互动往往不在于表达的一方说了些什么,而在于接受的另一方能够听到些什么。说得再具体一些,是在接收到说者的信息之后,听者是否能够提供积极、有效的回应。那种能够入脑、入心的听与说才是有意义的。具体到数学教学,在很大程度上,并不是表面上的听与说,而是一种通过感悟而内化了的东西,这种内化需要经过听、说、读、写、思等系统的沟通、互动的过程,简单地听与说最后导致数学学习的机械模仿、思维受阻的弊端。

在听与说的对话交流中常出现不明不白的后果。这一方面是消极之后的结果,另一方面也是积极之后的结果。所谓消极的结果,就是在对话交流中有意识地"不作为",说与听的过程中不能呈现有效的互动环境氛围。所谓积极的结果,就是在对话交流过程中的无意识的"过度作为",表达得不得要义而令人费解。最后出现的一个共同的问题,那就是误入把简单问题复杂化、复杂问题又简单化的怪圈。

教师在教学过程中通过听与说,把教学任务完成好,让学生听得明了、说得直白,并不是一件容易的事情。往往因为把握不好而在思想上和行动上出现一些偏差与误区。譬如,要让学生说或听得明白,那教师首先应该说或听得明白,可是,假若教师大部分听与说的"明白度"和学生相差无几的话,那么,教师对学生所回应的效能就会大打折扣。再如,教师与学生在说与听的学习过程,假若把问题理解得"太明白"了,最后学生再也说不出问题,教师再也听不到问题的话,其后果将会是一种悲哀。没有问题意识便没有了思维运动,没有思想与个性的教与学、说与听的互动是一种扼杀创造力的"伪互动"、"假互动"。有意义的听说互动在于明白并解决一个问题之后还能转换到下一个更高或更新的问题情境之中,使得思维在积极的活动中应对挑战,接受训练。

(网名:郝焰)

【跟帖】

发表人:刘燕

听与说的背后

反复咏读郝老师的文章,感受到郝老师深厚的专业基础,更被其辩证地看待问题、透彻的分析所折服。听与说,说与听,没有哪个行业能够像我们这样要求得如此艺术。

在听与说的流转中,传递的是人的情感、态度与价值观。我们的职业生涯中处处需要这样的流转。

课堂教学中,老师需要提问的巧妙,更在于激发学生的说,老师着重在听中要智慧地"抛砖引玉",引出学生汩汩的智慧源泉,让学生的思想在交流中碰撞。课堂中的"说",不仅有"名言",更有"暗语",即老师的眼神、手势等肢体语言,往往不需要言说,老师与学生之间的默契,更是此时无声胜有声。而更深的意蕴在眼神中、在师生的心灵中,已经畅快地流淌了。

在与家长的沟通中,需要听与说,这种听说体现的是一种尊重、理解、沟通,而在我们实际的工作中,我们对家长"说"得多,说"孩子不是"多,于是,难产生更多的理解,反而造成沟通交流的障碍。

听与说,看似容易,说说也容易,却是一门学问,值得我们每位教师深思。

发表人:东川霞光

本篇文章的作者是围绕着听与说、明与白展开来说的。我看过之后,感觉作者文中的"说"过多强调的是"老师的说",而"听"虽然是从"老师的听"和"学生的听"来讲,但是在说学生的"听"的时候,好像强调的是学生听老师讲,而实际课堂教学,特别是新课改以来,我们的课堂更多的要发挥学生的主体性作用,课堂上更多的时候是把话语权交给学生,所有要学习的新知识都是由老师的问题引入,由学生经过独立思考或小组合作,并结合已有的认知,由学生自己重新建构后通过回答,展示给全班同学。因此,课堂上老师要关注的不仅是学生听老师的讲,更多的应该是引导学生听同学的"说",在新课改的今天,老师这个课堂主讲者的地位已经转换为课堂引导者,是通过精心设计的问题让学生教学生。特别是数学教学,早已由课堂上老师的满堂灌发展到由学生充当小老师的新型教学方式。在我们的课堂上也涌现出越来越多的课堂小明星、课堂小老师。这是学生的"听",要让学生认识到:听同学的更重要。

课堂上老师的"听"可以说更为重要,就像本文作者说的:"教师能够捕捉到或者学生能够提供出有价值的问题,那么,师生在不断更替的说与听的过程中,就会生成智慧,就会出现思想。有智慧的教师往往能够发现有价值的问题并追问到底,在教师追问与学生回应的过程中,双方都听出了"效益"、听出了"收获"。

一堂优秀的课堂教学,老师往往是在"听学生"中,抓住了一些有价值的问题,根据教学目标进行生成。老师的"听"是思考着听,不断在思考学生的回答与教学目标有何联系,如何将学生的回答引向教学目标的最深处,他与学生的"听"是有着质的区别,学生的听往往是朝着"听明白"的目标,老师的"听"朝着"深化教学目标"走。

发表人:无病斋主人

我们从郝老师的文章中感受到一种思辨的能力。文章已经不只是仅仅从表层上谈论"听"和"说",而是更进一步,更深一步,探究怎样的"听"才是有效的"听",怎样的"说"才是有效的"说"。这使我联想到近几年来在课堂上很普遍的一种现象:师生都在不停地"说"和"听",热热闹闹、轰轰烈烈,可是,一堂课上下来,当我们的思想冷静地沉淀之后,就会觉得,这堂课不深、不透,学生对所学内容还是不会、不懂。这样的课有什么实际意义呢?郝老师在文中所提到的各种伪互动、假互动,该歇歇了吧?

【链接文章】

让学生明白数学

青岛东川路小学　苏红艳

有机会听了王昌盛老师的一堂数学课对我影响最深的是:他上

课的风格始终贯穿了一条主线,让学生明白数学。一位教师真正要让学生弄懂弄通数学知识,并不是一件简单的事。

通过把现实生活中的数学问题,创设出带有趣味性、挑战性、激励性的问题使学生有话可说,让学生在生动具体的情境中,去感受、去体验,让学生觉得有话可说,这正是学生有效地有兴趣地进行学习交流的重要前提。让学生学会倾听,使师生互动中学习交流成为学生自身的需要。"听"是语言信息输入的源泉,要使学生有话可说,首先必须培养学生良好的听讲习惯,要使学生学会认真听、仔细听。不但要集中精力听老师讲,还要听取同学对数学问题的独到见解。王老师提问的问题都围绕着一条主线,让学生明白其中的道理。即使有学生由于问题有一定难度而没听清或没有听懂他还是问下去,直至学生明白为止。教师上课时的少讲精练多思,这不仅仅是体现学生是数学学习的主人,更主要的是可以让学生多思考、多交流,有利于集中学生课堂学习的注意力。与老师交流、与同学探讨,取长补短。这样,"说"者"听"者的身份也随着交流的需要而不断变化,真正体现了课堂教学的师生互动、生生互动,通过这样的双向互动和多边活动,随着互动的进一步深入,学生参与意识和交流能力得到充分的培养和发展,知识也较快掌握。

"明白了就好"看似一句简单普通的话语,但在教学中它的内涵很深。要让学生真正弄懂数学知识不是一件简单容易的事。一是要求我们老师钻研教材,理清我们的教学思路,备课时更要周到与细致,做到基点要立足于让学生明白。第二,在课堂教学中,一定要力求让学生明白。特别是要让全体学生明白,更是一种对自己的挑战——应变能力的考验。更是实践新课程标准的大胆探索。但是我们往往忽视了这一点。我在常见的课堂教学中,老师总是想把自己所设计的教学任务一股脑儿地进行灌输,而忽视了学生有没有明白我们所教的知识。第三,让学生明白就好。它要求我们的学生不仅要主动地与人交流知识、交流学习方法,还要与人交流思想、交流情感,让学生能敞开心扉。让我们做孩子的贴心人。通过这种心与心的交流,使学生获得良好的情感体验,有利于增强学生学好数学的信心,使我们的学生在学习中茁壮成长。教师要让学生有话可说、

对话札记篇

有话愿说、有话会说,能用数学语言合乎逻辑地进行讨论与质疑,从而真正地解决数学问题,使学生的思维得到碰撞、使学生的认识得到升华,让学生的数学学习真正成为一个生动活泼、主动和富有个性的过程,使我们的学生乐意并真正地投入到自主性、探索性的数学学习中来,让学生真正明白数学知识,是目前数学教学中值得探讨的问题。让数学能为学生的学习服务,更能为学生的全面发展服务。

读《人生的加与减》有感

人们常常对第一次和最后一次印象深刻。第一次往往是缘于新鲜的兴奋，最后一次往往是缘于失去的惆怅。循环往复，周而复始，人们就是在兴奋与惆怅之间轮转。可是，假若人们将最后一次的惆怅变为兴奋的话，那么这最后一次便就是很有意义的了，因为，这最后一次也就是下一个更高品位的第一次的开始。

怎样才能将最后一次保持在兴奋状态呢？我的看法是，如何在第一次与最后一次之间过好每一分、每一秒。作为教师，尽到教书育人的职责；作为晚辈，尽到做子女的孝道；作为父母，尽到呵护引路的义务。这些都做到了，就不会因自己人生旅途中少些什么而感到遗憾。

时光因不会倒流而显得宝贵。有一所大学在广场的显著位置上悬挂了一座只有时、分针，而没有时间刻度的钟表，其寓意是提醒学生要用好属于自己的时间。而我个人的理解倒是有淡化起始与终结的时间的意图，不要把注意力放在追求具体是什么时间上，而是应放在注意时间的过程上。亲爱的老师们，善用时间吧！过好每一天、每一分、每一秒，让自己的职业生命更加美丽、更加辉煌！

【链接文章】

人生的加与减

佚　名

每当"第一次"发生时，我们会觉得人生多么灿烂，充满希望与未来。

　　婴儿呱呱坠地后,第一次叫爸妈,第一次学走路;上学后,第一次打架,第一次获奖;长大后,第一次交异性朋友,第一次上班赚钱……

　　不过,有一天,你忽然发现,"第一次"不知不觉间减少了,相对增加的是"最后一次"。

　　学校毕业前,最后一次上学;出外奋斗前,最后一次依靠父母;结婚或生子前,拥有独往独来的最后一天,明天开始,就要照顾更多人。

　　退休的朋友最清楚,上班的最后一天是真正的最后一天;遭遇家人变故的朋友最清楚,见亲人的最后一面是绝对的最后一面。

　　其实,每次更换工作,改换跑道,不都有新鲜第一天和阶段性的最后一天?原来人生就是如此。兴奋地迎接每一个"第一次",在学习成长后逐渐蜕变,"第一次"越来越少,"最后一次"却越来越多。

　　在短促的人生里,我们对太多的结果都无法去真正捉摸掌控。所以,我们真正需要做的,是珍惜"第一次"与"最后一次"期间的每一分钟,珍惜自己存在的每一分钟,每一件事,每一位碰到的朋友!

对待学生是尊重生命的问题

与梁璐老师分享了读书的快乐。从梁璐老师的读书随笔中可以看出她是在用心读书，思考着读书。梁老师联系教学实际反思自己的一些问题是值得称道的。如怎样对待学生，怎样读书学习，所思所想，看得出她的收获的确是比较大的。

怎样对待学生说起来也是一个如何尊重生命的问题。我们每一个人不论年龄大小，职务高低，职业岗位怎样，都是社会机体中的一分子，组成了社会的统一体。在师生关系中，学生一般是处在被动、弱小的位置，他们是需要被尊重、被关爱的，特别是教师给他们一丁点儿的赞许或褒奖，或许就能改变学生的一生。当然，教师的作用也不可能是万能的。但是，教师的反向作用对学生的打击所造成的心灵的创伤也往往是巨大的。梁老师在反思中联系自己的感受将心比心，感受是深刻的，也是实在的。

梁老师在对读书的感悟中讲到要善于积累。希望你能从现在开始，给自己制定一个发展的规划目标，每年做一些实实在在的事情，从读书反思开始，把读书与教学实际有效地结合，跳出教育看教育，不断地校正自己的发展轨迹，让自己的生活更充满活力，更富有意义。

我们期待着你的收获，一同分享因为收获所带来的快乐！

附

读《今天怎样做教师》有感

青岛汾阳路小学　梁璐（2006 年 11 月 30 日）

【摘要】 书中告诉我们应该"如何看待学生"：一个教师对学生的评价影响力是极大的，可是我们有时对此却不太注意，往往作出一些对孩子不恰当的评价，影响了孩子的发展。其实小孩子的心理都是相通的，尽管他们调皮，尽管他们学习成绩不算好，但他们之间都是公平的，都希望能够获得老师的表扬。今后的教学工作中我会多多地和学生进行交流，少批评、多鼓励，让学生在良好的尊重、期望中，自信心和自尊心得到增强，发挥他们的潜力！

书中还提到"要善于学习"这个观点：读书要善于积累；善于思辨；读书求知要与知识的使用相结合；读书贵在坚持；读书要与经典著作对话；读书要有科学的态度。的确，无论你从事哪门职业，都要抱着活到老、学到老的态度去学习、去读书。但是往往读很多书，却没有真正学到知识。关键在哪儿？ 在于没有积累的习惯和坚持的动力。

"家"与感动

　　刚刚看完央视的"感动中国"的节目,还沉浸在包括"微尘"在内的那些感动之中。现又读了"家是什么"这篇小品文以及 007 的跟帖,更想对"感动"进行一番表述。

　　家是什么?

　　家不是房子,空洞的房屋因为没有生命,也就不能产生出一份感动,因而也就没有家的意义。

　　家也不一定是具有血缘关系的人组成的集合体,因为,有些有着血缘关系所构成的家,少有感动,多有冷漠。

　　家还不仅仅是一个小小的家族的单元,在地球上,我们有一个个的小家,也有一个个的大家,更有一个属于全人类的家,这些家中每时每刻都在发生着一个个令人感动的故事。

　　其实,在我们这个地球的大家庭中,还有其他的生命体的家族。有植物、有动物,它们也需要有"家"的温暖,也需要得到一份感动。

　　那么,感动又是什么?

　　感动是关爱,因为有了爱,才能引发出感动;

　　感动是亲情,因为有情有义,才能生成感动;

　　感动是精神,因为有了高尚的品位,才能使感动真情流露;

　　感动是力量,因为有了激励的源泉,才能使感动震撼人心。

　　我们所看到的不仅仅是一个个自然形成的家,还有更大范围与层面的大家。不管是什么样的家,多有一份感动,就多有一份和谐,就多有一份快乐。为了你,也为了他(它),还为了我,让我们多几份感动吧!

【跟帖】

发表人:007

　　家是什么?是一座装修得富丽堂皇的宫殿,还是一栋150平方米的复式楼?在有些人眼里好像是你的房子面积越大,你的家就越有档次。所以,有的人为了追求达到这样的标准,为了追求这样的档次而提前消费。而这种提前消费的结果是以后的日子一直都被家所累。家是什么?正如文中所说,家是亲情和亲人,而不是你住的那所大房子。家就是爱,有爱就有家。同行们,工作之余常抬起头来看看蔚蓝的天空,听听鸟儿歌唱,闻闻花的芬芳,感受一下大自然给予我们的关爱,并以这种美好的心情,去关爱班级的学生、身边的同事、自己的爱人!记住:爱有多大,家就有多大!

【链接文章】

家是什么

　　在美国洛杉矶,有一个醉汉躺在街头,警察把他扶起来,一看是当地的富翁。当警察说要送他回家时,富翁说:"家?我没有家。"

　　警察指着不远处的别墅问:"那是什么?"

　　"那是我的房子。"富翁说。

　　在我们这个世界,许多人都认为,家是一间房子或一个庭院。然而,当你或你的亲人一旦从那里搬走,一旦那里失去了温馨和亲情,你还认为那儿是家吗?对名人来说,那里是故居;对一般老百姓来说,只能说曾在那里住过,那里已不再是家了。

　　家是什么?1983年,发生在卢旺达的一个真实的故事,也许能给家做一个贴切的注解。卢旺达内战期间,有一个叫热拉尔的人,37岁,他的一家有40口人,父亲、兄弟、姐妹、妻儿几乎全部离散丧生。最后,绝望的热拉尔打听到5岁的小女儿还活着,于是辗转数地,冒着生命的危险找到了自己亲生骨肉,他悲喜交加,将女儿紧紧地搂在怀里,第一句话就是:"我又有家了。"

在这个世界上,家是一个充满亲情的地方,它有时在竹篱茅房,有时在高屋华堂,有时也在无家可归的人群中。没有亲情的人和被爱遗忘的人,才是真正没有家的人。家是亲人和亲情,不是你居住的大房子。

对话札记篇

教师要警惕那些赞美

古往今来,教师的头上被罩上了许多光环,例如,教师是春蚕、蜡烛,也是辛勤的园丁、人类灵魂的工程师,更是"传道、授业、解惑"的实施者。这些对教师的赞美之词至今还在社会上广为流传,被社会公众所认可。教师的职业是伟大的,因为教师是创造生命的职业。然而由于人们对教师职业地位和作用的过高期望与教师生存现状之间存在矛盾,教师的专业发展或多或少地受到了限制。

教师是春蚕、是蜡烛吗?过去我们说教师是春蚕、是蜡烛,颂扬的是教师的那种奉献精神,倡导教师要像春蚕、蜡烛那样"埋头苦干"。在这种观念下,不少教师"好心做了错事"。可悲的是,这些教师并没有意识到这一点,甚至还把他们做的不少错事当成一种工作业绩。这些教师更多地关注奉献,而很少考虑自己的付出是否有效。对此,有的教师可能会反驳:我们没有功劳还有苦劳,没有苦劳还有疲劳,怎能说没有一点成效?

把教师视为春蚕、蜡烛的化身,当作工作机器的那种价值取向,是不利于教师身心健康的。我们应该树立"以人为本"的科学发展观:教师的角色不仅是奉献,同时也需要"索取",需要得到关爱;他们的职业生涯需要不断地发展,生活、工作质量需要不断地改善和提高。我们不能把学生的成长建立在教师自我牺牲的基础上,教师与学生一样,首先是一个人,一个与学生相互依存的生命体。

教师是园丁、是工程师吗?园丁一般按照事先设定好的"程序"按部就班地劳作,如把苗圃中的冬青都修剪得一模一样、整整齐齐。工程师也是如此,他们按照规范和规则来描绘蓝图。在类似"园丁"和"工程师"的思维以及运作程序的影响下,教师往往忽视学生作为一个"人"的存在,而把他们当作没有生命的物体,用一种事先设定好的固有教育模式规定课程,依靠统一的教学计划、教学大纲和教材组织日常的教学活动。这种统一模式从表面上似乎"照顾"到了大多数学生,但实质上限制了学生的个性发展。

教师不能忽视自己还承担着伯乐的责任,即培养学生的创造性,充分挖掘学生的个性与潜能。我们是否反思过这么一个问题:为什么学生刚踏入校门时是一个个鲜活的个体,而在走出校门时棱角早已被磨平,变得没有灵性? 这一问题的根源也许在于我们给自己框上了"园丁"和"工程师"的规范,进而把对教育的理解与感受施加在学生身上。

教师是传道、授业和解惑者吗? 不可否认,传道、授业、解惑是教师职业的一个重要特征,是对教师教育教学行为的具体要求。但是在教学过程中,更多的是一种单向灌输,学生过度地依赖教师,教师也忽视了学生的创造性。在信息化社会的今天,这种知识传授方式已落后于时代要求。灌输的方式最终培养出的是一批"考试机器",他们可以在国际上拿到知识竞赛的金奖,却不能成为获得诺贝尔奖的科学家。著名物理学家杨振宁认为:"中国教育方法是一步一步地教、一步一步地学。传统教育方法训练出来的小孩,可以深入地学习许多东西,这对于他进入大学、考试有许多帮助——但中国最需要的恐怕不见得是会考试的人。"

那些对教师的种种赞美之词似乎表明教师是为他人而活、而牺牲的无怨无悔者、清心寡欲者、超凡脱俗者。这种人为的拔高,遮蔽了教师的本来面目,使教师精神生命的延续受到了限制。

教师是什么? 教师就是教师。如同医生、飞行员、会计、军人一样,有特定的职业标准。能够履行职业标准,把平凡的工作做好就是一个称职的教师。教师不是神,也不是完人,他也有这样或那样的不足,需要被呵护和关爱,需要不断地完善自我。

教师的价值取向决定教师到底是生命型教师还是生活型教师。生命型教师把教育事业视为生命,他们有知识,更有智慧,充满生机与活力。生活型教师只是把教师职业作为谋生的手段,对本职工作缺乏认同感,缺乏应有的兴趣和热情。

教师作为一种职业,应该在新形势下融入新的内涵,应当把它看作创造生命的职业,是完善自我的职业,是具有智慧的职业。

有人说教师应该是空气。空气的特点是看不见、摸不着、感觉不到,但又无时无处不在。这里所讲的空气是指教师所营造的一种良好的氛围,有了良好的氛围,学生学习的主动意识就能增强,学习的效率就会提高。

教师的价值和意义不仅在于他们能够满足自身的需要,还在于能够满足他人、满足社会的需要。教师的任务应该是通过自己幸福的心理体验帮助学生树立正确的价值取向,帮助学生培养感受幸福的能力。也就是说,教师存在的价值和意义在于通过自己的存在方式,在有目的的活动中创造价值、生成意义。

(刊载于《中国教育报》2008 年 4 月 17 日第 8 版)

【链接文章 1】

教师当然是教师
——与覃川先生商榷

湖南新田一中　　龙启群

读覃川先生《教师要警惕那些赞美》一文(见 4 月 17 日"教师书房"版),叫人啼笑皆非。这篇文章谈的是"教师是什么"的问题。作者认为,如果教师把自己看成是春蚕和蜡烛,就会"好心做错事",更为可悲的是"还把他们做的不少错事当成一种工作业绩";而别人如果把教师看成是春蚕和蜡烛,就是没有"以人为本",不利于教师身心的健康发展。

我们说教师是春蚕和蜡烛,着眼点是教师默默无闻的奉献精神。笔者看不出这与"好心做错事"之间有什么必然的逻辑联系,也不明白覃川先生是如何从"奉献精神"推导出"好心做错事"这样一个结论的。中华民族几千年来尊师重教的优良传统,我们党几代伟人的尊师佳话,党和人民给广大教师以无微不至的关怀和爱护……这些都是"以人为本"的充分而具体的显示。即使教师本身,他们在做春蚕、做蜡烛之前，也是他们的老师做春蚕、做蜡烛培养出来的。只要是正常人，决不会因为把教师比作了春蚕和蜡烛，就不把教师当作"人"来看了。在重视和强调"实现自身价值"的今天，我们也没发现哪个教师因自己是春蚕和蜡烛，就只讲"奉献"，而不讲"索取"了。

　　教师是园丁，是工程师吗？覃先生说，不对，因为教师若把自己视为园丁和工程师，就会按照"规范和规则"，按事先设定好的"程序"按部就班地劳作，结果是"限制了学生的个性发展"。我们觉得覃先生对"教师是园丁和工程师"的理解过于偏激。人们把教师比作园丁，是着眼于教师的培育对象是祖国的花朵和幼苗，教师因此必须像园丁那样细心呵护。即使是园丁，除了像覃先生说的"把苗圃中的冬青都修剪得一模一样、整整齐齐"之外，还有更重要的工作，那就是施肥、灌溉、锄草、除虫。人们把教师比作人类灵魂的工程师，是着眼于教师工作的重要和崇高，没有谁担心教师会像工程师按图纸制造机械那样去培养下一代。

　　对于"教师是传道、授业、解惑者"的说法，覃先生也持否定态度。他认为，教师这种角色定位的结果是，"在教学过程中，更多的是单向灌输，学生过度地依赖教师，教师也忽视了学生的创造性"。笔者从教近40年，窃以为"传道、授业、解惑"乃是对教师职责最为精当的概括。从媒体上了解到一些发达国家教师的工作情况，我觉得也没超出"传道、授业、解惑"这三个方面。至于教师是否会搞"满堂灌"而忽视了培养学生的创造性思维，学生是否会过度依赖教师，这与教师是不是"传道、授业、解惑者"无关，而是怎样"传道、授业、解惑"的问题。绝大多数教师在发扬优秀教育传统的同时，也在与时俱进，不断学习、吸纳并实践着先进的教育理念。教师在自己的教育教学实践中，坚持"三个面向"原则，培养"四有"新人，难道离得开"传道、授业、解惑"吗？

　　任何比喻都是跛足的。人们用比喻，只着眼于本体跟喻体的相似性而绝不是同一性。要是我们钻牛角尖，可以说所有的比喻都说不通。就拿人们耳熟能详的"十八个伤病员像十八棵青松"这一比喻来说吧，如果我们从另一个角度提出问题："青松"有崇高的共产主义理想,有坚定不移的抗日意志和民族气节吗? 如果没有,那又怎么能说"伤病员像青松"呢?

教师既然不是春蚕,不是蜡烛,不是园丁,不是工程师,也不是"传道、授业、解惑者",那么,教师是什么呢? 覃先生说:"教师就是教师。如同医生、飞行员、会计、军人一样,有特定的职业标准。能够履行职业标准,把平凡的工作做好就是一个称职的教师。"这话放之四海而皆准,可惜的是,说了等于没有说。不信,我们把这一表述中的"教师"换成后面"医生、飞行员、会计、军人"中的任何一种,这一命题都能成立——"军人就是军人,如同医生、飞行员、会计、教师一样,有特定的职业标准。能够履行职业标准,把平凡的工作做好就是一个称职的军人。"

对于"怎样做教师"这一问题,有兴趣者完全可以自说自话,用不着拿传统说事。传统的并不见得都是错的,时髦的也不见得都是香饽饽。当然,覃先生的论述也不全是时髦的。

不揣浅陋,略陈管见,就教于方家,并请覃川先生晒正。

(刊载于《中国教育报》2008年5月8日第5版)

【链接文章2】

我们需要通过不断的学习让自己成为一个专业人士,而不是在成堆的比喻中获得职业的满足感。我们应该理直气壮地说——

教师就是教师

青岛贵州路小学　邓晓红

从当教师的那一天起,"教师是春蚕、是蜡烛","教师是人类灵魂的工程师"之类的说法就萦绕耳际,乃至深入心田。每一位教师都很明白这些赞美所包含的意义——教师的工作平凡而伟大,教师需要有很好的奉献精神。

说教师是春蚕也好,是工程师也好,是传道、授业、解惑者也好,表达的都是某种价值取向。但这些赞美都有一定的局限性,《教师要警惕这些赞美》一文(见4月17日"教师书房"版)对此进行了多方面的阐述,值得我们深思。

在教育理念发生深刻变革的今天,教师是什么? 教师的作用和价值是什么? 这些问题需要我们每一位教师认真思考,不回答这些问题,就难以对日常的教育教学工作作出准确定位。

作者能够直面教育现实与教育困惑,以独特的视角对一些"教育常规"进行反思和批驳,以辩证的思维方式进行层层分析,提出自己的观点和建议,我们从中看到的是一种求真务实的态度和一个教育工作者的赤诚情怀。文章不是要否定什么,也不是要灌输什么,而是要激发一种思考,我觉得这是作者的目的所在,也是每一位认真的读者能够体会到的。

教师首先是人,作为个体的人,教师也有很多需要——需要得到关爱、尊重和发展,所以对待教师也要"以人为本"。"我们不能把学生的成长建立在教师自我牺牲的基础上,教师的职业生命需要不断地发展,生活、工作质量需要不断的改善和提高。"——作者说出了很多一线教师的心声。

工作是人生态度的一种表达方式。教师在职业生涯中所能得到的成功体验,在某种程度上决定着他们的职业幸福感。然而,如果教师的职业能力始终在原地踏步,他们又能体验到多少成功的喜悦呢? 如果教师没有能力体会教材内容和教学过程的价值,他们又怎能获得从教的乐趣呢?

教师作为一种职业,就应该有明确的职业标准。这其中既有职业态度,也有职业能力。这两者是辩证统一的。教师确实需要奉献精神,所以人们都说:"教书是一个良心活儿。"但问题在于,如果教师对职业的定位出了问题,那么不仅会劳而无功,甚至真有可能"好心办了错事"。从这个意义上讲,教师不能满足于"埋头苦干",更应该着眼于工作实效。对工作的方向性把握其实就是教师的职业能力。我们需要通过不断的学习让自己成为一个专业人士,而不是在成堆的比喻中获得职业的满足感。我们应该理直气壮地说:"教师就是教师。"

我们需要从一个更高的层面去定位教师的作用,不能仅仅停留在自己是春蚕、是工程师的层面。现代教育观念强调师生之间的互动和相互学习,强调平等、尊重、民主和合作的教育氛围。因而,我们需要清醒地认识到原有师生关系的不和谐成分,摒弃单向传输、整齐划一的教育方式,以平等的姿态、平和的心态帮助每一个学生尽可能好地发展,也使自己在这一过程中不断进步。

每一个人都是传统的产物,但不能因为这点就讳言传统的弊病,否则教育如何进步? 社会如何进步? 肯定传统中有益的成分,批判地对待其中不够完善的内容,我认为这才是严谨的治学态度。

(刊载于《中国教育报》2008 年 6 月 19 日第 8 版)

【链接文章3】

教师难道不是教师吗?

青岛职业技术学院教授　周嘉惠

当了几十年的教师,干了几十年的教育,自然就爱上了这一行当。如果有人问我,教师是什么? 我会毫不犹豫地回答他:"教师就是教师,他的任务就是教书育人。"这本来是个很简单的问题。不是吗?

《辞源》里说:"教师,亦称教员,向学生传授知识、执行教学任务的人员。"《现代汉语词典》里说得更简单:"教师,即教员"。这本是再明白不过的问题了。可是,近读龙启群先生的文章《教师当然是教师》,我对于什么是教师这一问题却反而不明白了。龙先生自称作了近 40 年的教师,那么,对什么是教师这一类的问题应该是早已了然于心的了。可是,我却有一种越看越糊涂的感觉。显然,龙先生是不同意覃川先生在《教师应该警惕那些赞美》一文中的观点的。不同意很正常。仁者见仁智者见智嘛。可是,反驳对方的观点总得让人信服,诸如"让人啼笑皆非"、"偏激"、"可悲"等说辞,是否用词有点过分? 是否态度有点"偏激"?

如果不带任何偏见,我们都能读懂覃川先生文章的意思。平心而论,教师这一职业,并无什么特别的光环。各种溢美之词,在某种特定的环境之下(例如"文革"刚刚结束之时),也许能起到鼓舞士气的作用。但现在,当教师不再受人歧视,当社会上不再对教师抱有偏见,我们的确应该把那些光环摘下来了。因为那些个比喻的确不太准确。

覃川先生的《教师应该警惕那些赞美》,对于给教师带的许多"花环'很不以为然,例如,说老师是蜡烛、是园丁、是工程师啦等等,他认为这些说法都不够准确。准确的说法应该是:教师就是教师。教师不是园丁,教师不是蜡烛,教师不是工程师,教师不是春蚕,老师的任务也不仅仅是传道授业解惑。在新的背景下,教师,乃至教育,应该有新的定位,而不应当延续传统的定位。我个人以为,这篇文章说得很对,老师真的应当正确地认识自己,正确地认识自己的职业,从而把自己的工作做得更好。

却不料覃川先生的文章惹得人不高兴了。这就是自称做了近40年教师工作的龙先生。龙先生的文章开篇就说:"读覃川先生《教师要警惕那些赞美》一文,叫人啼笑皆非。"怎么会呢? 我不知道龙先生是没看懂覃先生的文章,还是想故意地幽它一默? 我读覃先生的文章,怎么就没有这种啼笑皆非的感觉呢? 我觉得,覃文的确指出了当前教师队伍中的一种倾向:自我定位不准,自我价值模糊,自我评价盲目。现在没有人称老师为臭老九了,相反,每逢教师节,我们会听到许多赞美,什么园丁蜡烛之类。当年"文革"刚刚结束的时候,如果有人这样说我,我当然高兴,因为那时刚从臭老九的泥坑里爬出来。现在,改革开放已经走了30年,教师的地位已经有了很大的提高,随着教育事业大发展,教师队伍也变得很庞大、很芜杂。

给老师头上戴上许多花环,的确不利于教师自身的发展和成长。而且也不符合事实。

说老师是蜡烛,燃烧了自己,照亮了别人。说我们是春蚕,把自己的一切毫无保留地献给了学生。说我们是人类灵魂的工程师,我们的灵魂最高尚。事实真的是这样的吗? 我们作为教师真的有这么伟大吗? 我以为,过多地强调这样一些不符合事实的东西,对我们教师本身并无好处。如果硬要打个比方,还不如说教师是泥土,教师是小草,教师是花瓣,教师是桥梁。这些都有道理,也都表述得不很圆满。

我承认,任何比喻都是跛足的。任何比喻都不足以把教师这一职业的性质说得很完备。其实,还是覃川先生说得对:教师就是教师。教师与学生是一对互相信赖的生命,是一对共同成长的伙伴。

教师每一天在神圣与平凡中行走,为未来和现在工作。教师首先是一个人,他有自己的喜怒哀乐,有自己的油盐酱醋,他必须做好一个人,争取做一个大写的人,一个能够影响学生健康发展的人,一个永远让学生记住的并学习的人。

如果说伟大,当一个平凡的教师,做平凡的教师工作,这一工作同做其他的工作一样伟大。如果说渺小,不好好干自己的工作,敷衍塞责,不认真教书育人,也同干不好别的工作一样渺小。当教师,或出于爱好,或由于偶然,或迫于无奈,或缘于机遇。不管属于哪一种,既然当了教师,就应该做好,实在没必要给自己戴上那些光环。这就是我的"教师观",不知龙先生以为然否?

【链接文章4】

要学会倾听,做最好的老师
——与龙启群先生商榷

青岛市崂山区教育体育局教研室　赵春凤

阅读了龙启群先生《教师当然是教师——与覃川先生商榷》一文(见 2008 年 5 月 8 日《中国教育》第 5 版),感觉文风犀利、有一泻千里、不可抵挡之势。透过这些文字,我读出了龙先生对教育的一片真情,一份挚爱。想来龙先生定是一位献身教育无怨无悔的老师,也是一位极有个性的老师。但对龙先生反驳覃先生之文似觉有些许不妥,在这里提出来与龙老先生商榷。

首先我觉得龙先生说话的语气不够温和,言辞全无商榷之意。我想覃先生读过此文是不是有些透不过气来。最近笔者读李叔同先生事略,深被他的"大爱无声"、"大德无言"所感动。静心凝思,忽然对教师有了这样的感悟:教师不仅应该单是"经师",更应该是"人师"。作为"人师"对于不同声音,是不是应该报以宽容的态度,如需商榷是否可以委婉一些。因为激动容易使我们的思维异常活跃,但也容易使我们的言辞出现偏激。也就是说情急之下所说话语,易失去分寸,并无益于问题的解决。

其次我觉得龙先生似乎没有完全理解覃先生话语的内涵。我们知道,只有在一定的背景下对语言的理解才是有意义的。因为中国语言有其丰富的内涵,同一句话在不同的语言环境中理解起来会有很大的差异。就说教师是春蚕和蜡烛吧,如果在赞美教师辛勤耕耘、无私奉献的背景下使用,尤其是用来讴歌那些为教育兢兢业业、无私奉献的优秀教师,我想覃先生决不会反对的。但如果把它泛化,把它用来要求所有教师都必须如此,那就太理想化了。这样一想,对覃先生的观点就无多大意见了。进而想到,把"无私奉献"这一处在全人类道德顶峰的精神追求专用于教师,是不是值得思考。因为这样教师这一职业是神圣了,但教师也被神化了。我想"无私奉献"应该是全人类共同的道德理想,各行各业都应该提倡。居里夫人不是自比蚕吗?鲁迅先生不是自喻牛吗?只有把这种美妙的比喻,广泛地运用于各种职业之中,我们的教育环境才会更和谐、更美好。

回想自己也曾自喻快乐的红烛,并把"甘为春蚕吐丝尽,愿作红烛照人寰"作为自己的座右铭,并乐此不疲地投入教学之中,忘记日出日落,无怨无悔 15 个春秋。但从参加中国教科所的重点课题语文自学辅导实验之后,我真的转变了观念,觉得教师这一职业最大的特点应该是热爱、智慧与创造。作为教师职业之第一要务是唤醒学生自我进步的渴望,使每个生命都向着阳光生长。10 个年头,三轮实验把一个以埋头苦干著称的我,转变成了一个充满智慧、洋溢真情的我。学生再不是考试机器,而是充满灵性的创造者,成了课堂的主人。真正实现了叶老所提倡的不需要教之高境。我想如果覃先生能够亲进我们的课堂,定然不会把"教师辛勤的园丁"这一比喻与手拿利剪为整齐划一而斩杀向高处生长的冬青这一举动联系在一起。正像龙先生所说,比喻是因为二者具有相似性,反思我们的教育行为,是不是有些教师在做这种让人痛心的"修剪"?如果覃先生所说属实,提出来惊醒一下,我们应该感激。覃先生也不是一位妄说者,对教育也是情有独钟。去年阅读覃先生的教育专著《今天怎样做教师》,初读时确实对覃先生的"新师说"不以为然,但越往后读越受启发,覃先生的文章确实能够引发思考,尤其对于那些司空见惯的事情、习以为常的做法,大家都以为是的观念,思考颇深。我想没有覃先生的思考,也可能引发不起龙先生写作灵感的降临,也便没有对教师是什么的深度思考。

我喜欢倾听,倾听各种花开的声音。两位有思想的教育者在辩论,唇枪舌剑,各执一词,但都是为了教师,为了教育。一个维护教师的精神世界,一个开启教师的智慧之门。在新课程实验这几年,我学会了倾听。倾听并思考,博采众长,兼容并蓄,才能做最好的老师。

　　以上所说仅是我的个人浅见,如有不妥,敬请海涵。

教育的真谛

经常看到或者听说过一些关于转变"差生"的故事,自己也曾多次被那些感人的故事情节所感动,常常对那些为转变"差生"付出辛勤劳动的教师从心底产生由衷的敬佩。

可是,在多次的感动之后,自己总是感觉到缺少些什么。是的,在老师的爱心之下,一些"差生"成功了,最后取得了优异的成绩。那么,是不是可以由此推导出这么一个成功的模式,那就是:在老师的爱心普照之下,只有"差生"最后转化成完美的结果才属于教师的成绩?难道只有我们事先框定好了的一种标准的结局模式才是应该被"感动"的吗?

对一个正在发展着的人来说,其培养教育的过程是一个复杂的过程,不可能像工厂产品生产那样,只要按照图纸的要求去做就会制作出合格的产品。在现行的环境下,我们的学校教育的价值取向、我们的教书育人的价值取向往往还带有很浓的功利色彩,往往具有一些程式化、脸谱化的特征。比方说,在推出一个典型、倡导一种理念、弘扬一种精神时,就追捧一种完美的结局,结果这种泛化了的东西干扰了我们对教育真谛的追求。

教育就应该使每一个人成为他自己。这个"他自己"指的就是具有不可替代特性的"他",也就是说"他自己"在将来走向社会时能够找到他应该拥有的"位置"。这个位置,有可能是公务员,也有可能是科学家,还有可能是蓝领工人,甚至也有可能是个体工商业主、农民、摆地摊的摊主,等等。正是由于这些不同角色人在社会上的"位置"存在,他们可以通过相互间合法的劳动来享用着为对方的"服务"与"货币交换",享受着人间天堂般的幸福,这种耦合、交互式的关系构成了和谐社会的基础——这些难道不正是学校教育的功劳吗?

教育就应该让每一个人成为他自己给我们带来的思考是:教育应该走向平凡而不是泛化。作为学校、教育工作者,有责任、也有义务尽自己的可能培养出那些按"分数"评价出来的"知识栋梁之才",但也不应该忽略或者漠视学校、教育工作者所培养的那些"劳动栋梁之才"吧?而这后者也应该是我们学校、教育工作者的责任啊!

值得我们反思的是,在衡量、评价学校教育和教师工作的时候,有时只是用一只眼睛来考量教育功能发挥的问题,而不是用双眼客观、全面地考量。我们应该感谢那些默默无闻的一线教育工作者,特别是应该感谢那些在艰苦环境之下,在那些简陋的校舍、拮据的生活状态之下,为了孩子们的明天苦苦劳作着的那些往往被人们遗忘或者边缘化的教育工作者,是他们为了国家、为了孩子,在夹缝中苦苦地撑起了一片蓝天,让孩子们享受着阳光的温暖,享受着教育的快乐。这些,与大城市相比,与名校相比,尽管可能看起来是那么的简单和一般,但是,在这里,教师的爱心已经让孩子们感受到了人间的温暖,同时,教师的呵护也为孩子们日后在社会上能够"有效"地活着、有意义地生活奠定了基础。

(刊载于《师资建设》2008 年第 4 期)

【跟帖】

发表人:广水

读了覃院长的文章,我想到了学生个性化发展的问题。个性是一个本质特征的综合体现,是作为个体的人性的总和。我们传统的教育往往重知识,轻能力,重分数,轻个性,使用同样的教材,采用同样的方法,要求同样的步伐,并希望学生像士兵在操场上齐步走那样,步调一致,是根本办不到的。用这样的教学体制,结果只能是迟钝的学生跟不上,聪明的学生不满足,天才的学生不能脱颖而出。素质教育的目标是创造适合儿童的教育,而非选拔适合教育的儿童,素质教育是把人的发展视为一个整体,个性化教育、差异教育正是素质教育的作用所在,实质所在。我们的教师在教学中为了减少麻烦,为了班级便于管理,为了分数的提高,往往忽视了学生个性化的发展。

发表人:东方

"给特殊的学生以特殊的爱。"

所谓特殊学生,就是他的情况特殊,如学习特别吃力、淘气的学生,等等。我们得认识到,这些特殊的情况都是有原因的,而这些原因不应该归咎于孩子,这样的孩子在人际交往与学习过程中都存在比较严重的问题或者说困难。

"我们不能够嫌弃他们,要理解和同情他们,给他们以更多的爱,让他们也和其他孩子一样有一个欢乐的童年。这将影响他的一生。"

发表人:王霞

"没有差生,只有暂时落后的学生",这是教育文摘上一篇文章里的话,如何对待差生?这是值得我们反思的事情。通常老师对待优秀的学生的态度都会好一些,轻声细语的,对待差生,很多的时候是大声呵斥,想象一下,学生都被我们的"狮子吼"吓傻了,还能听到我们说什么呢?我们都知道同样的话用不同的语调可以达到不同的效果,思考一下,我们的吼声会带来怎样的效果。

发表人:jimingming

读了覃老师的字字句句,自己千头万绪有许多感动之处。一名好教师的衡量尺度不仅仅只是成绩的测定,一名学生的好与不好更不能从分数上去说些什么。分数不是学生的一切,现在的成绩也不是学生将来生存的唯一。

就像现在我们衡量一个人,不是看他以前学习成绩怎样,不是看他的地位多高、金钱多少,更重要的是他的人品。重要的是培养学生一种良好的思想品德,有积极的心态,有责任心,有正派的作风,他才会正确对待任何工作,我想即使工作不是很体面,但他也会过出自己的生活,用自己的劳动去实现价值。

我觉得培养学生拥有一个健全的人格这是首要的。

发表人：guangshui 阳

　　"生活的美,不等于生活的完美,生活的阴影、曲折和困境也是生活的组成部分,是生活应有的色彩,而且我们每一个人通过自己的行动也在创造着生活的美。"教育也是如此,教育的本质是培养学生一种积极的态度。不管这种态度是所谓的"卑贱"还是"高尚",都是一种积极美。看到的优秀不一定是完美,每一位教育者都在创造教育的美。

发表人：幸福的东川人

　　"天才,就是放对了地方。""天才,就是坚持。"

　　我记不得原话是不是这么说的,但可以肯定的一点是,很多人意识到：教育的效果不一定就在眼前,教育的效果也不一定都表现为教育者完成了自己的教育目标。

　　因此,未来的社会,必然会涌现出更多的天才。因为我们的身边有眼光高远的教育前辈们,因为我们的身边有越来越多紧紧追随着前辈们的年轻一代。

发表人：追梦

　　拜读了覃老师的这篇文章,我深受启迪,那就是以一个旁观者的心态来看教育,来衡量教育,用一颗平常之心来看待自己特殊的身份。道出教育的真谛："教育应该使每个人成为他自己。"不是把每个人都培养成名牌大学生,只要引导他能发现自己、追求自己,最终成为他自己,这就是我们教育的最大成功。我们的老师是否应该放下心中的包袱？正确面对我们特殊的事业,让孩子找回应属于他们自己的蓝天。覃老师给了我们很大的鼓励。跳出三界外,不在五行中,像覃老师那样来认识一下我们自己。

发表人：刘燕

　　最欣赏覃川老师的一句话："教育应该使每个人成为他自己。"我还是用自己的亲身教育经历来说明吧。

　　有一次作文课,题目是让孩子们写一篇"我的理想"的文章,当全班同学作文都收上来的时候,我发现竟然有95%的学生写了不是要成为有钱人、就是要成为老板等。翻阅着孩子的作文,我在想：到底给孩子们什么样的引导,才能使他们认识到,不管面对怎样的社会环境,要让他们明白：我自己到底需要什么？我到底想成为什么？于是，就这个话题，全班召开了班会来讨论。大家开诚布公，坦然畅谈，这时候，我听到很多朴素的声音：我就想当售货员，可是说出来怕大家笑话等的理想。

最后，我和孩子们达成共识：不管成为了什么，或者不成为什么，只要认真地工作，诚实地生活，做事情尽心尽力，就有意义有价值。于是，后来学生们再写这篇作文，语言真诚了许多，很多学生谈出了自己真实的想法，很令人感动。

在每个人的教育生涯里，总会遇见不同学生的成长经历，有的将来可能事业辉煌，当然这是我们所期待的，也有的因为自身的原因，默默无闻。但老师都要祝福他们。国家级名师刘可钦提到一个关于"48分学生"的例子，特别令人感动。老师千方百计给他补课，就是不行，从三年级一直到六年级，毕业考了48分。按理说老师应该有很大的挫败感，或者感到委屈。但刘老师最后说："孩子长大以后，开了一间发廊，也能自食其力地生活，而且生活得很愉快，这就很好了，当老师的就是不要让孩子失去生活的信念。"

多好呀！不要失去生活的信念，让孩子成为他自己——这就是我们老师要思考的教育的真谛吧！

发表人：王霞

读完这篇文章，我有种感觉，就是覃老师已经跳出了他教师的身份来看待"教育"这个问题。作为老师，已经形成一种既定的看待教育的模式，转化差生也是我们老师的工作重要的一部分，让差生的成绩好就是我们努力的目标，从来没有想过要让差生做一个有自己个性的他。我想，这也是我们老师该反思的，到底我们要教育出什么样的孩子？

发表人：佚名

从刘燕老师的跟帖可以看得出她在不停地反思，不停地观察跟踪，这实际上就是中小学的教育叙事的研究方法之一，对自己班上的"样本"的采集与跟踪、观察记录等等。刘老师谈到学生出现反复，并检讨了自己的一些没有及时跟进、评价等原因。但是，从覃川当时的建议中，这些并不是最重要的，其中隐含的一个很重要的关注点是课堂教学的质量问题，课堂及时纠错也是教学质量保证的一个措施。教师应该对课堂教学中出现的错误问题敏感,不能麻木不仁。纠错最好应该在现场,并且还需要即时,这样才能根除问题,就像感冒开始出现症状时,如果马上服药(喝点冲剂)就不会因拖延而到医院打吊针。海尔的"日清日毕"的工作法值得我们借鉴。

另外一个需要我们引起注意的就是需要搞清楚为什么学生出错?应该主要从自己的课堂教学找原因,不应该让学生适应教师,而应该是教师适应学生,这里所谈的"适应"指的就是"学情"。从宽泛的意义上讲,在知识学习方面,在常态状况下学生是没有错的,错的是我们当教师的。教室就是学生出错的地方,教师就是应该帮助学生改正错误。当教师的应该有这样的心态。然而,教师也应该力图让孩子们学懂知识少犯错误。当然,要做到这一点需要综合素养的提高。

教育者的本质

对学校教育而言,教育者可以有狭义与广义之分。从狭义上看,指的是受过专门训练的"专业化"教师,从广义上看,则包括专业化、非专业化在内的人们。

教师是面对人的自然生命、精神生命的一种职业,担负着培养人的任务。这种任务决定了教师职业的特殊性,进而对教师也就提出了更高的要求。现在的问题是,一些教师对自己的角色定位把握得并不到位,往往出现错位、角色混乱的情况,在自觉或不自觉中忘记了自己是一名教师,忽略了自己的使命。

在教师专业发展逐渐得到认可和完善的今天,高学历、高学位教师开始成为学校教师队伍中的主要力量。然而,值得注意的是,一些教师的"专业效能"却不够高,职业倦怠、职业素养低下、课堂教学效果差、教学与研究能力欠缺成为制约教育质量提高的突出问题,这些问题与他们所获取的具有专业与责任效力的"凭证"极不相称。

教师仅仅在专业上得到发展也是远远不够的。应该实现从教师专业发展到教师发展的转变,这是提高教师综合素养、实现成为"全人"目标的必要途径。优秀的教师应该有教师发展的自觉意识,需要有贯穿整个职业生涯全过程的自我教育与自我研修的自觉行动,这个过程不能局限于某个发展阶段,也不能局限在某几个发展方向。

可是,在一些教师心里,教育者永远是教育他人的,这种"排他性"的价值取向在目前还有相当大的市场。教育者把学习、发展游离于学

对话札记篇

校组织之外是不利于自身进步和教育教学质量提高的。教育者首先应该是一个积极、有效的学习者,通过学习,不仅提高自身的专业素养,同时还进一步提炼自身的"全人"品质,不断丰富职业生命的内涵。

教育者的本质应该体现在对生命的关注上,在关注自己的同时,也注意关注他人。就自己而言,教育者如果把所从事的职业与提高自己的生命质量结合在一起的话,那么,他的职业生涯就会更富有意义。因此,教育的本质应该建立在教育者自身"全面发展"的基础上,只有自身"营养"合理搭配而且自身生命得以健康延续的话,才有可能将教育者的本质体现得淋漓尽致。与此同时,教育者还应该关注受教育者的身心健康问题。很多职业尽管最终的落脚点也在民生,但是,它们与教师职业所不能相提并论的是,教师职业是对一个个生命体的"铸造",帮助受教育者完善精神生命和人格品质。

对教育者广义性的研究也是颇有现实意义的。这是因为,现代教育已不再是过去传统意义上的"书斋式"的围墙教育,这缘于现代信息社会形成的客观现实。信息高速公路的开通,使得世界越来越扁平化,每一个人都比较容易地获得所需要的、丰富多样的信息,在某种程度上人人都有可能成为教育者,甚至还可以成为一个优秀的教育者。但是,从一些学校课堂来看,受教育者成为教育者的"机会"却往往被教育者所"封杀"掉,言听计从成为他们的"规定动作"。从教育资源的重组与利用方面,那些社会上的人力与物质资源并未得到充分地利用,学校的教学还更多地从书本到书本,单向地由教育者传输到被教育者。

明确对教育者的界定,可以对教育者的本质有更进一步地认识。对学校教育来说,教育者应该界定得更宽泛为宜,其主体主要包括学校教育工作者、学生家长和学生这三个部分。只有这"三位一体"的联手互动,才能更有利于学校实现其教育目标。从一些学校的现状来看,这"三位一体"的联动还显得苍白无力。所以,仅有学校教育工作者对其自身本质的深刻理解还是远远不够的。对教育者的定位或者不同角色的分层需要在建构的同时进行必要"解套",只有家长、学生们能够担当起教育者所应有的角色,将学生甚至家长从被教育者的对象中解放出来,那么,这样的教育才是和谐的教育。

教育性意向的形成需要注意度的把握。那种"关注过度"有可能适得其反,同时,通过文化启迪自觉来达到对教育内涵的理解,也有可能因缺少内化而造成对教育者本质的误解。

教育者的文化自觉也好,教育者实施的文化传承也好,假若还是只将教育者自己的"思想"、"学习体会"、"思维方式"通过"传道、授业、解惑"的方式传输到受教育者的话,那对教育来说有可能是一种悲哀。而且,这种教育性意向越"明确",或者说这种对学生的关注越"充分",对受教育者的打击有可能越是致命的。由此看来,教育者应该是不同思维、不同风格模式的传播者和实践者,这样,才能使每一个受教育的个体成为属于他自己的一个真正有血有肉的人。

教育者怎样才能具有教育意向,也就是说怎样才能真正地关注受教育者呢? 这是一个需要从不同方位进行反思的问题。试想,一个不被关注的教育者他又怎能去关注被教育者呢? 一个未能把自己的职业生命与自然生命结合在一起、缺乏职业幸福感的教育者,他又怎能有真正的教育意向呢? 一个没有自我教育自觉性的人又怎能成为一个合格的教育者呢? 一个不能从施教、"布道"的对象那里得到发自内心回应的教育者其所发出的教育意向又有何实际意义呢?

综上所述,对教育者本质的追问不在于最终有一种什么样的结论或者是"标准答案",重要的是通过对话、讨论,通过站在校园外的高地审视我们的教育,力图更能透过冠在或者套在教育者身上的各种花环、赞誉甚至鄙视等现象来看清教育者的本质,以还教育者原本就应该属于他自己的真面目。

(网名:郝焰,后刊载于《师资建设》2008年第2期)

【链接文章】

设问"教育者"——本质诉求与基本要义

王有升

【摘要】 每一个人都有可能作为教育者而存在,因此,我们会时常面临着这样的追问:"我(你)也算是教育者吗?""怎样才算是好的教育者?"对这一问题的追问构成我们日常教育经验的重要部分,也是教育学所要探讨的核心问题之一。在我们当前的教育研究中,尽管有很多对于教师的规范性探讨,但缺少对教育者本质的深度追问。对教育者本质的追问与对教育本质的追问密切相连,我们对教育本质的探讨已日益深入,需要对"教育者"展开更为深度的反思。

一、日常教育实践中对"教育者"的本质追问

说每一个人都有可能作为教育者而存在,这并不是说他可能会从事教师职业,而是指就在其日常生活中,在很多种情境下,在其与他人的交往关系方面,他可能作为教育者而存在。

但并不是每个人都能成为优秀的教育者,甚至有的人根本就不配做教育者,当然,更多的人是不知如何才能更好地承担起做教育者的责任。同"学习者"这个概念一样,"教育者"并非是标定某种制度性社会角色与身份的概念(如"教师"这一概念),而是一种文化性概念。在交往过程中是否作为"教育者"而存在并非完全取决于外在的制度性规定,而主要取决于自身所施加影响的性质,即便是在师生交往过程中,教师也未必始终作为真正的"教育者",在亲子交往以及其他类型的交往中同样如此。

二、当前教育研究领域中"教育者本质"问题的突显

从人类文化总体来看,教育承担着"继往开来"的文化使命,是人类对自身成长的自觉,是"以先知觉后知,以先觉觉后觉"的活动,是对人之成长的关怀与促进。由此可知,教育者之为教育者的根本所在理应涵括两个方面:一是是否有明确的教育性意向,即对人之成长是否真正关怀;二是是否有真正的文化自觉,即是否以自身对文化内涵的敏锐把握启发学习者。

三、对人之成长的真正关怀的教育性意向是成为教育者的直接条件

教育是助人成长的活动,其核心是对人的生存与成长的关注。教育是人与人之间的一种交往活动,其中一方(通常是年长者、老师、父母等)对另一方(通常是年轻者、学生、子女等)施加积极的影响,但人与人之间通过交往而施加的影响的类型很多,并非所有的影响都是有教育性的。判断这些影响是否具有教育性最根本的一点,是看这些影响是否体现着对人之生存与成长的关注,是否是出

于助人成长的目的,即是否具备教育性意向。

正是教育性意向使一个人成为教育者,其对象并不仅仅限于儿童,也可以指向成人,可以存在于朋友之间,也可以是面向大众的社会教化。孔子曾说:"夫仁者,己欲立而立人,己欲达而达人。"正点出了教育者(仁者)教育性意向的品质。教育性意向本身蕴含着一种复杂的关心品质,其真正实现需要借助于多方面的条件,尤其离不开对人类文化(即教育内容)的自觉把握。

四、教育者基于真正的文化自觉,以对文化内涵的敏锐把握启发学习者

教育通过文化的传承造就人性,培育新人,若没有世代积累起来的文化,人类势必退回到野蛮状态,若不凭借既有的文化,个人的成长也无从谈起。教育承担着人类文化承前启后的使命,教育者必须有真正的文化自觉,唯有如此,才能凭借对文化内涵的敏锐把握启发学习者,使其健康成长。

强调教育在文化传承中的作用,强调教育者的文化自觉,并非意味着教育者必定要进行知识的灌输。文化的生命在于其对现实社会人生所发挥的作用,教育者的文化自觉就在于对文化在解决现实社会人生方面所发挥作用的充分认识,并能以此启迪人的智慧使人更好地生存与成长。作为教育者,要引导别人更好地适应社会、学会生存,而这,离不开对文化内涵的准确把握,即真正的文化自觉。孔子所说的"学而不厌,诲人不倦"道出了典型的有文化自觉的教育者形象。

正是对人之成长的真正关怀的教育性意向以及对于文化在启迪人生成长方面所发挥作用的文化自觉使一个人成为"真正的教育者",这构成了教育者的真正本质。除此以外,我们还会强调教育者的一些相关品质,如为人师表、率先垂范,掌握教育的原理、技巧与方法,具备基本的知识、素养与能力,能够进行反思性实践研究与创造等,所有这些都是由上述本质性内涵所派生的,相对来说是居于表层的对教育者的规定。本文对"什么是教育者"的深层追问,明于此,方有可能在众说纷纭之中不致迷失了方向,方有可能在现实的教育经验与困惑中作出基本的判断。

发表人：玫瑰

很高兴看到王有升老师的《设问"教育者"——本质诉求与基本要义》一文能够引起"教育者"的反思与跟进。

记得德国诗人歌德说过这样一段话："铁匠铺里烧得很旺的炉火熔掉了铁条上的杂质，铁质就变软了，等到它纯化了，就对它敲打和加压，然后又用清水淬火使它再度硬化。一个人在他老师手里经历的也是这个过程。"

当我看到这段话时，第一个念头就是教师——教育者真的是一门专业。这段话形象地说明了作为一名教育者自身素质的重要。

俗话说得好：打铁先得自身硬。我们是否问过自己，我自身的"体质如何"？我们应该如何为自己"强身健体"？法国教育家卢梭说过这样一段话：你要记住，在敢于担当培养一个人的任务以前，自己就必须要造就一个人，自己就必须是一个值得推崇的模范。

正如郝焰老师所说，教育者首先应该是一个学习者，这个学习不单是指提高专业素养，还包括专业情意、专业心理和人格品质等方面的修炼。作为一名教育者，我们只有不断地丰富自己的专业内涵，使自己具有文化自觉，才能无愧于"教育者"这一称号！

发表人：溪流

读了郝焰老师专业的分析，我想到两个在实践中存在的问题：关于教师的专业发展与教师的人格背景。

关于教师的专业发展，最重要的表现是课堂教学的功夫。这是教师专业发展标志的硬条件。其次，作为教师还有自身的人格背景。当我们来看待一位好老师的时候，更多的是教师的人格背景，这是作为教育者最为深厚的专业。很早在《读者》上读过一篇文章，一位大学教授让他的研究生到一个贫民地区进行调查，调查的结果是，那里的孩子80%可能进监狱。许多年后，教授让学生再去调查，竟然发现，实际上绝大多数孩子成人后很好，教授和他的学生感到奇怪，调查发现这里的孩子都被一位教师教过，访问这位教师教书的诀窍，这位教师只是说："我记得，我只是很爱他们。"

有时候，我很矛盾。作为一名普通的教师，有些教师的教学技能技巧很高超，但作为一名社会中人，又让人所不能苟同。有些教师的课堂教学技巧不是很高超，但是又受到大家的欢迎和喜欢。

解放学生

　　青岛市广水路小学郭秀娟老师在《放手之后的精彩》一文中讲述了发生在课堂教学中的一个故事：课前精心准备好的教学辅助课件因教室里的电视机故障不能使用而打乱了原有的教学安排，"迫不得已"改变了"教"与"学"的方式，将原来由教师主讲改为由学生自学、教师辅导，这样一来，学生从固有的学习模式中解放出来，学生学习的潜能与学习热情被激活，圆满地完成了学习任务，就连郭老师自己也没想到课后的教学效果评价反馈竟然是优秀！

　　为什么郭老师在课堂上的"放手"导致如此好的教学效果呢？这是因为，这位教师的"放手"换来了学生的"解放"。这体现了思维模式、教学方式上的变革，不仅反映了教师"教"的变化，同时也折射出学生"学"的变化。

　　教师课堂教学行为变化的背后反映出学生对新型、有效教学模式的渴望，也是学校教育与社会发展进步相适应的具体体现。变革求进是优秀教师成长的必由之路，也是优秀教师所具有的高品位的思想境界。一位任教 30 年的澳大利亚退休教师在回顾他的教学生涯时说："第一个 10 年我是在教物理，第二个 10 年我是在教学生探索，第三个 10 年是学生在探索时，我在一旁给他们提供帮助。"三个 10 年的教学经历描绘了一位优秀教师在其职业生涯中不断变革的行动，体现的是三种不同的思想境界和教育价值观。在这 30 年中，教师在不断地放手，学生在不断地被解放，所呈现的是一种生态化的教与学的和谐关系。在这种氛围中,学生学习的自觉得到了增强,蕴藏的潜能获得了释放,主体的地位实现了回归。

郭老师在课后的教学反思中说到应该发挥学生主体作用的问题,其实,问题的核心是如何尊重、对待学生原有的体验或者说是经验。依据建构主义理论学说,学生知识的掌握与能力的提高并不完全是教师“教会”的,而是在很大程度上取决于学生的生活经验与学习本能。假若教师能够认识到这一点的话,就可以在课堂教学中自觉地去“解放”学生,真正让学生在课堂上“当家作主”。

江苏省溧水县东芦中学多年来推行了“讲学稿”的教学模式,每堂课之前,教师将授课内容以及基本练习题印成学习资料让学生课前通过自学来完成,上课时教师通过学生回答问题、交流反馈作业练习,即时对学生学习中出现的问题进行指导,这种“教学合一”的教学模式调动了学生学习的积极性,发挥了学生的潜能。一位北京名师的数学教学活动是在学生“授课”、教师“点拨”与“助教”下进行的,教师在课堂教学中扮演了教学活动组织、学习研讨引导、答疑解惑、提炼总结的角色,这种由“教学”到“学教”的变化提高了学生的学习力。江苏省泰兴市洋思中学一直坚持着“兵教兵”的传统,班里学习成绩好的同学承担了帮助“学习落后生”提高学习成绩的任务,在这个帮扶的过程中,他们不仅帮助这些同学提高了学习成绩,同时还促进了自己的学习。

上述做法所体现出来的教育思想值得我们深思。其实,我们每个学校都不乏尊重学生的举措,如在学生自主学习方面都有课前进行预习的要求,但是,这个要求在一些学校中并没有得到很好的落实,预习、自学往往有名无实,没有真正起到作用。因此,怎样把学生自主学习落实到位,需要下大气力真抓实干。

学生学习能力的提高是在课堂教学“实战”环境中真刀真枪“练”出来的,而不是“听”老师“讲”出来的。创设适宜学生“做中学”的学习环境是尊重学生、敬畏生命的体现,也是尊重学生学习权,真正解放学生的基础条件。

课堂到底是什么?这是个仁者见仁、智者见智的问题。一般而言,人们对课堂的认识基本上是趋向为“教学活动的场所”,习惯于把课堂理解为供学生学习的场所,很少意识到课堂也是教师学习的场所。缺乏"课堂学习意识"的教师在课堂教学的准备与实施过程中往往不能把自己"摆进去","是我在教学生学习"的课堂教学思维已经固化在他们的潜意识当中,他们在教学过程中自觉不自觉地束缚了学生的手脚。

重构课堂的目的在于解放学生,在于将学生"套牢"的思维解套。可是,思维解套了以后教师又该怎样做呢?这是教师所面对的实际问题。解放学生的前提是要解放教师。问题的关键是想不想去自我解放。这种"我要解放"和"要我解放"的效果是大不相同的。教师只有将自己以参与者的身份置身到教学活动中去,才能真正与学生成为合作伙伴关系,才能真正俯下身子走进学生的内心世界,在解放自己的同时实现学生的解放。

(网名:唤醒,后刊载于《师资建设》2008 年第 3 期)

【跟帖】

发表人:坐看云起

细细阅读"唤醒"对课堂教学的分析,感到非常深邃,这种深邃是对课堂教学从教师行为的意识、教师的专业发展的观念,以及课堂教学的具体行动中出发,立体地分析课堂教学的,读来,感受到一种课堂文化的气息迎面扑来。

课堂教学是我们教师实现自我价值的主要场所,专业发展主要以课堂教学的实践为主要切入点。"唤醒"的文章,唤醒了我们对课堂教学的重新定位:

1. 课堂教学中变革的理念与常态的教学实践

数学名师刘可钦这样提倡:"将一切教育活动常态化,将常态工作研究化、科研化。"有时候,我们会回想,我们学习过许多的教育理念,听过许多的专家报告,可是我们发现,我们有时候又"故伎重演",又归入老路。实践与理念的脱节,往往使我们在焦虑中反思我们自己的课堂教学:怎么办?"唤醒"文章中的"与其说固守原有的办法在痛苦中'煎熬',还不如来个'破釜沉舟',说不定这一变就会闯出一片新天地来",颇有一番气概,不禁让人为之一振:为什么不试一试?

2. 改革的常态化

有时候,我们发现:当公开课的时候,我们会刻意地准备,一个重要的准备是：课件，特别要投入精力准备分量很重的课件。但我们也发现，常态课中使用这样的课件的机会很少，除非有现成的。因为我们没有精力去制作。那我们想：如何在平常的课堂上出精彩？能否在"朴实中见真功"？这就是"唤醒"要提倡的变革吧！

3. 课堂教学中尊重学生的理解

尊重学生，这个词语，我们不陌生，但大家往往是对学生情感、态度，价值观的理解。"唤醒"给我们提出一个重要的尊重点：尊重学生的原有认知经验。《数学课程标准》也在很多处提到学生的原有认知经验。可以说，任何知识的学习，学生都是或多或少地有所认识，课堂教学中，老师在教学设计中是否设计到这一点：学生有这方面的认识吗？学生原来的认识是什么？他们掌握了多少？他们会想什么？

4. 把自己摆进去，成为师生学习的共同体

把自己摆进课堂，让人浮想，更让人反思。我觉得，首先作为老师也是作为学习的一分子，要参与到课堂中来的；其次，老师更是要带着"想要欣赏学生的精彩"这样的想法进行教学设计和走进课堂教学的。因为有这样的思考，老师会留足思维的空间，让学生去展示。课堂的精彩是学生！因为有学生的精彩，这堂课才是精彩的。

【链接文章】

"放手"之后的精彩

青岛广水路小学　郭秀娟

数学课的教学内容是，六年级下册第七单元的第一课时——扇形统计图。课前，为了调动学生的学习兴趣和提高课堂教学效率，我精心地将例1的统计图以及相关问题、扇形统计图描述数据的特点、不同层次的习题制成课件，准备用其有效地辅助教学。可是当我提前2分钟到教室拷贝课件时，学生跟我反映："老师，电视坏了，班班通不能用了！"当时我又生气又失望，"自己晚上花费了两个小时制作的课件却不能用，真是丧气！如果现在让全班学生到多媒体教室上课，也已经来不及了"。正发愁该怎么办时，突然脑海里冒出了一个大胆的想法："这节课，放手给学生！给他们一个自主学习、合作研讨的机会！"

于是，上课之时，我开门见山地说："同学们，咱教室的电视机想休息休息，所以上课我们就别打扰它了。今天，老师也想申请休息一下，不知大家同不同意？"学生都疑惑不解地看着我，我接着说："今天要研究的知识，老师想给大家自由的空间，先独立自主学习，遇到不明白的问题再小组合作研究，有没有信心？"学生兴致特别高涨，齐声说："有！"这一声是我接班一个多月以来听到的最响亮、最整齐、最有活力的声音！我一下子感觉到，这节课的教学方式我选对了！我继续给学生鼓劲："这么自信！那我们就来比一比，看哪个小组最先把问题解决，今天我们自学的内容是，数学书第76页，请大家翻开书。"教室里静悄悄的，没有了往日嘈杂的声音，学生迅速打开数学书开始了自学活动，每个学生都是那样专注，就连平日上课表现懒散的几个男生，也都在用心研究呢！过了七八分钟，教室里开始有小组讨论的声音。

在巡视的过程中，我高兴地听到有的学生在跟小伙伴说自己自学的收获，有的学生提出了自己不明白、不理解的问题，大家七嘴八舌，好不热闹！15分钟之后，看到小组讨论交流差不多了，我提了一个建议："同学们，刚才大家表现得非常出色，下面该进行学习成果展示交流了，怎么样，准备好了吗？""准备好了！"学生们跃跃欲试，摩拳擦掌。我接着说："今天老师也想做一次学生，请我们的小老师勇敢地走到讲台上来，哪个组的代表先上？"说完我找了一把椅子坐在了第一排学生的边上，当起了"学生"。

接下来学生们的表现真是出乎我的意料，通过提问、解答、质疑、解疑的形式，把条形统计图相关的所有知识点全都解决了，如"这个圆表示什么？"（这个圆表示的是我国国土的总面积）、"从统计图上你知道了什么？"（我知道了山地的面积最大、丘陵的面积最小；我知道了我国高原的面积占总面积的26.0%；我知道了平原面积占总面积的12.0%；我知道了各类地形占总面积的百分之几……）"这个统计图叫什么名字？"（扇形统计图）"为什么给它命名是扇形统计图，谁知道？"（因为这个圆中的各部分数量分布的形状很像一把扇子，都是一个个扇形，是因此而命名的吧？）"谁来说说山地的面积是多少？"、"你是怎样算的？""丘陵的面积是多少？""怎样列式?""扇形统计图有什么优点?"(可以清楚地表示各部分数量与总数量之间的关系)最后一个小老师走上讲台,很自豪地说:"刚才,我们小组在算完各类地形的面积后,还发现了一个规律,大家猜猜是什么?"这时学生都在积极思考,有的还借助计算器在找规律,很快,多数学生发现了秘密,就是各类地形的面积相加正好是960万平方千米。以上问题有的由其他小组学生来作答,提问题的学生可以随意点将,有的提问题的学生直接自己解答,学生解答不出的问题,再由全班学生共同探索、讨论交流、合作解决。

随后的"练一练"两道题、练习十五的三道题,我以小测验的方式进行考查,正确率竟达到了90%以上。

收获与反思:

学生是学习的主人,是课堂教学的主体,在学习中就应该拥有学习的主动权。只有有了学习的主动权,才能更好地发挥主体作用,改变那种消极的、被动的学习状态和学习方式,从而积极、主动地参与探索、研究。把学习的主动权真正还给学生的基本保证是为学生提供充分宽松自由的探索空间,给足时间让他们自由地去发现、去探索。

过去课堂上提出的问题,多数是教师精心设计,学生的思维基本上是围绕教师提出的问题一步步展开,虽然课堂上也有热烈的讨论但结果是"孙悟空最终逃脱不了如来佛的手心"。这样的课堂大大限制了学生的思维,严重影响了学生积极性、主动性的发挥。

现代教学观更加关注学生的发展,我们要充分挖掘学生的潜力,使他们主动积极地学习。课堂上学生不是无话可说,不是没有问题可问,孩子的心中藏着许许多多问题,关键是老师善不善于给学生创造机会,舍不舍得放手,多让学生说、多让学生问。在这一过程中,教师有时向学生投去赞赏的目光、有时发自内心地说一句鼓励的话;学生之间也相互评价,相互学习、相互交流;使所有的孩子都充分体验到成功的喜悦。这给了我们一个启迪:只要教师相信每一个孩子都有潜力可挖,相信每一个孩子都能够学好数学,就会在课堂上给学生一个宽松、开放的环境,使他们快乐地学习数学。

在整个合作解决问题的过程中,学生所获得的绝不仅仅是数学知识和技能,而是在探索数学知识过程中学会了研究问题、解决问题的方法,学会了怎样与小伙伴合作、交流,用集体智慧去战胜一个又一个难题。同时在动手动脑解决问题活动中体验成功的喜悦,从而更加增强了学生对数学学习的乐趣,使学生在获得必要的数学基础知识与技能的同时,在情感、态度、价值观和一般能力等方面也获得发展。

让我们大胆"放手",去收获更多的精彩!

看罢《冷战》之后的冷颤

读了《冷战》这篇文章后,心里有说不出来的滋味,感到心里沉甸甸的,背后有一股冷飕飕的感觉。

高云峰是一位来自农村穷困家庭的孩子,家庭环境所带来的自卑感和到了新的班集体中希望得到尊重的倔强心理之间的矛盾,使得他常常出现一些言不由衷的行为。作为教师,对待这类孩子应该采取适当的保护措施,让他们平和好自己的心态,树立做人的自尊。

可是,这位教师所采取的却是另外一种极端的做法,认为自己"爱"学生就可以按照自己的想法随意地对待学生,要求学生适应自己的喜好和行为标准。就上课回答问题这么一件非常平常的小事,这位教师就这么大动肝火,甚至还采取了冷落、回避的方式来与学生"冷战"。最后还津津乐道地总结自己的冷战的"成果"——学生向老师认错,明白了"爱之深、责之切"。

试问,这位老师的做法是我们所倡导的真正意义上的爱吗?

这里,需要讨论的是:在现代社会里,我们究竟应该有一个什么样的教育观、学生观、教师观?

我们对学生的爱,不能有施舍的思想,认为我给你爱你就得按照我的处事方式行事。这其实就是唯我独尊、居高临下的思维方式,在教师眼里没有把学生当成一个有独立人格的"人"来对待。为什么在课堂上学生就必须"积极、主动地"回答教师提出的问题呢?学生是否可以有保持沉默的权利?

在师生关系中,作为学生与处于强势地位的教师相比,往往是处在弱势的位置。教师应当注意在与学生交往的过程中他们的心理活动情况,采取积极有效的沟通形式和学生交往。学生,特别是那些自信心不足的学生,他们非常关注外界对他们的评价,对一些细小的环节非常敏感,哪怕是有关他们的一句不经意的话,或者是一个眼神,一个手势。

这位老师采取的冷落学生的办法,已经出现了问题了。不是吗?学生的一次物理考试成绩很差,用学生的话说是因为"考试时心里乱极了",为什么会这样呢?我想,这是不是反映出在受老师冷落之后,学生对老师的一种复杂心理状态?是怕考不好,还是对老师的一种逆反?还是其他什么方面的原因?我们都知道,亲其师才能信其道,建立在如此紧张的关系之下,学生怎能学好学业呢?

老师在处理学生出现的问题时,应该对问题的处理价值进行准确的判断,有些很小的问题没有必要那么"较真",就像本文中的这件事情一样,完全可以通过其他方式去处理,有时装糊涂也不失为一种良策。千万要慎用故意冷落、冷处理这些带有"心罚"的做法,这种做法往往比"体罚"更具杀伤力!特别是那些内向、自尊心强的学生,更要小心地对待他们。幸运的是,高云峰在与老师的"冷战"中心理上经受了考验,没有出现崩溃。

这个案例是一个个例,但反映出来的一些问题是不是可以引发我们的一些思考呢?

我所发表的上述这番言论只是一家之言,也希望得到其他同行的指教。

【链接文章】

冷战——班主任工作案例

李梦莉

班主任作为与学生接触最多的教育者,有时也会与教育对象发生摩擦,当不愉快的事情发生后,如何解决这种矛盾、冲突,需要下一番工夫,变不利为有利,能够更好地教育学生,增进师生间的感情。

高云峰来自顺义区的一个普通的村庄。在刚开学的军训中,他表现突出,打扫厕所时,不怕脏,有重活累活抢着干。他写的《我的故事》也深深地打动了我。"爸爸眼睛失明了,全家的经济支柱倒了,生活陷入了困境。我作为全家唯一的男子汉,担负起了一切重活儿、累活儿,放羊、锄草、砍柴等。最累要属种地了,我当时也就跟锄头一般高,但我要把几亩地都翻一通。往往干完活都是腰酸腿疼,衣服就像用水洗过一样被汗水浸透了。""眼看着我就要参加中考了。我的学习成绩一直是年级前三名,可因为我家的经济状况不好,爸爸准备让我初中毕业后就去参加工作。我就要离开教室了,但我并不怪他,家里经济不好不是他们的错,作为家庭中的一员,我应当撑起这个家。""有一天,班主任老师找到我,说北京市广渠门中学的'宏志班'专门招收品学兼优的贫困学生。她让我去试一试,我心中又燃起了一丝希望。自从知道我还有上学的机会之后,我就更加发愤学习了。一天当两天过。白天接黑夜地学。每天我都感觉我与'宏志班'近了一步。最后我终于考上了'宏志班',全家都为我感到高兴。"

我在心里很喜欢这个懂事、能干的孩子,有意增加了和他的接触。在学校时,我经常和他聊天,和他打乒乓球,寒假我到他家家访,我们之间有了一定的感情基础。高云峰学习很认真,很努力,对自己要求也很高,但成绩总是不理想。我也很着急,和他交流过几次,我要求他首先要提高课堂效率,上课积极思考。有一天上物理课,因为课堂上他没有积极地发言,下课我找到他,可能是爱之深、责之切,我不太冷静。"高云峰,你是不是不愿意我上课叫你回答问题,你如果不愿意,以后上课我绝不叫你!"说完就气冲冲地走了。事后高云峰对别的同学说:"我不就是上课回答问题时随口说忘了吗,别人犯错误说说就罢了,为什么我犯点错误就像该'枪毙'?"高云峰是一个倔强的孩子,在这种情况下,谈话很容易造成再次的冲突,我决定冷处理,好让我们双方都冷静冷静,这一段日子被班里的同学称为"冷战"。

在接下来的一段日子里,我回避和高云峰的接触,他也感觉到了,开始还假装不以为然,慢慢开始觉得别扭。一次物理测验,他考得很不好,利用上晚自习的时候,我对成绩不好的同学单兵教练,逐一过关。当我拿起高云峰的卷子,犹豫了一下,对比了一下自己的面子和学生的成绩哪个重要,最后还是叫了他的名字。我仔细地把他的错题讲解了一遍,发现他都会,不解地低声问道:"怎么考成这样?"他站在我旁边,埋着头看不见表情。"考试时心里乱极了。"我没有再说什么,让他回到自己的座位上。

过了几天,高云峰把谈心本交给了我,写着:"我早就想找您承认错误,一直怕您不原谅我,没有勇气。"经过一段时间的冷静思考,他明白了老师是"爱之深、责之切"。他主动找我承认错误,体会到老师是多么关心他,我趁热打铁,马上找他谈了话。我告诉高云峰我也有不对的地方,脾气太急,又没容他说话,我也应该向他道歉;同时我还告诉他,看着他的学习成绩总达不到优秀,我实在是太着急了,想使他明白老师对他的关心,正因为这种关心才会恨其不奋、怒其不争。师生之间互相谅解了,感情也进一步加深了,而且高云峰还懂得了体谅、照顾老师。我带着全班同学爬香山时,他总是跟在我身边默默地照顾我。

后来在作文中高云峰写道:"因为有缘,我们走到同一个集体中,我和'姐姐'虽然没有血缘关系,可却跨越了亲情。"

请求帮助

问题1　发表人：cxlbz1068

我是一位初中二年级的班主任，经常遇到学生上课精力不集中的问题，也多次找过同学谈话，但就是不能解决问题，很苦恼。请各位老师多加指教，怎么样才能解决这个问题呢？

【跟帖】

发表人：覃川

这个问题既普遍又复杂。这涉及教师的教学状态与学生的学习状态。从教师来看，教学准备是否充分，教学的目的是否准确，教学的方法是否贴切，教学的内容是否翔实，教学的态度是否认真，教学的素养是否高位，还有教学语言是否生动等。这些，都是影响学生课堂精力是否集中的重要因素。从学生来看，涉及学习态度是否端正，学习习惯是否养成，学习能力是否具备，学习基础是否扎实，身体状态是否良好等。此外，还有教学与学习环境是否适宜等。

学生上课精力不集中，除了上述三个方面的分析外，还会有其他方面的因素。因此，教师在遇到这类问题时，应该进行必要的分析，进行原因查找。只有把自己"摆"进去了，或者了解到学生出现问题的原因，才能有条不紊地积极开展工作。

问题2　发表人：城阳三中　侯艳

那是一个冬日的上午，太阳暖烘烘的，教室里面格外明亮。不愉快的事情却因为这难得的阳光发生了。走进教室，里面乱哄哄的，原来学生在为是打开窗帘还是拉上的问题争论没完。我让他们举手表决，大部分要求打开，于是窗帘就被打开了。但是呢，一部分不愿拉开窗帘的同学就不行了，生气，摔书，不听课。

针对这种情况，我就当场教育了他们："我觉得作为学生，咱们的主要任务就是学习，不论在任何情况下学习都得是第一位的，外在的环境条件算不了什么。难道大家忘了借光读书的故事了吗？"课继续进行……让一个同学到黑板上面做题，他直接说我不会。我问他为什么不会，他说因为拉开窗帘他没法学习！当时我的气就来了，我知道他是在向我挑衅。我想让课进行下去，于是我压住火气说："你就不能从自身主观方面努力一些，克服客观方面的不利条件？"最后他是去做题了，但是做错了。我知道他是故意的！

遇到这种情况真愁人，我应该怎么办呢？请大家给些宝贵的建议。谢谢！

发表人：覃川

这是一个很好的教育案例，所涉及的事件在学校教育与管理中是屡见不鲜的，期待着有更深层的讨论与思考。

我个人觉得，尽管这是一件发生在课堂中的小事，但其背后所折射出来的则是学生民主与权利的问题。课堂是属于每一个学生的，他们应该享有享用良好、舒适学习环境的权利，有权提出满足个性化要求的愿望。问题是，我们在资源相对稀缺、条件相对简陋的情况下，如何让学生来"适应"、来认可。

侯燕老师面对班级管理中出现的这种问题，试图通过"民主加集中"的手段来解决学生中发生的纠纷，结果没有达到理想的效果，造成那些"失意"学生的抵抗心理和不满情绪，把老师自己推到了学生对立面的尴尬境地。

我觉得，这件事缺少一个很重要的前提来进行铺垫。作为公共空间，每一个学生应该有享用以及如何去享用的权利。在班集体建立之初，就应该制订一个大家认可的"游戏规则"，就单指"窗帘"问题，通过讨论大家可以确定定期轮换座位的做法，来满足每一个学生的不同需求，通过增加纱窗帘或半开窗帘的办法，或者允许不喜欢光线和喜欢光线的同学互换座位,这样照顾到不同学生的不同需求,满足学生私权利的意愿。在没有规则的前提下的问题处理往往是失效的。这一点应当引起我们的注意。因为,后面的程序再正确,而前提出现了问题的话,结果往往是不佳的,甚至造成错误的结局。

窗帘事件,也应该反思我们应该怎样对待学生健康的问题。强烈的光线是刺眼的,这一点我们当老师的是否注意到了呢?从学习的心理上看,过强的光线会使学生造成烦躁的情绪,使得他们往往学习精力不集中。当然,过暗的光线也会让学生压抑、犯困,学习热情下降。这是矛盾的两个方面,我们应该找到一个恰当的平衡的办法——既不刺眼、也不昏暗的处理办法。

教师简单、草率地处理窗帘事件的做法,表现出的则是没有从关爱的角度去考虑学生的健康和心理。尽管照顾了一部分学生,但是没有对另一部分学生因光线强可能会损害眼睛的问题,站在维护他们身心健康的角度进行合理、积极的疏导,表面上是照顾和满足了一部分学生当时的需求,可是,日后学生视力下降,受到老师照顾的这些学生还会感激老师吗?再加上那些反对拉开窗帘的学生,这时,老师就会处在"两头都不讨好"的境地。

教师应该注意教育心理学的研究,教育教学应该心理化,从"以人为本"的角度、科学和谐发展观的角度来面对我们的教育对象。

处理学生事件,可以让学生自己来解决,老师只是在一边进行引导,而不是自己通过设置一个表面化的程序圈,诱导学生跳进去,然后名正言顺地讲"少数服从多数"的道理。事情往往并不是这么简单。

教师在和学生进行多维度互动讨论中,应该让学生在自我教育的过程中,树立一种自觉遵守"游戏规则"的意识,这是培养学生公民意识的一个很重要的方面,这是学校的任务,也是教师的责任。这一点从某种意义上看往往比单纯掌握知识更为重要。

应该培养学生大局意识,增强集体观念,处理好个人与集体的关系,养成谦让、利人的品质,逐步解决思想深处自私、以我为中心的问题。

班集体的形成对每一个老师来说都是很重要的,关键在于制订出每一个学生认可并内化的班级管理规则,同时也培养学生关爱他人的精神品德,通过班级管理的民主、开放、有序,逐渐形成班级管理的文化。有了健康良好的班级文化,班级出现的纠纷事件就会被学生自己顺利解决。

问题3　发表人：佚名

我从事小学教育十年了,班主任工作是我最头痛的事。现在我教五年级,有几个学生的个头儿比我还高,但是从各个方面都表现不好,上课不是做小动作,就是说话;不是睡觉,就是捣乱别的学生学习;下课不是和别的同学吵嘴,就是和别的同学打架。针对这种情况我已经和他们谈过话,但是谈话后他们也没有悔改之意;我就把他们家长叫来。可是家长来了总是说"打呀,揍呀"一类的话。可是,我们教育不是不让体罚(或者片面体罚)吗?青岛的老师们,请问我现在该怎么办呀?

发表人：覃川

看了上文的求助,我不知该如何回答,这不是说不能回答,而是觉得这位老师所谈的问题的背后的原因不够清楚,对有针对性地提出建议造成困难,即便是提也有些盲目。

我的问题是：您是否把自己"摆"进去了呢?也就是说,您所叙述的问题当中,您是怎么做的呢?为什么学生上课精力不集中?为什么学生行为习惯不好呢?为什么找学生谈话不起作用呢?为什么叫来家长也不奏效呢?还有,孩子们出现的这些问题,到底原因是什么,您是否进行过了解和分析呢?这一连串的问题,您能否给我们一些回应呢?

对待出现的问题,应该去正视,而不是回避;应该是采取积极的态度,而不是消极地面对。同时,需要寻找解决问题的办法,这个办法一是求助,二是自主。外力仅仅是建议与参考,自主才是解决问题的根本。网友们都提了一些积极、有价值的建议,但是否能够真正解决您的问题,这就看是否切中了您所提出问题的要害了。

发表人：覃川

曹县兄弟的问题引起了大家的关注。其中有很多中肯的观点,也有积极的建议。但是,也有一些观点我持保留意见。比方说,CYHZL的观点,我个人意见是值得商榷的。

"感觉现在咱们的教育体制有问题，教师的基本利益根本无法保障。"现在的情况是这样吗？是您所在单位还是所有的学校呢？是指哪些方面的基本利益呢？是生存方面还是精神方面？是工作环境还是生活环境？这一"根本"，似乎把目前的教育看得一团糟，由此就可以推出这样的结论：老师目前的困境是因为这种原因，学生出现的问题也是出于这种原因，这样，老师不是出现问题的主要原因，原因是在于客观方面的。

"管教孩子是为了孩子好，但到头来还要扣个体罚学生的帽子，这真是做教师的悲哀。其实作为家长不也是可以打骂孩子吗，我们现在不就是相当于孩子的家长替家长教育孩子吗，我个人认为要孩子实在不听话是不是适当的惩罚也是可以的呢？"为什么要"管"孩子呢？作为您，您愿意被"管"吗？"管"就是为了孩子"好"吗？这样的教育孩子的思维与行为方式，会被扣上体罚的帽子也就不足为怪了。

把家长可以打骂孩子作为教师体罚孩子的依据，这本身就是错误的。家长打骂孩子是侵犯人权的错误行为，以错误行为为依据那就是错上加错，这在逻辑上也是不成立的。

教师相当于孩子家长以及替家长教育孩子的说法，是在为自己体罚孩子(包含心罚)找借口。同时，似乎也暗含着这么一个观点：家长都教育不好孩子，教师教育不好孩子也在常理之中。其实，家长与教师是两个完全不同的角色，尽管有相同的地方，但责任分工、权利与义务还是不同的。教师的角色，不单是个体的代表，这与家庭中父母的角色是不同的。教师是代表学校，完成学校的培养目标，执行学校的教育方针，体现出的是学校的意志，所以教师的行为不是个人的行为。有时我们会检讨自己往往忘记自己是一个教师，但教师究竟是什么却说不清楚。教师的职位要求教师要按照教育规律来行使教育权利，教师的责任是不允许放弃一个孩子的，这是教师的本分。

有什么样的教育观就有什么样的教育行为。正确的教育观的内涵就在于教师拥有一颗火热、真诚的爱心，这种爱不单是家庭般的爱，还有一种学校这个大家庭中的理性的爱、智慧的爱。没有这个基础的前提来谈孩子的教育问题往往是苍白无力的。

每一个孩子都是国家的未来，这个未来是五彩缤纷的，而不是清一色的、标签式的,不管孩子们生活在社会中的哪个层面,不管他们"三六九等"地生活着,但他们都是值得尊重的,他们都是构成我们和谐社会的脊梁。爱我们的每一个孩子吧,也许你可能不太喜欢某些孩子的个性,但你应该尊重孩子们的人格,没有这一点是做不好教育工作的,也不能真正履行好教师的职责。

问题4 发表人:佚名

今天讲了一节公开课感觉自己发挥得不是很好啊,请教老师怎样才能更好地抓住学生的心,让他们跟着你的思路来?希望老师能够多说说讲一节好的公开课的经验。谢谢啊。

发表人:站长

看罢您的留言,不禁也感到困惑不解:为什么要让学生跟着老师的思路走呢?跟着老师的思路走了就能抓住学生的心吗?

公开课上好、上出彩并非易事也非难事。这里面关键是拥有一种什么样的教育观的问题。旧的教育观往往不关注学生而关注"本本",这种观念指导下的课堂教学活动往往是与学生需求相脱节,学生不跟你的教学思路走也在常理之中。

要走出传统备课的误区,实现从备课到教学设计的转变。现代教学设计是立体化的教学准备,首要的一条是关注学生,从教参的束缚中摆脱出来。

要创设学生学习的情境,让学生感受到学习的乐趣,从而抓住学生的心。

要增强主动学习的自觉意识,丰富自己的内涵素养,这样,才能吃透教材、吃透学生,把握住课堂教学的根本。

其实,公开课最为重要的不是技术与技能,而是思想、观念,不注意这一点,课堂形式再花哨也无济于事。

问题5 发表人:青岛市城阳区夏庄街道黄埠小学

刚毕业我就成了六年级的班主任,面对着班级,说实话,我没有足够的信心,但是我告诉自己:"没有什么不可以,要自己为自己加油!"面对什么样的问题都不可怕,最让人头疼的是班级中老是丢东西,小到铅笔橡皮,大到羽毛球拍,还有一名同学丢了"电子辞典"。失败的是,这些东西我最后都没有查出来,反而因为这样的事情我还被家长责怪了一顿,原因就是我处理事情的时候多问了学生几句,当时的自己真的是无比的委屈。丢东西,问题可大可小,自己感觉自己很失败,班级管理不成系统,班风差,但是自己没有证据又不能随便冤枉谁,面对这样的事情你有什么好的办法吗?告诉我好吗?

发表人:覃川

这是一个经常发生在学校的问题。丢东西的原因是很复杂的,有的是学生有偷窃的习惯,有的是学生的恶作剧,有的是为了报复,有的是急用钱花,等等。但从根本上来看,出现丢东西的问题,还在于班级积极向上文化的缺失,班主任威望不高,班级凝聚力不强,这是发生问题的重要因素。倘若这些方面比较好的话,当学生有偷拿别人东西的念头时就会顾忌这些,就会在心理上产生负担。所以,班主任需要采取必要的措施,完善自我,形成人格魅力,加强班集体团队的建设,努力经营优良的班级文化。

面对发生的这种事件,教师一定要冷静,要进行认真的分析,切忌存有"抓住贼过把瘾"的"成就感"想法。因为,这些都是孩子,孩子犯了错,需要的不是大打出手,杀一儆百,打倒搞臭,而是应该从宽容的角度去对待,从挽救的角度去呵护,从尊敬的角度去理解。因为,犯错孩子的动机是不同的,处理的方式方法就应该不同。假若我们以敌对的"阶级斗争"式的方法来处置孩子的话,就很有可能真的把孩子推到了对立面,成为危害社会的害虫,要么危及孩子的身体健康乃至生命,要么使这个孩子的品质变坏。如果我们的方法得当的话,就会收到良好的效果。甘地小时候就有偷窃的毛病,父亲宽容了他,这种宽容打动了甘地的心,从此以后,甘地下决心痛改前非,最后成为总统。

教师应该有爱心,对待孩子,特别是对待这些"问题孩子",应该有一颗能够被这些孩子听懂而且感化的心,教师应该看到这些"问题孩子"身上的善良、特长,应该也能读懂孩子们的心;教师应该有教育机智,这需要教师不断地修炼,从不同角度、以多种方式方法,因人而异,因事而异,因境而异,但总的方向是在保全孩子自尊的前提下来解决问题。这看似是处理技巧的问题,但实质上却是教育观的问题。因为,学校教育就是有转化、育炼人的品格的功能与任务。

问题6 发表人：z糖豆猪z（任教小学四年级）

亲爱的老师们，我是一名刚参加工作的新教师，刚刚来到我的班级，我充满了希望，甚至我想用尽我全身的力量和我的班级一起前进。但是，一天，两天……就这样7个多月过去了，我发现我的班级是全校最乱的班级，学生上课不会听讲，班级纪律是让我最头疼的事情，尤其是几个男孩子特皮！我用了很多的办法，但是都没有很好的起色。在此我想请有经验的老师和专家们，帮我出个有效的点子，我应该怎么办？谢谢了！

发表人：覃川

z糖豆猪z老师，你好！很同情你的处境。需要了解的是：

你所在的班级乱的具体细节是什么呢？

你针对具体问题所采取的具体措施又是什么呢？

你能不能分析一下上述两个方面的情况究竟是什么原因造成的？

毛主席说，没有调查研究就没有发言权。我们没有了解情况怎能提出有价值的建议呢？是怪客观原因还是要反思自己的主观行为？还是希望这位老师给予简单的说明。否则，严格要求学生也好，树立威信也罢，都是空话而已。

发表人：覃川

从z糖豆猪z的回帖中可以看出，您是中途接任这个班的班主任老师吧？班主任接替中出现的学生不好管理的现象这是很普遍的。因为这里面的原因是比较复杂的，但至少有这么几个方面的原因不知道您是否考虑过：

以前班主任的管理方式是什么？是不是很严格？管得孩子们太压抑了？假如是这样的话，孩子们在原先的班主任的管制下被束缚的东西太多了，这位班主任的离去您的接任使得孩子们从心理上得到了解放，他们认为我可以释放了，因为新班主任还不太清楚这个班级的情况，在这种情况下您假若没有恰当的办法的话，时间一久，积攒的问题就越多。这是其一。其二，这个班主任是不是一个有亲和力、业务强的优秀教师？假若是这样的话，学生们就会把您与前任班主任相比较，假若您在某些方面可能做得不够的话，他们就会在心里产生着一种消极的情绪。其三,是不是自己的性格的原因与学生之间有距离感?是您的严厉还是您的内向,是您的不苟言笑还是您的讨厌孩子?这些假设还会有很多很多,到底是什么,我的建议是:您认真静下心来进行一下反思,平心静气地进行客观的分析,而不是要把问题推到客观,应该主要从自己来找原因,因为您不是也说过"前任老师说我们班以前不是这样的"吗?

这些问题和困难的出现并不可怕,也没有必要着急,因为您毕竟有过这些经历从而总结出了经验,这已经是一种进步了。因为,从这里可以看得出您是有责任感的教师,不想就这样下去,想寻求改变的方法,这很可喜,可悲的是有一些教师,他们每天在使用着一些自以为豪的手段在摧残着孩子或者在放任着孩子,而且还心安理得,这两方面其实都是缺乏责任心的表现。所以说,教师和学生之间出现的问题主要应该是教师的原因,因为,我们是教师,我们所从事的职业就是要求我们按照对"人"的教育规律去从事对人的教育,假若您对所教育的对象理想地认为就是整体划一、没有冲突、没有矛盾的话,那反而就不正常了。当教师的就应该像当父母一样(可能您还没有这样的体验,可是您可以体验到您的父母、他人的父母对待孩子的情形吧?),这种教育是教与育的结合,教就是帮助、引导孩子去掌握知识,去认识世界(注意,我这里用的是"帮助"、"引导"而不是"命令"、"给予"等词句),同时,还有养育与呵护。孩子是一个个鲜活而且有差异的生命体,正是这样的生命体,就使得社会千姿百态、充满生机活力,假若孩子们都是一种模式、都是一个思想的话,那么社会会变成什么样子呢?父母对待孩子的错误是怎样做呢(当然也有违背教育规律的棍棒式的父母)?假若您在犯错误的时候,您父母严厉惩处的话,您的心理会怎样呢?养育与呵护孩子,这是教师的本职工作,应该有这种思想准备。我建议,首先从改变自己做起,每天变化一点点,每天进步一点点,让您的变来影响着孩子们的变。

具体应该怎么去变呢?苏格拉底说过,重要的是要认识你自己。我这里提出几个问题请您思考:您从内心里回答一下,我究竟是谁?我从哪里来?我要到哪里去?苏格拉底的名言和这三个问题是我们每一个有志向的教师都需要面对的,这是您今后发展变化的一个非常重要的基点,不认真地思考和回答这个问题,要想有质的变化,要想取得成效,几乎是不可能的。人,最困难的就是不容易否定自己,不容易改变自己,而这个时候往往强调客观的多(比方说,强调学生的坏习惯等),而忽略自己以前所谓的"经验"、"习惯"、"态度"到底是否正确,是否需要进行"颠覆性"的解构、新的重构。建议有以下几点:

(1)思维变革。要在改变自我的过程中重塑一个新品位的自我。就是要跳出原有的思维定势,多个角度看问题,掌握辩证法,这样,您在遇到困难和问题时不会极端、片面、主观地看待,而是客观、全面地看问题。

(2)认识教育。教育,这是我们耳熟能详的词语,可是我们很多教育工作者并没有在理论和实践层面对此有深刻的认识和理解,往往在教育生活中犯错误。这除了您在学校工作生活中注意学习、观察、思考外,我建议您看一些教育理论的书籍,这种"看"是带着您所面临的问题来研究着地"看"。现在,您不妨先做一个计划,近期把"琴岛教师成长工作室"网站里的所有的662篇文章以及后面的跟帖全部阅读几遍,然后您再通过每天一定时间在这个网站上的学习跟帖,我想,您一定会有进步的,一定会找到您所要解决问题的答案! 您也能听到和看到在"琴岛教师成长工作室"工作学习研究的团队里每一个人进步的声音、前进的脚步。您假若真的深入地进入到这个团队的话,您会感受到一种力量,是什么样的力量我这里不说,还是由您来品味与感悟吧。

(3)坚持到底。每一个人都会遇到困难和问题的,问题是不能被这些困难和问题所吓倒,心理学里有一个"坚持目标的坚定性"的说法,就是说,您既然从事了教育工作,既然有您的教育理想,那就要坚持做正确的事情,把正确的目标坚持做下去。

(4)更新观念。教室就是学生出错的地方。我们应该宽容、允许学生犯错误,假若学生知识都会了,假若他们的品德都铸就好了,那么学校还有存在的必要吗? 观念更新还体现在方方面面,不是几句话所能说得清的,但是有一点我在前面提到过就是要从否定自我开始,当然我们否定不是全盘地否定,应该是推陈出新。

(5)恩威并重。首先,恩,就是您要打心眼儿里喜欢孩子,喜欢他们的乖巧、喜欢他们的顽皮,不能把成人的标准套用在孩子们的身上,因为他们毕竟还是孩子！要以种种方式,在不同的情境里向孩子们表达出您的关爱,而且重要的是让他们感受到您的真爱,因为,人是一个感情丰富的动物,您对孩子的那种真挚的爱难道孩子会无动于衷吗？小孩子的情感世界其实既复杂又单纯简单,您的爱假若被他们感受到的话,他们会做出很简单的爱来回应的。其次,威,就是您要让孩子打心眼儿里感到您的一种力量,从内心里感到对您的喜欢、对您的折服、对您的敬重,这样的"威"才是有影响力的,才能内化成孩子心中的自觉意识。当然,这种"威"不是威慑,不是粗暴,不能以您的动怒来呈现。

（6）学会沟通。管理学有一句经典的话:沟通不在于你说了些什么,而在于对方听到些什么。我感觉您真的需要在这方面下工夫。比方说,要学会微笑,不管是对高兴的事还是烦心的事,因为微笑就是沟通,微笑就是一种品质,微笑就是力量,它可以让孩子们感受到您的真诚,您的态度,您的亲和。您在和孩子的接触过程中,您的每一句话,每一个举动都要考虑到效果怎样,否则就要慎重使用。沟通需要将心比心,换位思考,比方说,您越是压制、越是动怒,孩子能吃您这一套吗？就像拍皮球那样,您用力越大是不是球的反弹就越高呢？

（7）尝试方法。譬如说,您是不是发挥学生自我管理的方法来解放您自己呢？孩子有其自己的"沟通语言",有其自己的"处事方式",因为,他们之间的相处没有位差。可以尝试让"孩子王"管理班级某项事务,让他感觉到自己在老师的眼里是存在的,而且还有很重要的位置。让孩子们自我监督比起老师的外在监督更有效。譬如,让孩子们担任副班主任,让孩子们组织小班会,等等。譬如说,孩子们好动,您是否抓住一个机会或者创造一个机会,和孩子们痛痛快快地"玩"一把,让他们感受到您对他们的亲近,同时满足了他们压抑很久的心情,玩的欲望、被解放的心理释放出来后才有可能让他们感受到学习的需要。譬如,孩子们爱讲话,那您就让他们充分地表现。比方说,让这些爱讲话的孩子组织全班的活动,发挥他们的语言特长,进行主题演讲等活动。设立激励目标,让孩子们赶超别人,让孩子们进步一点点。总之,孩子们在得到尊重后他们会"投之以报"的。

（8）克服急躁。教育是一个慢功夫,不能急于求成。教育需要等待,需要走进孩子的心灵。因此,建议您一个问题一个问题地解决。比方说,孩子上课说话的问题，您就要找到这些孩子说话的原因是什么，假如是他们没有机会发言，您就多给他们机会；假如是他们没有听懂，您就设法给他们随即开小灶，假若是您的讲课学生不感兴趣或者是学生都会了，那么就应该调整自己的教学。不能埋怨学生不会听讲，还是从自己的教学模式中找原因吧。

　　好了，要表达的太多太多了，不知道是否对您有点借鉴作用？关键还在于您自己的实际行动。假若您还有什么问题或者希望得到"琴岛教师成长工作室"志愿者团队的更多的交流的话，我们可以和您一起进行沙龙交流。

为"自育"叫好

为袁璐老师的"自育"叫好。

袁璐老师所提出的"自育"体现了她的一种精神追求,表现了其在教师发展道路上自我加压、争创一流的精神状态,作为一名年轻的教师能够有这么高的境界真是难能可贵的。

自育,首先,是一种内在的需求,没有这个前提,形式再好也是空的;其次,要明确在哪些方面需要"自育",这个问题很重要,也就是说我们的目标要正确,否则就会走弯路,也就是应该"做正确的事,而不是正确地做事";第三,要掌握"自育"的方式方法,比方说读书学习,比方说拜师求艺,比方说反思自我;等等。

我很赞赏袁老师的把"反思贯穿于教学活动始终"的说法,它反映出袁老师比较高位的一种学习实践观,这是一种科学的学习实践的态度,也是实现心中教育梦想的一种认真的工作作风。当然,反思需要胆量和勇气,需要具有批判精神并善于思考和质疑,需要经过自我否定的一个痛苦的过程,而这些就需要各方面的积累与提炼。

要科学地反思我们的教育教学行为。一是需要确定正确的价值目标取向,也就是说应该树立科学的反思性思维或者意识;二是在这个基础上要夯实基础,掌握必要的教育和非教育的理论,提升反思的能力;三是把反思后所形成的认识付诸行动,在实践中进行完善,变成一种自觉的行为方式。

我想,以袁璐为代表的一批反思型的年轻教师,定会在不久的将来成为教育界有影响的优秀群体。我们期待着那一天的到来,因为我相信: 你们能行!

附

让我们在反思中成长——读《今天怎样做教师》有感(摘要)

青岛广水路小学　袁璐(2006 年 12 月 1 日)

振兴民族的希望在教育,振兴教育的希望在教师。作为一名青年教师,我感到任重而道远。因为未来教育的挑战,不仅是对学生,更重要的是对教师。面对新世纪的挑战,作为教育工作者,我们要在继承和发扬敬业奉献的传统美德的同时,在教育观念上完成自我更新。要在育人的同时,不断“自育”,重塑 21 世纪教师新形象。这是我读了覃川老师的《今天怎样做教师》之后最大的感受!

覃川老师提出了一个很现实也很重要的问题,今天我们怎样作教师? 覃老师在这本书中阐述了自己的观点,通过展示自己对教育现象的思考和研究,带动我们读书人去思考和研究,从而强调了自己的观点,那就是: 要调整自己的思维方式,只有反思型的教师才是专业化的教师。

为选择了教师职业而自豪

为杨静老师的"选择"而感动。

杨静老师在文章的最后表达了选择了教师职业的自豪，为此，我深受感动。这不禁使我想起了24年前，我刚大学毕业，为了不当中学老师而去托人，找关系，最后还是无奈之下到了中学任教的情形。

杨静老师对教育的热爱是真挚的，对教育的认识也比较深刻，她从教师职业道德、教师应该有的爱心、教师应该面对困难的思想准备等方面谈到怎样才能成为一个好教师。有了这些认识，再加上具体的实践，杨静老师一定会成为一个好教师的。

我走过了一段从不喜欢教师职业到喜欢教师职业，最后迷恋教育事业的经历。现在虽然离开了基础教育战线，但仍在教育领域工作，还时时刻刻地关注着基础教育，关注着教师。当时，真是硬着头皮干教师的。刚到学校报到，我给校长提出了不当班主任的要求。一个月后，一个班的班主任老师因移居澳大利亚，校领导便安排我接替。还没有熟悉教材教法又给自己套上了班主任的活儿，我紧张得一夜没有睡好。怎么办？班会不会开，家长会没话讲，教学又生疏，自己很是苦闷。

小学时爷爷曾经给我说过的"做人就应该让别人说你一个好字"这句话，给了我提醒和鞭策。我不能在苦闷中生活！于是，我开始了思考，开始想办法摆脱困境。我去观摩别的老师的课，分析他们的优点与不足，琢磨自己应该构建一种怎样的教学风格；开始泡书店和图书馆，查找参考资料，优选整理数学题。我从几十本数学习题集里，筛选、积累了上千道典型题,上课时把这些学生没有见到过的题型,或是讲给学生听,或是和学生一道讨论。当看到学生们对学习的渴望,看到他们在掌握了多种解题方法与技巧时所流露出的兴奋的神态时,我内心里不由地涌动着一丝丝自豪的感觉,也激发了我的教育热情。

那时的我年轻,晚上没事便骑着自行车到每个学生家中家访。家长中有的是身居要职的官员,有的是普普通通的工人。当看到他们对教育孩子的那份期待,体味到他们对我的种种信任,我感受到了身上的一份责任。我有一个学生名叫刘强(化名),平常穿着很朴素,衣服上常常有些污垢,作业本也弄得脏兮兮的,经常完不成作业。有一天,我到了他家家访,看到的是由低矮的临时工棚搭建而成的家,一家人过着非常简朴的生活。他父亲是个钢厂的炼钢工人,每天早上6点就要上班,晚上回来也很晚,没有时间照看孩子。当他噙着泪花伸出那双磨有厚厚的老茧的双手和我握手,并说"我是一个没有文化的大老粗,就把孩子交给老师您了"的话时,我的心灵受到了震撼。回到家中,我心情沉重,开始反思自己。反思之后唤醒了我的教育真情。我便开始关注那些学习成绩不太好的学生,无论在课堂上还是在课余时间,我和他们交流,给他们开小灶,鼓励他们的点滴进步,成了他们家中的常客,渐渐地这些孩子们有了自信心,学习主动了,成绩开始上升了。特别是刘强,成绩由在班级倒数跃到前20名。班上那些以往学习成绩不及格的学生,在考试中也都能取得七八十分的成绩了,这样一来,全班成绩整体上提高了一大步,第一次期中考试全班在级部便取得了优异成绩。

一份真情换来一片收获。它让我树立了自信,让我喜欢上了教育,使我和教育有了真正的不解之缘。在中学的任教经历虽然不长,但这段生活对我日后的成长发展起到了十分重要的作用。我常常回忆这段难忘的学校生活,而每每泪水都会不自禁地夺眶而出,这泪水是包含着那时奋斗的艰辛还是收获的喜悦,自己怎么也说不清。

当然,没有那段难忘的学校生活的经历,我也写不出《今天怎样做教师》这本书的。

我应该感谢生活。学校生活给我的那段经历使我的心灵得到进一步的净化,懂得了什么叫珍惜。对职业生活的珍惜之情,使我日后对待工作有了一份执著,而这执著的过程使我感受到了生活的幸福。

以此感悟与杨静老师共享和共勉。

附

做个好老师——《读今天怎样做教师有感》（摘要）

青岛惠水路小学　杨静（2006年12月1日）

首先，一个好老师，应具备崇高的职业道德。也许你在踏进这个领域的时候有着许多的无奈与反感，在这里我想说的是，既然你已经选择了这个职业，就应该抛却之前的种种因素，全心全意热爱它！你会从中发现，这份职业带来的，不仅仅是含辛茹苦，还有辛苦背后收获的那份喜悦。

其次，一个好老师，要做到有"十心"。接待家长要热心，教育学生要耐心，教育工作要精心，教育活动要专心，上班工作要安心，完成任务要齐心，学习他人要虚心，帮助别人要诚心，对待事业要全心！把这"十心"一一做到位了，那么也就是离好老师又迈进了一大步！

再次，一个好老师，要有化压力为动力的勇气与决心。我把这些所谓的压力统统看作鞭策自己的一种动力。压力有多大，动力就有多大，正因为有了这份勇气与决心，才让我有了收获的喜悦！

最后，一个好老师，应该是爱每一个孩子的。家长把孩子交到我们手中，我们就有责任，有义务把孩子教育好，这样也对得起自己的良心及家长对我们的信任。

诗意般的教育生活写照

——《教师,一种职业生活方式的选择》评述

青岛育才中学王冰老师在教育专家刘铁芳教授的指导下,最近发表了《教师,一种职业生活方式的选择》的文章。文章以一个教育工作者的独特视角,诉说了教育工作者一个个动人的教育故事,为我们展示了一个教育工作者所度过的幸福的教育职业生活,诗一样的浪漫而又惬意,读后,让我们分享到了耕耘于教育田野的快乐。可以看出,王冰在教育生涯中从教师专业到教师发展的飞跃,这种把教育事业、教育职业、教育生活、教育专业、教育理想、教育学习、教育实践、教育研究、教育反思揉合在一起的生活轨迹,为每一个教育工作者提供了一个范例。

全文通篇可以感受到王冰对选择教育职业生活的自豪,一种执著甚至是痴迷。王冰选择了教育生活,选择了一种生活的方式,正如她在文中所说,"选择教师,就是选择了一种职业生活方式,选择了一种对幸福的阐释,选择了一种生命的意义,选择了一种与世界交往的方式,选择了一种'关心自我'的可能。""教师职业吸引我的地方还在于它可以和纯真的心灵交往,它可以让自我沉醉于对知性的迷恋,可以以爱为职业,可以让心灵归于静所,可以让自己保持简单和纯净,可以让自己远离乌烟瘴气的虚伪苟且的心灵污染。"

对学生的爱的表达究竟是一种什么方式?其背后所蕴含的教育思想究竟是什么?我们每一个教育工作者不知道是否认真思考过。王冰在与学生交往、对话的过程中,以心换心,将心比心,以人性化的思维方式来与学生进行心灵的互动,让学生感受到校园生活的愉悦,感受到少

年时代所应该有的幸福。

选择教育就是选择了人生关怀的路径。王冰坚持与学生进行书信交流是一种智慧地爱的表达方式，这种把经过深思熟虑、带有真情实感的文字表达，通往孩子们的心灵，这种呵护般的对话犹如人间天堂让学生感受到丝丝温暖，在这种氛围下，孩子们岂能不敞开心扉？写一封信，对我们教师来说并不难，难的是能够一直坚持下去，而且还能够把信写到学生的心坎里去。这，对一个没有一种执著的教育精神的人来说，是做不到的，即便是做了，也往往是"轰轰烈烈"地"过一把瘾"，感动、激动一阵后便淡出记忆，没有多大的效果。

选择教育就是对自己心声的一种回应。有过苦难、彷徨经历的人最懂得日后如何去面对教育生活。王冰义无反顾地选择教师职业，而且还将这个职业与其生命糅合在一起，是源于其在学生时代曾经有过的失落时的惆怅、无助时的痛苦、彷徨时的迷惘，这些已深刻地印记在她的心中。这就是为什么在学校教育中，她能够在与学生交往的过程中体现出一种人性般的关怀，这种关怀没有做作，是那么自然、那么率真。

教育关怀需要理性般地实施。过度的溺爱是一种无形的杀手，可是刚性的纪律管理又使得教育的功效被扭曲和变形。我们在教育人的过程中往往以一种整体划一的规则、严肃的纪律来进行约束，对待孩子的小毛病上纲上线，动辄训斥、冷落甚至打入冷宫，这种把人的教育等同于生产线上产品生产的处理方式，没有人文关怀、只有机械处理，没有等待宽容、只有规则执行，没有弹性缓冲、只有刚性处置。学校教育并不是不要纪律，不要制度，不要规范，问题是在对待人的问题上，在实施的过程中不能"一刀切"地"千篇一律"，不要把学生看成是一个没有生命的产品去对待，而是在约束的条件下进行灵活、人性的具体问题具体处理。王冰在反思"标准的爱"对师生双方所带来的弊端、痛苦时说："当这种对爱的理解障碍了视线的时候，教育就被定义为一种训育，通过人格的控制，通过规训、惩罚、奖励，来受控于考试的权杖，迎合各种权威的标准。""为了那些至上的分数的评价标准，用尽各种辛苦，消削着自己的棱角和个性，隐藏起独立的思考，努力去做一个被认可的好老师。我只知道这种'标准之爱'把我造就成了一个符合标准的好老师，却忽略了这'标准之爱'同时也格式化、工具化了自己,把自己格式化为教育流水线的一环,成为了一个好的工具,有效地去把学生也格式化为工具。"正是有了对这种教育痛苦的体验和反思性的批判,王冰才能有"教育,是一种关怀"这种发自内心的呼唤。是的,教育的确是一种人文关怀,需要科学、理性般地去实施。将"标准之爱"改变为"关怀之爱"不仅改变了教师的教育方式,同时也改变教师自己的生活方式,最终在关怀学生的过程中教师也关怀了自己。

有了把教育当成是一种关怀的理念,就可以很自然地将课堂视为一种生活。那么,我们做教师的对生活的理解究竟是怎样的呢?具体到学校,课堂的教学生活又该是一种什么样的状态呢?既然是一种生活,就应该具有生活的气息,就像一个和谐的家庭生活一样,那样的生动,那样的质朴,那样的生态。茫茫人海中的相遇的确是一种缘分,当一个班集体形成后,这种师生之间、生生之间的缘分就印刻在人们生命的记忆中了。既然相遇是缘分,那么惜缘便成为一种和谐生活的需要。这就需要这个班集体的"首席执行官"引领其他的"执行官"们唱好人生的这段"情景剧"。当然,在这段时光中会有酸甜苦辣,喜怒哀乐有时也不可避免,但是,有一点是必须坚守的,那就是把教育中的科学关怀融入课堂生活里,而且还从学校课堂一直延伸到社会课堂。

课堂生活需要真情实意地体验,而不是空想、也不是作秀。体验需要发现,也需要眼光,而最终需要有一种教育哲学思想或者说是科学的教育理念的引领。王冰这些年来体验教育、体验教学的行动,就是教育叙事研究的行动,这种田园般带有诗意的研究行动,带给她以及她的学生的是一种精神上的享受,带来的是播种后的收获,带来的是单从书本中找不出来的快乐。有了这种快乐,学生就会把课堂当成天堂,在天堂里孩子们就会自觉自愿地尽情享受到他们应该享受的做人教育、知识与能力教育。

选择教育就是选择了一种新型的学习研究的方式。王冰的体验行动实践告诉我们,教育研究并不是深不可测,读书学习也不是虚无缥缈,关键在于自己是以什么样的心态来对待教育生活、对待教师职业生活、对待读书学习。有些教师在职业倦怠中苦闷,在职业压力下彷徨,可是,如果我们换一种心态去考虑就会另有一番新天地。在面临着困难的时候我们不能被动地消极等待,而应该积极进取,主动地改变自己,尝试以新的生活方式来获得新的行为走向,否则,只能在等待中消沉和痛苦。读书学习、做教育叙事研究就是其中的一剂良药,这方面,王冰为我们提供了一个鲜活的案例。

(网名:郝焰,后刊载于《当代教育科学》2008年专刊)

【跟帖】

发表人:溪流

再来读郝焰(覃川)老师对王冰老师文章的有感,感到一番别样的情怀涌上心头,如果说王老师带给我们的是激荡的热情,而郝老师的就是沉静理智的思考。特别是文章末尾道格拉斯满含深情的小诗,带给自己的对职业人生的思考。"工作有大的,也有小的,我们该做的事情,就在你的手边。不能用大小来判断你的输赢,不论做什么都要做最好的一名。"反复地吟咏,如香茗,在唇齿间留香。

很久以前,在《上海教育》中,读到一篇介绍一名区骨干教师的事迹。赫赫有名的《上海教育》能够去降低标准介绍一位区骨干教师,按照惯例,应该介绍"成绩显赫"的名师才不"违背常理",但在编者按里,编者这样认为:一位扎扎实实的实践者,一位认认真真的人,简单而不简单的事迹,会给浮躁的我们一些深深的思考。原来这是一位从异地调来的老师,调来的时候已经40多岁,原来是当班主任教语文的,可是,来到新的学校,学校并不缺少语文老师,就让他教计算机。对一个已经40多岁的中年人来说,去捣鼓这些新鲜的玩意,该是多么艰难。可是,这位教师就这样接下来了,而且,并不服输,从0开始学起,扎扎实实地进行教学,认认真真地进行改革研究,不打怵,不退缩,两年后,竟然成为当地信息技术学科中心教研组的成员!读到这里,我佩服这位老师的勇气,更佩服这位老师"认真"的人生态度。

我们当老师的,更多的可能一直处在这样一个位置,没有像其他职业,可能面临不稳定性。但这样也恰恰让我们的能力"脆弱",专业能力的单一性,渐渐的,"职业能力"也可能失去竞争力。但不管干什么,不管面临什么,能够影响我们自己的是我们自己对待这件事情的态度。自己的态度能否左右自己决定着离成功是近在咫尺,还是遥遥无期。

【链接文章】

教师，一种职业生活方式的选择

王冰

【摘要】 在喧嚣、功利的时代，选择教师，就是选择了一种职业生活方式，选择了一种对幸福的阐释，选择了一种生命的意义，选择了一种与世界交往的方式，选择了一种"关心自我"的可能。教师职业，可以使你与关怀相伴，与纯真交往，可以任你沉迷于知性，叩问生命；可以让你享受"清贫思想"，让心灵悠游于平和自由之境，在取舍、关怀、朴素之中体验心灵的丰盈和宁静；可以使你把自我放回身心，做回浑圆的自我，向他人开放，融于世界，安顿于家园；可以给自己预留出一片心灵的空白，过一种"沉思型的生活"，"诗意"地栖居。

一、教育，是一种关怀

教育是一种关怀。这种关怀，需要舍弃教师私我，抛却功利的羁绊，从各种评价我们的具有各种局限的标准中解放出来，寻找到那个迷失的真正自我，获得自由，以无我的慈悲之心，接近学生。教育关怀是一种普遍的关怀，它渗透在与学生所有的交往中，发生在每一个不经意的瞬间。教育关怀，是一种对生命的尊重，对生命状态的尊重，是对生命尊严的尊重。教育关怀，不再是"精神教化"，而是触动、激发和启动，不再以权威者的姿态，居高临下地代替学生选择、强制、压迫、命令，而是引导、展示，尊重学生的选择的自由。教育关怀，不再以未来的名义，牺牲当下。教育关怀，是关注学生的命运，关心学生的成长，关心学生当下的幸福。教育关怀，欣赏学生的每一种个性，倾听和尊重他们的需要和向往，给予他们选择的权利，不再标准化、模式化地造就学生。教育关怀，是只有教师自己先从被工具化的链条中走出，获得了自由的身心之后，才能对学生实施关怀，才能不再去工具化学生的教育，才能去实施"互惠式的平等的交往和真理的共享"的教育关怀。

教育是一种关怀，是一种至高的大境，是一种至纯的大有，是一种至真的大爱慈悲。教育以其独有的方式，关怀儿童，关心成长，关爱生命,关注幸福。教育终极目的是为了让所有的生命都能过一种健康智慧自觉自在自由的生活,体验生命的和谐和尊严,享受人性的舒展与自由。教育是追求真理的过程,是对真理的发现、创生、探索和分享。教育的关怀,是一种终极关怀。它关注的是人的自由与幸福。

二、课堂,是一种生活

生活是生命的养息之地,安住之地,成长之地,幸福之地,生命应该在生活中找到归家的感觉。生命应在生活中焕发出生命的色彩,追寻到生命的价值和意义。课堂是一种生活,意味着课堂中的生命,教师和学生在课堂的中张扬生命的激情,活出生命的尊严和内涵,获得生命的成长,实现生命的价值和意义。"真正的生活是相遇。"这意味着课堂是课堂生命的交往和对话。这意味着我们能认识到课堂时间背后的生命内涵和意义。教师和学生都应该在课堂中,寻到共同的家园。

课堂是一种生活,这种生活是一种冒险,如果,课堂被还原为生活,就是一种冒险。如果,课堂生活被教师固化了、程序化了、规模化了,那是课堂的悲哀,如果课堂中没有了思维的碰撞、真理的创生、机智的生成、不可预期因素的产生,那么课堂就脱离了生活的轨道,被抽取了生命的色彩而枯燥枯萎了。

课堂是一种生活。生活可以预计却不可预期,课堂生活是即时生成性的,是不可重复的、不可再现的。课堂是教育之核,是教育的起点也是教育的终点,也是实施教育影响的实践场。课堂是可感的,课堂是可以浸润的,课堂是可以体验的。课堂是生命的,有生命激越也有生命的淡泊。课堂是人性的,有阳光也有阴影,有高潮也有低谷。课堂是个性的,它是教师和学生独特生命个性的交往和荟萃。课堂是知识的,这里有知识的分享和创生。课堂是故事的,这里有不断生成的事件、不断涌现的教育契机和教育机智。课堂是我们的田野,课堂是我们可把握的当下。

三、体验,是对生命的观照

体验话语的真实是课堂体验的灵魂。保全课堂体验的话语真实,就是保全课堂体验的品格。这也是对教师品性操守的考验。教育意味着关怀,教师只有提升到关怀学生生命的境界来理解教学、理解课堂,才能大忍大弃,才能忘我宽容,才能抛却功利心,勇于实践探索。关怀意味着教师要忘掉自己的评职晋级,忘掉学生话语真实对自己功利的影响,忘掉对权威的话语的屈从迎合,忘掉现存制度和地域的局限,忘掉自己的委屈和牺牲,而专注于学生的身心成长和幸福。

教师要有勇气和胸怀面对学生体验的话语真实。课堂体验的话语真实是一种体验主体的"主观真实",而非客观的"实际真实"。主观真实的标准是体验者主观规定的,并不受制于实际真实和教师的主观愿望,它反映学生的主观体验,这对于教师有时未必公正。这种话语真实需要教师以平和的心态去"宽容",宽容那些消极的、浅薄的、错误的、无礼的甚至是歪曲的体验。一节课即使只有一个学生说不好,那么这种评价体验对于这个学生来说也是真实的,教师也应该接纳,重视这种话语真实。因为体验的话语真实,正是在这种尊重体验者的主观感受中显示其价值。教师可以发现其中的教育内涵,教师可以了解学生的真实心态,进行反思,调整自己,帮助学生。另外,学生的体验是基于他的认识、水平和性格等种种因素,教师要容忍他认识水平的局限,耐心等待。

四、叙事,一种诗意的栖居

沿着思的指引,带着问题和迷失,我进入了超越教材的阅读世界里,主体、课堂、后现代、解释学、现象学,我浅浅地涉入,云里雾里地迷失着,目瞪口呆地惊讶着,如饥似渴地吸取着,浮想联翩地思考着。学生主体课堂的硕士论文写作和相应的教育科研的需要,让我开始了关于主体、主体性的相关阅读;对"课堂"兴趣,用田野研究方法研究课堂的思路,引我接触了人类学、田野研究、人种志;对体验、观省的思考,让我在有限的视阈里去寻找"体验"的踪迹,让我初触佛法的浩瀚智慧,沿着"四念处"找寻到了南传佛教中原始佛教对生命观省的修行;对教化、拯救、关怀的痴迷,引我关注各种师承和教化的方式,藏传佛教中的上师和弟子的独特的教化、苏格拉底的方式、柏拉图的"学园"、塞涅卡的教诲,中世纪古老教堂里的"缄默"训练,佛法的慈悲,乃至诺丁斯的现代关怀理论;对后现代的好奇,把我引向了后现代课程论那个系列丛书——世界课程与教学新理论文库,随之爱不释手的阅读,让我对现象学、解释学、存在理论产生了强烈的阅读欲望,对海德格尔浅浅阅读就足以让我蒙受智慧启蒙的洗礼;对校园里、生活里人所受的种种规训与惩罚的反思,引我开始了对福柯的阅读,对福柯的探索,让我领教了人的生命作品的自我塑造。这些思的路径是相互缠绕交错的,有时候是迷宫,有时候是殿堂,这是一种攀援和穿越,是漫游也是旅行,是出家也是归家。这些思所引向的阅读世界是博大的浩瀚的,平凡的人,终其一生,也许也难获得本质的超越,但是,它却能滋养心灵,丰厚思索,让心灵随着语言的引导,进入深刻的诗意里,让生命呈现出厚重和宁静。

在思的轨道上,在诗意的宁静里,生命的所有经历都成了一种自我生命的资源,都成了实施那"跳越"的基础,八小时之内与八小时之外的界限在消融,生命幸福和职业生活的幸福在融通。在网络生活里,在登山徒步里,在亲情的融合里,在志愿者的经历里,在外出的旅行里,在静居独处里,在各种各样的与人与事与自然与世界的交往中,生命呈现出叙事的本真,叙事也还原为生活的本身,无论是否叙写至笔端,语言都在思中流淌,生命在思中呈现出诗意,诗意弥合了劳作与休憩,职业生活与生活的界限。"语言是存在之家","思是原诗",我们浑圆着自我,我们无蔽地敞开着自己,我们平凡地存在着,我们终将有一死,我们劳作依旧,但我们诗意地栖居着。

一种师生对话的教学生活

好一个改错分析课！刘燕老师面临着学生不改错题的问题"随机应变"，调整教学策略的做法值得称道。这就是应该有的一种师生对话的教学生活，而这种对话有了可以讨论的话题，可以使孩子们在这种活生生的事例中自我感悟、自我教育。有时候，教育的机会往往稍纵即逝，而把握好了就达到了目的，刘燕老师做到了，尽管还不够完善，但至少有了这种意识，这是可喜可贺的开端。我想，从这件事之后，刘燕老师恐怕会在头脑中印刻了一种不轻易放过"问题"的一种习惯，而这种习惯使得刘燕老师对教育的理解更加深入。

对刘燕老师有这么两点建议：

1. 刘燕老师发现学生不改错的背后可能存在有问题，那么，这些问题是什么呢？我作为读者，正感兴趣地往下看，想看看刘燕老师是通过什么方式、怎样"发现"出问题的原因的，并且能够采取相应的对策。遗憾的是，我没有看到这些，而是被这节课给掩盖掉了。是的，这节课给了孩子们一种积极的力量、积极的态度，可是，没改错的原因是不是就因此解决了呢？我们不仅要认真关注学生的"态度"问题，还应该关注学生的"技术"问题，记得有一位学者曾写过一篇文章，题目好像是"思想并不是现实的生产力"，我当时对这种说法既同意也不同意，尽管这种说法有一定的道理。结合刘燕老师遇到的问题，我想，刘燕老师应树立全面考虑和处理问题的思维方式。

2. 让学生回家改错是唯一的一种做法吗？能否在学校里就可以解

决掉呢？解决的方式方法有很多,比方说,教师的辅导帮助,学会自我反省,"兵教兵"式的同学合作等等,这种将学生在学习中所遇到的困难、问题留在校内解决的做法,是不是更能促进教育教学质量的提高？学生课后面对和需要解决的是那些"新"问题,而不是在学校当中已经面对过的"旧"问题,因为,学生也有"喜新厌旧"的心理。适应学生心理活动,采取顺势的策略,就会促进和调动学生求知的欲望。

发表人:清风

刘燕老师确实是个有心人,我想我以前也有过这样的时候,我选择的是发脾气,很生气,有一定的效果,但伤己伤人,不好。那时也反思了一下自己,觉得不应该让他们回家做,而是在学校改,就算让他们在学校改,也有的学生会,有的学生不会。我分析了一下原因,有的听得不认真,有的理解力不够。可以允许理解力不够的学生再问,不认真的同学不给机会。这个方法告诉学生,让他们自己选择(前提是学生怎样区分,教师心中一定有数)。

我觉得刘燕老师给了我们一个解决问题的方法:对改错进行批注。关键的任务是教会他学习的方法,而不是去惩罚他。这样学生时不时就有了一个概念:我要学会了它而不是改对了就行了。这样的数学课才会有成效。

发表人:刘燕

感谢覃院长、感谢清风老师给我这样中肯的建议。像覃院长所说的,不仅仅要关注学生的"态度",还要注意"技术"问题。我们在教育的过程中,不仅仅需要一刹那的美好,还需要老师持久的跟进。

改错的话题过后,我发现短期内孩子有所变化,但过了一阶段后,孩子这种自觉性又没有了。我反思自己的教学行为,觉得是自己没有对这方面的事情持久地跟进、引导、评价造成的。学生有错误是正常的,除去老师及时地发现、引导,更在于不断地发现、改进,这样才能真正提高学生的学习质量,这也是我们老师的责任。

谢谢覃院长、清风老师给我很好的处理这种事情的方法,特别是及时地发现,及时地纠正,还有"兵教兵"的办法。我想,这样的事情发生之后,我会马上尝试。覃院长提到关于不要简单地把问题推向社会、推

对
话
札
记
篇

给家长的想法,我特别赞成。问题存在,更重要的是老师要担起责任,引导孩子在集体中获得发展。

其实,纠错、改错,在我们的实际教学中天天遇到,学生没有养成良好的改错习惯,也是和我的引导有关系。这几天,学生的作业习惯又不是很好,我就想通过激励性的评价和男生女生对抗赛以及"我做老师的小助理"的方式引导孩子养成好习惯,相信会有改善。

发表人:一剪梅

从刘燕老师的跟帖可以看得出她在不停地反思,不停地观察跟踪,这实际上就是中小学的教育叙事的研究方法之一,对自己班上的"样本"的采集与跟踪、观察记录等等。刘老师谈到学生出现反复,并检讨了自己的一些没有及时跟进、评价等原因。但是,从覃川当时的建议中,这些并不是最重要的,其中隐含的一个很重要的关注点是课堂教学的质量问题,课堂及时纠错也是教学质量保证的一个措施。教师应该对课堂教学中出现的错误问题敏感,不能麻木不仁。纠错最好应该在现场,并且还需要即时,这样才能根除问题,就像感冒开始出现症状时,如果马上服药(喝点冲剂)就不会因拖延而到医院打吊针。海尔的日清日毕的工作法值得我们借鉴。

另外一个需要我们引起注意的就是需要搞清楚为什么学生出错。应该主要从自己的课堂教学找原因,不应该让学生适应教师,而是应该是教师适应学生,这里所谈的"适应"指的就是"学情"。从宽泛的意义上讲,在知识学习方面,在常态状况下学生是没有错的,错的是我们当教师的。教室就是学生出错的地方,教师就是应该帮助学生改正错误。当教师的应该有这样的心态。然而,教师也应该力图让孩子们学懂知识,少犯错误。当然,要做到这一点需要综合素养的提高。

在"访客留言"中,有对冰恒提出问题的回帖,建议你看一下,也许会有点帮助。

发表人:王霞

改错也是我非常头痛的一个问题,每天都要跟孩子不停地说:"做作业之前先改错!"可是作业收上来,原来的错题还是原封不动地在那里,一点改的痕迹都没有,让我格外生气,有时感觉自己想不明白,为什么学生就是听不进老师的话呢？是他们没有意识到改错的重要性还是手懒呢？老师不可能盯着每个人改错，让学生结对子，有些学生又没有责任心，甚至给伙伴抄正确答案，一点改错作用都没有达到。我很矛盾。

发表人：刘燕

看了老师们的想法，我很受感动，同时也很困惑。我在想这些我们常规工作具体改进的方法。

今天，我课堂上教学进行的内容是"面积单位的换算"，在学生自主探究出统一题目用不同的面积单位表示出面积结果的时候，我提问道：你能根据长度单位的换算方法，总结出面积单位之间的换算吗？我认为这个结果肯定是水到渠成的事情，可是结果大大出乎我的意料，很多学生还是按照长度单位相邻单位的进率为10，来写面积单位的。是什么原因？虽然课堂上我又作了及时调整，课下的时候，我反思：是什么原因让孩子产生这样的错误。后来感觉到是自己的提问，引起孩子的认知误会，导致学生偏离方向。今天，学校也就这样的问题在教研会上进行了研讨。学生产生错误的主要原因在于"我"，在于老师课堂上的教，课堂的质量不牢实，知识认知上肯定有漏洞，学生在练习、作业上肯定错误百出。

其次，要及时地纠错。像覃川院长说的：学生也有"喜新厌旧"的心理。适应学生心理活动，采取顺势的策略，就会促进和调动学生求知的欲望。是呀，对于学生出现的问题，老师能够做到第一时间去纠正，孩子肯定会马上引起注意。中国教育学会顾明远教授在"青浦实验"中就是采取这样的办法来提高教学成绩的。

课堂教学的质量、及时的纠错，就是将来我在实际教学研究中重点改进地方。

发表人：广水

古人云：人孰能无过，过而能改，善莫大焉。我们每个人都有犯错误的时候，只要我们能敢于面对错误，及时地去改正改错，一切都就好了。我经常教育我的学生，要正视错误，在错误面前不要害怕、退缩，一定要勇于面对，也像刘老师那样用过去他们在一年级所学的儿歌"困难像弹簧，你强它就弱，你弱它就强……"来引导他们。有时也会以自己为例：如上一次老师在黑板上写字时，把"波"字的笔顺写错了……向他们说明老师其实也有犯错误的时候，而老师却没有因为怕你们笑话而逃避，而是向你们诚恳地道过歉，并且又及时地改正了错误……在学生眼里，老师是神圣的，是伟大的，老师的一举一动在他们来看都是那么的神秘，所以，我要让孩子明白错误存在的普遍性，并非只有自己所有，这样，孩子才不会因为别人的看法而加以逃避，从而为他们的改正开创了一条道路。

发表人：guangshui 阳

改错是教师对学生最基本的要求，我认为对学生而言，应该不仅仅是学习，还有习惯。那些改错马马虎虎、拖拖拉拉的往往是所谓的后进生，再想想，是不是他们的学习习惯养成问题呢？改错，只是一个小小的折射，背后隐藏的应该是学习习惯吧。我的体验告诉自己：批改试卷、作业时，最好不要在班级面批，这是避免伤自己、伤孩子的最直接的方法，给自己一个情绪调整的过程，同时也是保护孩子尊严的过程。

发表人：质疑

看了 guangshuiyang 阳老师的跟帖后，感觉到这位老师有自己的一套办法，但与其他跟帖老师的一些观点还是有所不同甚至还有冲突，因此感觉到有些困惑。刘燕老师能否帮我解决这个困惑呢？谢谢！

发表人：刘燕

感谢大家对我的问题的关注。开始我对这个问题的关注也是停留在学生的作业改错，并且长时间为此苦恼，并不断想出各种办法来杜绝此类事情的发生。但在与几位老师的交流中，我在思考事情的根本在哪儿？想来想去，不管用了多少"招数"，发现自己其实都在做些"亡羊补牢"的工作。

于是，我在思考，事情的根本是不是我们老师的课堂教学质量以及自己教学行为的问题。"一剪梅"老师以及覃院长的追问是我把问题的视角转向自己课堂教学质量的原因。

这两天，我就在课堂教学中做实验，有一次失败的经历，我在反思中深深地懊悔，课堂中的"不透"，对学生的认知必然带来大面积的"错误"，如果把错误，只是简单地推向孩子没有好习惯，我觉得是欠妥当的。因为孩子不是习惯不好，而是不会、或者不懂，长此以往，必然带来"恶性循环"：出现大面积的错误——改错——不会——强调习惯——被迫改（因为不会）——更多的教育问题——看着这样的链条，我们发现：结果还是会"无限延长"，因为学生、教师不同，会衍发出各种问题。但究其源头：是什么导致学生出现大面积的错误呢？是呀，源头在我们。

这两天，我正在进行三年级"面积"的教学，前后的几节课，让我感受到反思自己教学质量的重要性以及改进后的喜悦。

第一次课很失败——早晨马上批作业——发现错误很多——反思课堂中出现的问题——调整改进新的教学方式——及时批改发现问题——梳理课堂环节——当堂纠错。就这样，在发现、修订、完善中，今天的课堂中关于面积与周长的对比练习，学生的错误出现得极少，很多学生同时感受到学习的快乐。

这几天的实验，我发现：老师的目光不仅仅要停留在学生问题的层面，根本在于教学的教学行为与方式。

提高教学质量、及时纠错、当堂纠错，是行之有效的办法。

发表人：guangshui 阳

不论是习惯还是教学质量，都与老师有直接的联系，像刘老师说的学生大面积出错要到课堂教学中找原因，毋庸置疑要找老师的原因。假如是个别学生改错有困难，再找老师主观原因之后，是不是要看到错题背后的问题：这个学生是否适合多数学生的学习方法？是不是真心实意地改题？在改之前他是否认真听了方法？他有没有倾听、改正的习惯？这些，我们是不是从一开始就为他们做好了打算？虽然亡羊补牢是有错在先，但是也为时不晚啊！

（网络笔名：一剪梅）

【链接文章】

怎样改错

青岛东川路小学　刘燕

今天早上，把学生回家改的卷子收上来。我一张张地翻阅批改,刚批了一半,就气得批不下去了。有10多个学生的试卷改得乱七八糟。有根本没改的,有的改了但照样是错的,还有的只是简单地改改答语……我随口说道:"你看这些孩子,说了,照样乱!"我气得起身去倒水,蓦然间,我想到刘可钦老师上次在报告中提到的一句话:"做一个善于研究的老师,去研究研究问题背后的原因是什么。"刚才冲到脑子里的回班上"教训"一下学生的念头打消了。我回到桌子边:什么原因,导致孩子不去改错,或者学生改得乱呢?我重新拾起每张卷子,认真地研究起来。我发现大部分学生改得较好,但有几个孩子仍然不行,其中经常考试成绩不理想的那几个学生连改都没有改。同时我发现,上次考试成绩很不好的刘松这次改得却很认真。于是,我想好了一次特殊的数学课:改错情况对比分析。将没有认真改错的学生的改错情况的原错题和改正后的情况利用对比的方法清楚地写在黑板上,让每个学生讨论、分析、寻找这些同学这样做的原因。同时,我也遴选出几份改错最好的试卷,为他们批注了评语,分别是:

1.多认真、仔细,因为能这样对待每一个小错误,你下一次肯定成功!

2.有错不怕,怕的是因为有错就不把它放在眼里。李惠认真对待错误,老师相信下一次你不会犯同样的错误!

3.虽然是小错,可是小童也是认真对待,这样的精神是可贵的!

4.多么有序、整齐,因为这样,老师相信你下次肯定会是优秀!

5.写得很有序,有这样诚实、虚心的学习精神,定会成功的!

当学生对黑板上的对比分析结束后,让大家传阅这些优秀的作业。孩子们显然没有意识到老师会上这样一节课,静静地看着这些优秀的作业,仔细地读着老师的每一句话。我让学生谈谈是怎么想的,很多学生谈了自己的想法:

"写的时候要有序,整齐。"

"哪怕一点小错误,我们也要认真对待,如果不及时改正,就会变成大错误。"

"老师,我想到您教给我们的儿歌:困难像弹簧,你强它就弱,你弱它就强。”

"老师,我想有个建议:对那些没有写的同学,他可能不会,可以写一个纸条,或者请教小伙伴或者老师,不要空着。”

大家都在思考,每个人都在倾听同学的发言,我想我的目的已经达到了。我相信,下一次肯定会有不少同学进步。

自参加工作,听过许多的报告,最敬佩的、感受最深的还是刘可钦老师对待学生具体问题的研究意识,不逃避,不埋怨,总是饶有兴趣地带着研究的眼光看待日常教学的每一个细节,像她说的:"我做老师的感觉也一天天丰厚起来,眼里可供思索的问题也一天一天多起来,一个个鲜活的教育事例和经验伴随着我们成长。”

对话札记篇

由一个教育案例所引发的思考

王庆老师给我们提供了一个很好的教育案例,从这个案例中我们可以看到王庆老师在帅帅身上花费了很多心血,也取得了初步成效。

作为一个教育同行,我想就三个问题向王老师请教、求证:

1. 王庆老师能否从不同的层面来与我们分享"等你长大"这句话的内涵是什么?再进一步讨论的是,如何理解这个"等"字?到底要等些什么?作为教师如何"等"着学生"长大"?也许有人会说:"要耐心等待,花总是要开的。"可是,在自然界里,并不是所有的花都能如期开放,同样也并不是所有的花都能够如意绽开,当然,您可能会说这需要教师的引导、教育,那么,对帅帅这样的孩子,作为教师又该如何去做呢?

2. 您几次故意地不理帅帅是您常用的一种"冷处理"手段吗?如果是这样的话,假若遇到内向、胆小的孩子又该怎么办呢?"冷处理"还好使吗?是否可以尝试几种处理方式呢?

3. 为什么帅帅要制造一些事端故意引起他人的注意?其背后深刻的原因是什么?我们又该如何关注呢?

【跟帖】

发表人:清风

我觉得在学生已经养成了一种不良习惯以后,作为教师的我们,需要给学生时间,慢慢地改变,即要有耐心,像我教的这个学生,需要两年的时间;第二个层面,我觉得孩子有时候会顿悟,在我不经意间,学生已经改好了。也许不是我触动的他，是家庭，是同学，或许别的事情。也举一个我班上的学生例子，杰杰是一个不爱说话但很有主见的孩子，他写字很差，于是我让他来当语文小组长，督促他的进步，可他三天两头地重写作业，有时候为了顾及他的面子，勉强可以也算通过了。一年下来，收效甚微，我把重心也不放在他身上了，毕竟学生太多了，还有别人需要关注，当然也说着他。可到了第二年的第二学期，我忽然发现他的字写好了，我太惊讶了，为什么会这样？我找他谈了，他说：老师，我也不知道，其实我一直想要改好，但是管不住自己，时不时地犯错误。我知道您对我的期望高，渐渐地，我觉得有点定力了，不知不觉就改了。他说得有些乱，但我清楚了。我们在等孩子长大的时候，不是不管不问，只等不做，也应有正常的管理程序，但不必逼学生太紧。

对于像帅帅这样的学生，我觉得也有可能你教他这段时间，他没有成果出现，但是他其实已经认识到了不足，思想已经变了，我们的教育已经起了作用。不是有句话吗，十年树木，百年树人。

就因为帅帅胆大、直率，所以我采取的是不搭理他，而且不搭理他的次数也有五六次。这个孩子就要激他才会有效。而胆小的人是必须采取鼓励的方法的，我想也是应该长久地去做。因为学生的习惯养成了，需要一个漫长的过程。教育都是因人而异的，要因材施教，我提的只是个例。

帅帅制造事端，是为了引起大家的关注，是这个孩子缺少爱。我们教师需要在关注学生学习的同时，关注他的家庭，才能全面地了解他。

感谢覃川教授的关心，让我也能从不同的角度找到教育方法，开阔自己的思维，不闭塞，得到不同的营养。

发表人：覃川

从王庆老师对我提出问题的回应来看，她在培养帅帅时确实动了一番脑筋，也从中感悟了一些东西，当然，这些东西或许是体验，或许是经验，但是，如果王庆老师就这个案例再进一步继续研究下去的话，也就是说把这个案例背后的思想再进一步挖掘、上升到理性层面的话，那么，可以想象王庆老师的收获会颇丰的。

需要进一步讨论的是"等"的内涵。王庆老师说，有一段时间没有去"管"或者说去"搭理"帅帅，并举出了杰杰变化的例子来说明孩子的变化是"家庭,同学或者是其他什么事"而"顿悟"的。这个感悟我觉得挺有意思的,王庆老师能否就这个再进行深入的思考、讨论? 也就是说,"顿悟"的理论基础是什么? 能否从建构主义等理论进行剖析?

第二个问题还是帅帅为什么要制造引起他人注意的事端呢? 对于这个问题,似乎您匆匆地给予了表面性的回答。我再问一个问题:那些"差生""饱受"他人歧视的目光,为什么还要天天到学校来呢? 再联想到成人的"牢骚",您能否再深入思考一下呢?

对于以上两个问题的追问,您可以和学校团队的老师一起研究,同时,我也建议其他"琴岛教师成长工作室"的会员老师能够就这些问题一块儿跟帖讨论。其实,我也在不断地思考这些问题,也没有很成熟、相对完整的一个"答案",需要和大家一起研讨出一些智慧的火花来。

发表人:刘燕

记得有一句话说,老师要有更多的向善之心,更多的向上之心。王庆老师就有这样可贵的向善之心,能够尊重每个孩子的独特,而且对待这样的问题学生,用积极的等待去教育孩子,这也是一种爱心的表现。

看了你的教育故事,看了覃川院长的留言,都给我许多的思考。我们在实际教学中存在着这样的学生,有这样的教育问题。特别敬佩覃院长,他冷静的分析,让我们沉下心来静静地思考解决问题的根本办法。在刘可钦校长的《刘可钦与主体教育》中,有许多这样的活生生的教学案例,不妨借鉴一下。这两天,我们班也发生了类似的事情,但老师的做法给我很多的启示。

我们班有一个说话口吃的女孩,上课回答问题连一个词语都不能连贯的表达,但是我们发现,她下课竟然和同学交流得很好! 我们觉得她主要是心理的原因导致自信心不足造成的。于是,班主任就让她每天领读课文,而且从中给她很多的鼓励。几天下来,我们发现这个孩子脸上的笑容多了,说话明显地流利起来! 我很佩服这个班主任,她给了孩子一个发展她的角色,一个支架,让她发现自己,重新成长起来。

建构主义教学模式中,有一种支架教学理论,根据学生认知经验给孩子一个支架,这个支架的确立是以孩子的"最近发展区"为准的,有了这个支架,让孩子从一个水平发展到更高的水平。

我觉得,我们在教学中遇到这样的问题学生,既要珍视孩子的独特,和孩子一起感受他的成长,还需要给孩子一个支架,让他在自己与外界的交流中领悟学习、成长的真正意义。

发表人: 刘燕

我们每天要面临 40 ~ 50 个甚至更多的孩子,而且每个孩子都是独特的。我们老师尊重学生的差异很重要。对于王老师提出的关于这些学生的引导,自己还有一些建议:

1. 给机会。不仅在角色锻炼上给机会,还在课堂上多给机会。课堂教学是孩子最重要的展示自己价值的场所。所以,课堂上给这样的孩子更多展示自己的机会,而且每天甚至每次备课,都在环节设计上为他们想好。

2. 给信任。我们每个细小的动作都能改变学生。学生虽小,也有自己的人格尊严。所以老师要信任学生,而且创造机会,在具体事情中去信任他们,让他们感受到老师的时时关注。

3. 给目光。我们小学的时候,有一篇文章《老师的眼睛》,从孩子的视角写的,很动人。对于孩子,多么希望老师亲切的目光在她的身上停留更多。像帅帅这样的孩子,"给点阳光就灿烂",我们大人不都是这样吗,何况孩子呢?

当然,学生有问题,就是我们老师教育问题的开始,有想法,还需要有行动。相信王老师肯定也会有自己独特的方法。

发表人: 清风

在覃院长的点拨下,我又重温了一遍皮亚杰的建构主义,边学边反思,终于找到了理论根据,这全依赖覃院长的"逼迫"。这种学习的方式,对我来说是有益的,非常感谢。

皮亚杰的建构主义认为,知识不是通过教师传授得到,而是学习者在一定的情境即社会文化背景下,借助其他人(包括教师和学习伙伴)的帮助,利用必要的学习资料,通过意义建构的方式而获得。我觉得这种建构就是学生的顿悟。学习者根据自身经验去建构有关知识的意义的能力,而不取决于学习者记忆和背诵教师讲授内容的能力。

建构主义提倡在教师指导下的以学习者为中心的学习,也就是说,既强调学习者的认知主体作用,又不忽视教师的指导作用,教师是意义建构的帮助者、促进者，而不是知识的传授者与灌输者。学生是信息加工的主体，是意义的主动建构者，而不是外部刺激的被动接受者和被灌输的对象，因此会出现教师讲的与学生理解的不同步，学生的理解或落后或先进，这些是正常的。学生要改掉一个坏习惯，过程就更漫长了，所以需要我们等。

为了帅帅的问题，我又找他谈了几次心，找到了原因：他的父母几乎每天吵架，在这种环境中生长的孩子，往往上课容易走神，注意力分散，心里一直处于紧张压抑之中，对老师的讲课有些恍惚。他制造事端不是故意的，是心理压力过重。每天晚来，是因为父母不送他（他家确实离学校最远），尽管我找他父亲交流过，现状仍然如此。难为这个孩子了，我把他的事讲给学生听，大家跟我一样，也很难过，我们以前太不理解他了。幸好我们还有时间弥补我们的过失，班长、组长带头，大家决心创造一个有爱心的向上的集体，让他感受到温暖，同时给我班学生上了一节关心别人的课，也给我上了一节关注个别学生心理的课。

谢谢覃院长，您的追问让我懂得了思考的价值。

发表人：覃川

谢谢王庆老师的思考。从您的跟帖反思中看得出您将教育教学实务与教育理论联系在一起，对教育理解又深入了一大步，对我也很有启发。不过，从您对我所追问的第二个问题的回答上看，只是回答了孩子在家里缺少爱的问题，当然，这也是孩子"制造事端"、希望有人关注他、需要心理排泄的原因。然而，就一般情况下，您能否再回到我所谈到的情况做进一步的分析呢？也就是说"差生"到学校来"上学"的目的是什么？学校可以给他些什么？他"学习"不好，那么为什么不可以在家"私塾"式学习呢？为何还要到学校受"管制"、还受捞不着玩之苦呢？能否跳出现有的习惯性思维，站在社会学、人类学、教育哲学等层面来看待作为一个自然人同时又是社会人（现在孩子是准社会人），教育、学校、教学、学习的功能与目的又应该是些什么？其实，这些也是我一直在探讨的问题，也没有什么"标准答案"，只是希望得到来自更多方面的智慧和思想，以修正、充实我那些片面甚至错误的观点。

建议上述问题您可以和学校团队的老师们一起来研究讨论，也可以与外校的同行或者是在工作室中经常跟帖写文章的同行们一起来讨论。讨论的结果并不十分重要,重要的是我们教育智慧的火花在讨论中能够进一步生成。希望经常跟帖写文章的同行们一起来讨论。

发表人:刘燕

覃川院长提到的"顿悟"和不得已到校以及联想到的关于成人的"牢骚"问题,我有几点认识:

1. 关于学生的顿悟。建构主义学说认为孩子是有他自己的认知基础的。在实际教学中我们发现,很多孩子老师并不怎么管他,甚至不去管他,孩子会有变化。咦? 孩子进步真大! 看来,孩子长大了! 这是我们惯有的感叹。其实不然,孩子没有管教,但孩子会根据其他同学的学习进行自我学习,他会看、会听,通过老师对其他孩子的教育,来调整自己的行为。积累到一定的程度,你感觉到孩子的变化:孩子能够顿悟。

2. 关于"差生"不得已来学校和成人的"牢骚"。我觉得覃院长的追问,让我们去深思学校的教育功能,学生从学校得到什么? 学校给他什么? 我想,学生将来离开学校,到社会上生存,不仅仅有文化知识,还在于学校给予他生活的思想。这些饱受"另眼相待"的学生需要思想。学校、老师需要给孩子思想的引领。

帅帅要制造引起他人注意的事端呢? 我想,孩子缺少"位置",一个适合他、能够受到承认与尊重的位置。因为有自己的位置,才会有成就感和被承认。成人也是如此。

这两天,我一直在想刘可钦提到的学校中"每个人都很重要的"说法,因为有了实现自己理想,被承认的位置,让每个人感受到学校、班级并不是"有我没我都一样",自己不是多余的人。

这就是孩子以及我们的精神家园。

发表人:清风

就覃院长的提示,我与同事展开了交流。我感觉我的教学有些循规蹈矩,一路从好学生走来,接着应该是好老师,没有很多时间去考虑是否换种方式生活。但是同事之间有很多不同的意见,让我听到了不同的声音。语文老师告诉我,有的学生写字就是不好,我们为什么要逼他呢? 数学老师告诉我,有的学生的思维逻辑性就是差,他当然不会做题了! 怎么办? 音乐老师呢,五音不全的学生,没必要逼他唱歌,很宽容地一笑而过,师生皆大欢喜。体育老师呢,50米测验,不及格也没办法……我们这些所谓的主科老师,为什么非要逼会学生呢?我们要考试,要评比,要升学,所以学生必须会。我们已经养成一种定势了,"逼学生成才"、"我们是为学生好",这种观念已经根植于我们的行动。我们学校一位历史专业的老师告诉我们,亚里士多德(被恩格斯称为"最博学的人")一直有"吾爱吾师,吾尤爱真理"这种精神,但我们的学生很少会有,他们缺乏创新精神,因为他们没有一个创新的环境。无论是我们的老师还是我们的家长,只有一个想法——让孩子掌握知识,让他成才,尽管学生不一定如我们所愿,但老师和家长的步调是一致的。我们国民的意识大抵如此,五千年的封建主义在我们的思想里仍有"父为子纲"、"一日为师,终身为父"、"劳心者治人,劳力者治于人"的习惯。这种习惯扼杀了学生的创新萌芽,学校教育的目的正确,但教学的内容、教学的检测、教学的评价与目的大相径庭。这导致了差生的出现,导致他不愿学,但家长老师非逼他学。家长也不考虑是否可以仿效周泓的赏识教女,学一学郑渊洁成功的教子秘诀。已经有了这样的个例,为了孩子更健康的发展,身体的和心理的,家长为什么不能突破自己呢?

听了同事们的话,我发现一个重要的问题,教育目的是正确的——以培养学生的创新精神和实践能力为重点,造就有理想、有道德、有文化、有纪律的德智体全面发展的社会主义建设者和接班人。要解决的就是教学的内容,教学的检测,教学的评价。而我们现有的权限就是在教学内容上做文章。我们的课本一改再改,就是为了不让学生脱离生活;我们的课堂现在关注的是学生学到了什么,从教法到学法的改变,人文的东西越来越多,说明教育在不断前进。

我们应该能做到的就应该做好,国民的教育意识,国家的评价体制,我们改变不了,我们可以呼吁,可以感化我们周围的人:尊重孩子的人格,不管他是种土豆的,还是当总统的!只要是正常地为人类服务的工作,都应该值得尊重!不管是伟大还是渺小!让孩子在很小的时候就有这种观念,我们现在更要有这种观念,就不会有"差生"这个词,这个词是教师发明的!

议论多于说理,因为想得到更多的理论帮助!

王庆老师和同事们的交流是有益的，在交流的过程中会不断加深对教育的理解。我的这些追问的目的就是要引发大家思考，我们究竟应该具有怎样的教育观、学生观和人才观？

教育的功能应该是为社会培养人，这是一个很重要的功能，因为，社会发展需要通过学校把人培养成合格的、有益于社会的人，也就是说培养成为自觉遵守社会规则、主动承担社会责任、规范行使社会赋予权利的"社会人"。教育的又一个功能是将个体人培养成在社会的不同位置上，能够和谐健康生存下去的自然人，说得通俗一点，那就是通过学校教育，帮助学生为将来过"好日子"奠定基础。

为了实现学校育人功能，我们应该辩证地看待教育的问题，应该理性地对待学生的学习问题，应该从社会大的环境，从人类社会发展的轨迹来考究教育的问题。有了这种看待问题的视角，就使得我们能够从人性、社会的角度来考虑教育。

从微观层面看，学生到学校来学习，需要感受校园里的学习氛围。感受校园学习氛围，其意义不单是使学生学到书本里的知识，还包括在学习活动中，体味到人与人之间的心理感受、交往沟通的表现形式、文化环境的熏陶等，逐步积累起直接或间接的经验。特别是那些"只能意会"的"知识"需要在集体学习的环境中去掌握。"差生"到学校来学习，是他们的权利，不要认为他们的考试成绩不及格就排斥他们。我们应该像对待优秀生那样来对待他们，尽管这些学生的学习成绩比较差，但他们所学到的那一点知识，是他们日后在社会上生存、立足的基础，作为教师应该宽容他们。

从另外一个角度来说，教师在升学、出好成绩的压力下，他们承载着"指标"任务，在教学实施过程中，要么将"差生"与"优秀生"按同一个考核标准来要求，要么把"差生"打入冷宫。这些"差生"因跟不上教学进度，掌握不了所学的知识，久而久之，他们丧失了学习的兴趣，为了逃避学习，他们会不时地制造一些事端。

从目前情况看，由于教育资源的不均衡，学校教育不能为所有的学生提供适合他们学习的知识与技能，"一锅煮"对一些教师来说，似乎是一种无奈之举。然而，在这同样的环境里，有的教师却让一些"差生"

在原有的基础上取得了进步,尽管这个进步幅度还在不及格的区间里,但这些进步对这些孩子来说的确是很重要的。当教师的就应该有这种心理意识,发自内心地接纳"学习成绩差"的学生,持续不断地保持对学生尽心尽责的热忱。"不要放弃一个孩子"这不仅是一句口号,更重要的应该是一种行动。

"差生"的学习成绩尽管不行,但并不能否认他们在其他方面具有能力。多元智能理论告诉我们应该发挥人的不同潜能,从这个意义上来讲,每一个人都有在某些方面成为人才的可能。这就是我们所倡导的人才观问题,这也就是我们对待学生的学生观问题。

总之,在一种教育现象出现后,我们应该全面、客观、发展地看待它,从更大的视野来综合考虑出现问题的根源何在,这样,我们就会更聪明些,出现错误的几率就会更小些。

发表人:清风

谢谢覃院长给予的理论指导,让我们进一步明确了教育观、学生观、人才观。您的视角十分广阔,让我们受益匪浅。

以后,我们一定边教边思,边教边写,边教边议,在实践中不断提高自己,主动成长,有所发展。

【链接文章】

等你长大

王庆

刚接手这个班时,觉得帅帅是个非常可爱的孩子。说话很直爽,特别喜欢提问题。那时候,总觉得有的任课老师对他的评价是不公平的。"只要爱他就会欣赏他",我一直抱着这样的态度。可是,天长日久,我慢慢地发现,他是一个坐不住的孩子,你讲完的事情,他一定会再问一遍,尽管他离我最近。任你鼓励或批评,他始终这样,每节课都会犯错误,而且都是相同的错。直到后来发现,这个孩子好像怕任何人,实际上又谁也不怕。以至后来因为他,让我头疼不已。有的老师劝我:别管了,他就这样了,故意惹你生气。因为他给我惹的麻烦太多了,我都不爱跟他说话。

那天班级要洗窗帘，卫生委员一公布，他立即举手。我装作没看见，谁知他站起来："老师，我洗！我洗！"卫生委员一撇嘴，"你又要几天拿不回来！"这就是他的特点：每天迟到，每天忘一点东西，大家已经习惯了。他很尴尬地坐下了。我忽然觉得心里一阵难受：也许我应该再耐心一些，一年不够，是否可以两年。于是，我轻描淡写地说："这次女生洗，男生下次吧。"说完，特地冲他点了点头，给他一个微笑。

　　第二天，他又故态复萌：迟到，忘一点作业，上课问我讲过的事情。我不知道这孩子是怎么回事，他这样做是为了引起我的注意吗？我故意冷淡他，不理他。可有一天，正当我和学生聊得起劲时，他说了一句，"我爸爸喝醉酒就会打人！"我从没有见过任何一个孩子这样平静地讲这样的事情。我只觉得一阵心疼。他仅仅是一个11岁的孩子，他需要关爱啊。他故意每天犯一点错误，就为了让周围的人关注他。在他心里认为只要引起别人的注意就好，不管是好是坏。

　　在这个周的班会课上，我有意设计了这样一个问题：我们如何去爱别人？学生七嘴八舌地讨论，他也发言了：我帮妈妈做饭，同学李春阳生病时我替他值日。我抓住机会，接着说道："老师发现你会爱别人了！原来在别人需要帮助的时候，你会这样做，继续努力！"他笑了，很满足的样子。

　　渐渐地，他有时会有一节课不犯错误，有时会一天，甚至一个星期。临近毕业了，我要求学生写一封信，说一说自己的学习近况，他居然没用别人帮忙，自己完成了作文。我迫不及待地看了底稿，表达清晰，语言流畅，当我看到这句话："我爱我的语文老师，因为她让我喜欢写作文，我的成绩提高了。"我心满意足地笑了。就像周嘉惠教授说的，此时的我就是幸福的。孩子，你终于长大了！我又一次迫不及待地告诉身边的同事，想让大家分享我的喜悦！

做一个有思想的人

——高尔基《人》的读后感

高尔基的作品中,有的表达了对旧制度腐败的厌恶与憎恨,对资本主义社会的阶级剥削和压迫进行了深刻的揭露;有的抨击了作为旧制度支持力量之一的小市民意识,力图唤醒他们的觉悟;还有的则表达了他渴望用战斗迎来光明前景的炽热感情。

《人》这篇文章充满了现实主义与浪漫主义的色彩,作者运用大量的象征手法,含蓄而又深刻地对"人"进行了刻画,对人的灵魂进行了深刻的剖析,展示在我们面前的是一个活生生的、充满矛盾与生活艰辛,同时又充满希望的前进中一种"概念人"、"全人"的完美形象,这些"不肯安静的人就这样穿过人生之谜的可怕黑暗,向着前方,向着高处迈进! 不断向前,不断向上!"其实,高尔基本人就是这样一种有深刻思想和理想追求的人,他从哲学的视角去思索人生的价值,通过写作表达了那种激发人们积极向上的精神。

人的一生中会遇到许许多多的"困惑":"盲目的自尊"、"形形色色的生活琐事"、"永远得不到满足的爱情、友谊和希望"、"神秘莫测的死亡"、"怀有敌意的疯狂"等,还有那更为可怕的来自自身的"软弱"——"沮丧"、"绝望"和"忧愁"。那么,我们应该怎样去应对压力,又如何去战胜自我呢? 心理学研究表明,人的内心都是很脆弱的,一般可以分为鸵鸟型与豹子型两大类。属于鸵鸟型的人面对危险时,第一反应就像鸵鸟一样选择逃避,鸵鸟在遇到危险时,会把头藏在沙子里或其他地方,它以为这样就可以避开敌人、求得安全了,殊不知这种一厢情愿的做法使自己所处的危险程度增大。属于豹子型的人尽管他们在面对危险时也会恐惧,但是,他们所选择的不是逃避,而是像豹子那样勇敢地面对危险,争取主动。因此,作为一个勇者,就应该具有竞争性,做生活的强者,要有渴望成功、敢于斗争的信念。逆境足以唤起一个人的热情、挖掘出一个人的潜力使他达到成功。有本领、有骨气的人,能将"失望"化为"扶助",像蚌壳能将烦恼它的沙砾化成珍珠一样。

苦难往往是化了妆的幸福。有人说,"黑暗并不可怕,或许,它隐藏着生命之水的源头"。是的,苦难是令人心酸的,但在经过苦难磨练后的人们,他们的品格往往也会变得更加完美,意志也会更加坚强。这也是对待生命的态度吧!那些在困难面前唉声叹气、悲观绝望、怨天尤人的生活态度对改变自己的生存环境来说是无济于事的,那是一个懦夫的表现。不同的人对待生活中的不幸、厄运的态度是迥然不同的。巴尔扎克说,"苦难对于一个天才是一块垫脚石,对于能干的人是一笔财富,而对于庸人却是一个万丈深渊。"因此,我们不应成为与世无争的颓废之人,犹如一个个被隐形线拉扯的木偶,在黑暗阴霾的社会里彷徨地挣扎,或者在寂寥、愚昧中去消遣地度过人生,应该"向着前方,向着高处迈进!不断向前!不断向上",做个"不肯安静的人",应该成为人生旅途中不懈的攀登者。

一个民族最危险的是墨守成规,不敢变革;一个人最糟糕的是知足常乐,不求进取。因此,对一个有追求的人来说,要打造生存的资本,改变生存方式,单靠勇气与信念还是不够的,应该突破旧思维的束缚,换一种思考方式,去创造、去变革,而这些就需要有思想。因为"思想是黑暗生活中永恒的、唯一可靠的灯塔,是生活中可耻的谬误的黑暗中的火光",对一个人来说,"只有思想的火焰才能照亮他前进道路上的障碍,打开人生之谜,揭示朦胧大自然的奥秘,揭开他心中漆黑一团的乱麻。"

生活的意义在于创造,在于探索,在于超越自我。社会的进步与发展更是需要许许多多有思想、善于创造的人。可是,在现实生活中,敢于思考、善于思考的有"思想"的人太少了。我们的一些人习惯于让别人替自己去思想,也习惯于充当一个思想的盲从者,更习惯于享用别人的思想。这些都是与当今社会发展的潮流格格不入。一个没有思想的人就等于没有灵魂,一个没有思想的民族在世界上是站不住脚的。

"思想"是以学习为基石的。联合国教科文组织在《学会生存》中指出,"人永远不会变成一个成人,他的生存是一个无止境的完善过程与学习过程。人和其他生物的不同点主要就是由于他的未完成性。事实上,他必须从他的环境中不断学习那些自然和本能所没有赋予他的生存技术。为了求生存和求发展,他不得不继续学习。"高尔基也指出,"书是人类进步的阶梯。","读书愈多,精神就愈健壮而勇敢。"高尔基本人就是这样做的,人世艰辛激起了他奋斗的决心,他"大口地咀嚼着"各式各样的文学作品,把书当成在贫困潦倒中的最知心的朋友,书使他的知识更加渊博,书使他对未来充满了憧憬,书使他成为一个有深刻思想的人。

在文章即将结束之际,作者发出了"一切在于人,一切为了人"的呐喊,表达了对有思想、有勇气或者说对具有创造意识和战斗精神的人的期盼与呼唤。全文的字里行间透射出许多启发我们去思索、反思的东西,读后使我们陷入久久的沉思,在我们的心灵中产生强烈的震撼,给人以巨大的启迪与力量:"总有一天,我的感情世界同我那不朽的思想将在我胸中汇合成一股伟大的创造性的火焰,我要用这股火焰烧掉灵魂中一切黑暗、残暴和邪恶的东西,我将同我的思想所创造出来和正在创造的那些神祇并驾齐驱!"

让我们战胜世俗,摆脱庸碌,做一个有思想的人吧!

（刊载于《师资建设》2009年第3期）

【跟帖】

发表人:天路涯

做人很难,特别是做有思想的人很难,因为社会太复杂,复杂得有时会迷失了自己。不过有时一本好书、一篇好的文章真的会成为旅途中一盏灯,让"人"字在心中傲然独立。所以在彷徨时、悲伤时、失意时读读高尔基的《在人间》,再体会体会他对人的深刻剖析,定会找到向上的力,不停下前进的步伐。与书为伴,亦是与智者为伴。覃院长的深刻也是来自于不断的学习吧,所以也是字字入心,予人启迪。

发表人:zhou-226@163.com

"让我们都成为有思想的人吧!"这是一个多么富有哲学高度的呼

吁！覃川先生在读了高尔基的《人》之后，向我们发出了这样的呼吁，这是应该引起我们的深思的。高尔基的《人》，写了一个不断向上、不断向前的大写的人，这正是我们努力的方向。那么，怎样才能成为有思想的人？只有学习，只有读书，只有不断地思索。是啊，"生活的意义在于创造，在于探索，在于超越自我。社会的进步与发展更是需要许许多多有思想、善于创造的人。"我们的社会在突飞猛进，我们的事业在不断发展，如果我们不学习、不读书、不思索，怎么适应这社会的发展，又怎能完成历史赋予我们的任务？让我们都来响应覃川先生的呼吁，让我们的思想更深刻些，让我们的人生更丰富些。

【链接文章】

人

高尔基

每当我心力交瘁的时刻，那如烟的往事便在我记忆中浮现，使我不禁心灰意冷，而我的思想则有如秋天冷漠无情的太阳，照耀着混乱不堪的尘寰，在杂乱无章的尘世空不祥地盘旋，无力继续上升，更无力向前飞翔。每当我处于这心力交瘁的艰难时刻，我总要把人的雄伟形象呼唤到我的面前。

人啊！我胸中仿佛升起一轮太阳，人就在这耀眼的阳光中从容不迫地迈步向前！不断向上！悲剧般完美的人啊！

我看见他高傲的前额、豪放而深邃的眼睛，眸子里闪耀着大无畏的思想的光辉，雄伟的力的光辉，这力量能在人们疲惫颓唐的时刻创造神灵，又能在人们精神振奋的时代把神灵推翻。

他置身在荒凉的宇宙之中，独自站立在那以不可企及的速度向无垠空间的深处疾驰而去的一块土地上，苦苦地琢磨着一个令人痛苦的问题："我为什么存在？"

——他英勇地迈步向前！不断向上！——要把沿途遇到的人间和天上的一切奥秘统统揭开。

他一面前进，一面用心血浇灌他那艰难、孤独而又豪迈的征途，用胸中灼热的鲜血创造出永不凋谢的诗歌的花朵，他巧妙地把发自不安的心灵中的苦闷呼声谱成乐曲，他根据自身的经验创造科学，每走一步都要把人生装点得更加美好，就像太阳那样慷慨地用它的光芒把大地普照。他不停地运动，不断向上，迈步向前！他是大地上一颗指路的明星……他凭借的只是思想的力量，这思想时而迅如闪电，时而静若寒剑——自由而高傲的人远远地走在众人的前面，高踞于生活之上，独自置身在生活之谜当中，独自陷入不可胜数的谬误之间……这一切都像磐石一般压在他高傲的心头，伤害他的心灵，折磨他的大脑，使他感到羞愧难当，呼唤他去把一切迷误消灭光。

他在前进！种种本能在他的胸中喧嚣；自尊心令人讨厌地发着牢骚，像厚颜无耻的叫花子在乞讨，七情六欲像藤葛一般把心儿紧紧缠绕，吸吮他的热血，大声要求向它们的力量的主宰。

形形色色的生活琐事犹如路上的污泥，又像丑恶的癞蛤蟆，挡着他的去路。

就像一颗颗的行星围绕着太阳，人的创造精神的各种产物也把他层层围绕：他的爱情永远不知餍足，友谊步履蹒跚，远远跟在他的身后，希望疲倦地走在他的前面；而那满脸怒容的憎恨，它手上那副忍耐的镣铐正在叮当作响，可信仰正用乌黑的眸子凝视他焦虑不安的面庞，等待他投入自己宁静的怀抱……他了解自己这一群可悲的侍从——他的创造精神的各种产物都是畸形的，不完善的，蹩脚的。

它们穿着旧真理的破衣烂衫，被种种偏见的毒药戕害，怀着敌意跟在思想后面，总也赶不上思想的飞跃，就像乌鸦追不上雄鹰的翱翔。它们同思想争论着谁该领先，却很难同思想融成一股富有创造力的熊熊火焰。

这儿还有人的一个永恒的旅伴，那无声无息而又神秘莫测的死亡，它时刻准备亲吻他那颗炽热地渴望生活的心。

他了解自己这一群永生的侍从，最后，他还了解一个产物——疯狂……长了翅膀的疯狂像一股强大的旋风，它用充满敌意的目光注视着人，竭力鼓动思想，硬要拖她去参加它野蛮的舞蹈……只有思想是人的女友，他唯独同她永不分手，只有思想的光焰才能照亮他路上遇到的障碍，揭示人生的谜，揭开大自然的重重奥秘，解除他心中漆黑一团的混乱。

思想是人的自由的女友,她到处用锐利的目光观察一切,并毫不容情地阐明一切:"爱情在玩弄狡猾庸俗的诡计,一心想占有自己的情人,总在设法贬低别人并委屈自己,而在她背后却藏着一张充满肉欲的肮脏面孔;希望是怯弱无力的,而躲在她后面的是她的亲姊妹——谎言。谎言穿着盛装,打扮得花枝招展,时刻准备用花言巧语去安慰并欺骗所有的人。"

　　思想在友谊那颗脆弱的心里看到它的谨小慎微,它的冷酷而空虚的好奇心,还看到嫉妒心的腐朽的斑点,以及从那里滋生出来的诽谤的萌芽。

　　思想看到凶恶的憎恨的力量,她明白,如果摘下憎恨所戴的手铐,它将毁灭世上的一切,甚至连正义的幼芽也不放过。

　　思想发现呆板的信仰拼命地攫取无限的权力,以便奴役一切感情。它藏着一双无恶不作的利爪,它沉重的双翼软弱无力,它空虚的眼睛视而不见。

　　思想还要同死亡搏斗:思想把动物造就成人,创造了神灵,创造了哲学体系以及揭示世界之谜的钥匙——科学,自由而不朽的思想憎恶并敌视死亡——这毫无用处却往往那么愚昧而残暴的力量。

　　死亡对于思想就像一个捡破烂的女人,她徘徊在房前屋后、墙角路旁,把破旧、腐烂、无用的废物收进她那龌龊的口袋,有时也厚颜无耻地偷窃健康而结实的东西。

　　死亡散发着腐烂的臭气,裹着令人恐惧的盖尸布,冷漠无情、没有个性、难以捉摸,永远像一个严峻而凶恶的谜站立在人的面前,思想不无妒意地研究着她。那善于创造、像太阳一样明亮的思想,充满了狂人般的胆量,她骄傲地意识到自己将永垂不朽……斗志昂扬的人就这样迈开大步,穿过人生之谜构成的骇人的黑雾,迈步向前!

　　不断向上! 永远向前! 不断向上!

教学研究篇

《争论的故事》的思考

今天听了一节语文课，教材内容是苏教版小学三年级下册第25课《争论的故事》。选材文本大意是：盛老师给同学们讲了一个故事。有弟兄两人，为了将飞在头顶上的大雁射下来烤着吃还是煮着吃，争论不休。耳红面赤之际，遇到一位老者。老者指点迷津，一半儿煮着吃，一半儿烤着吃。弟兄两人幡然悔悟。可回头准备射杀大雁时，早已飞得无影无踪。最后盛老师启发学生，学生语出"精彩"：

"不管做什么，关键要做起来。"

"不是他们笨，而是他们没有抓住时机。"

"兄弟俩这样争下去，时间白白浪费了。"

听到学生的答案，盛老师的态度表情是：聚精会神地听着，不时地向学生投去赞许的目光。

显然，文本要告诉孩子们学习或做事时，要"珍惜时间，抓住时机，先做起来"。这个指向无疑是正确的。但这个指向的得出，是从兄弟两人射杀大雁，残害人类的朋友——鸟类开始的。对于小学生来讲，是不是过于残忍，欠考虑了呢？

这不禁使人联想起几年前媒体所曝光的"虐熊"、"踩猫"事件。这些事件有的出自大学生之手，有的系百姓所为，对此，网上媒体曾是一片声讨声。在我们的现实生活中，那些个无视生命而用弹弓去打鸟等诸如此类的事情，说明了一些人对生命是多么的漠视和麻木，而这种不良倾向也体现在将射杀大雁作为课本选材的编写者们身上。

世界要太平，人类要和谐，人类与大自然需要和谐共处。远古时代，祖辈们射杀禽鸟，或者属于无知，或者属于生存之需要，这或许是不文明时代的结果。在当下，科技发达，物质丰富，倘若人们再去射杀与人类和平共处的禽鸟，轻者系不道德、不文明行为，重者构成了犯罪。

"保护自然，人人有责"，"保护人类的朋友，从我做起"。这些口号、标语，随处充斥着人们的眼球。可在传道、解惑的教材文本中竟然还有此类的选材：兄弟抓住时机，抢占先机，立即做起，捕杀一展蓝天的大雁，再剥皮取毛，一半烤着吃，一半煮着吃。这种不和谐的教育颇有讽刺意味。

孩子的人生观教育、自然观教育是从一点一滴、一丝一缕的渗透中，日积月累逐步形成的。这种为传授生字生词，拼凑些做事技巧之类的素材应从教材中剔除出去，不然，误导的将是新一代做人处世的基本准则。

【链接文章】

争论的故事

今天，盛老师给我们讲了一个故事。

从前，大山脚下有座小村庄。小村庄里住着以打猎为生的兄弟俩。

一天早上，一群大雁从他们头上飞过，兄弟俩很想射下一只大雁来充饥。哥哥说："我要是能把大雁射下来就煮着吃。"弟弟说："再好的东西，一煮还有什么味道呢？依我看，只有用火烤才好吃。"哥哥不以为然，大声争辩道："你这话不对，大雁就该煮了吃。烤了吃，烟熏火燎的，能有什么好味道？"弟弟很不服气："鸭子不是可以烤了吃吗？皮香肉嫩，味道多美呀！为什么大雁就不行呢？"

兄弟俩争论不休，谁也说服不了谁，就跑到村子里去找人评理。大家觉得他俩说的都有一定的道理，就建议说："你们把大雁剖开，煮一半，烤一半，不就两全其美了吗？"

兄弟俩都很满意，谁也不再说什么。可是，他们抬头一看，大雁早已飞得无影无踪了。

故事讲完了，盛老师笑着问大家："你们听了这个故事，有什么感想呢？"

"这两兄弟真笨，白白让大雁飞走了。"

"不是他们笨，而是他们没有抓住时机。"

"兄弟俩这样争论下去,时间白白浪费了。"

"不管做什么事,关键是要先做起来。"

…………

盛老师聚精会神地听着,不时地向学生投去赞许的目光。

追寻教育理想　　创新教育实践

青岛市教育学会组织的这次校长论坛,主题鲜明,立意深刻。7 位校长的发言观念新、工作实、效果好,展现了这些学校多年来在教育教学改革探索与实践中所做的卓有成效的工作,体现出课程改革的显著成果,刻画出校长专业发展的成长轨迹。下面,我结合 7 位校长的发言,就其中一些话题谈一下自己的一些感受,请各位领导、专家和同行们指正。

一

开发区香江路小学提出的"学校特色不等于特色学校"的观点引发我们思考。该校的民乐教育特色凸显了在学校教育中民族文化的元素。

该校提出的有什么样的课程就有什么样的学生的观点,很有意义。问题是,课程是什么? 是狭隘的学科课程,还是贯穿于学生在学校教育过程中,学生自身发展生命轨迹的教育? 需要警惕的是,切不可功利化地将技能训练作为课程。

需要思考和探索的是,将民乐作为特色课程,那么,这个课程能够为学生带来什么? 能够给学生的人文素养教育带来什么? 能够对其他学科教学带来什么? 譬如说,民乐课程是否能够提升学生的想象力? 民乐课程所带给学生的艺术素养,如何使得学生将这种素养带到他们日后的生活、学习之中? 因此,我在想,课程内涵的构架应该线条再清晰一些,需要加强与其他学科相互关系的研究,需要挖掘民乐的文化内涵,需要在引导学生欣赏、鉴赏民族文化方面多下工夫。另外,还需要考虑民乐等特色课程在推进学校教育的国际化进程中是否可以"走出去",以此来增强学生的国际意识与民族自豪感?

永宁路小学的"多彩教育"的理念和做法颇具特色。对我印象深刻的是该校的"特色课程+必修课程+选修课程"套餐制多彩课程框架体系。

该校的"选修课程"以社团形式开设,这是顺应了学生的多彩人生。让学生来选择他们感兴趣、能够彰显各自特长、技艺的社团活动,也就是尊重学生的个性发展,体现"以人为本"的育人理念。

很多学校把社团建设作为促进学生发展的一个平台,但是,如何将社团纳入学校教育的课程体系,让其发挥出育人的系统性功效,这是需要引起重视的。

社团包括有组织组建和自发组建两种情况。对小学教育而言,应该是有组织地组建社团,但是,社团如何做到"课程管理",这是社团活动是否真正有效实施的主要环节,也就是说,社团活动如何植入教育的内涵。然而,如果尺度把握不准的话,过于程式化的社团课程,就会因过于学科化,使其失去特有的吸引力。

育才学校以核心价值为主线,以理念文化为核心,提出了学校文化、教师文化建设的一系列理念、举措,涉及组织运行、课程构建、面向学生、教师发展、民主和谐、人文管理等方面,给我们带了一些系统化的学校文化构建方面的思考。

"人文管理"这个提法挺新颖,问题是,其内涵还需要再进一步挖掘,譬如,在现行的人事制度的环境下,学校的人文管理与科学管理是什么关系?人文管理与人本管理又是什么关系?再进一步说,人文管理与文化管理又是什么关系?在现阶段人文管理理念下,教师的文化自觉与文化自觉的教师如何体现出来?在这方面,需要进行深入、积极的实践与探索。

47中学所确立的"成就梦想"教育品牌的实践与探索,带给我们的是一个回归教育本源的案例。

47中的做法,从另一个视角来看,也就是在帮助学生做职业生涯规划,帮助学生成为他自己,为将来他们在社会上找到自己的位置而打基础。

47中的两个班班主任工作案例,讲的不是那些优等生,而是那些问题学生,教师能够发现学生的"闪光点",能够引发学生的"寄托点",由此来帮助学生自信、自立、自强。

该校四大类13大板块共计30多门课程,也是基于服务学生多元发展、全面发展的系统育人体系,假以时日,坚持下去的话,会有显著成效。

"创新"是一个热词,大到国家层面,小到一个单位,在追求变化、寻求变革时,都会考虑创新。对中学来说,如何实施创新呢?在人才培养方面,我觉得着力点应该放在培养学生的创新精神、创新意识、创新能力方面上。

2中的实践是一个具有借鉴意义的案例,涉及课堂、课程、平台(载体)这三个关键词。

关于课堂,一些学校、一些教育工作者往往关注的是物理环境下的课堂,关注的是教师与学生在教室里的教学活动,缺乏的是在信息环境下的开放性课堂的构建,缺乏的是学校围墙外的社会课堂的构建,思想意识上的局限性,导致学校教育教学活动的低效和平庸。2中关注课堂的再造,关注课堂里的生命,关注课堂的学生主体地位,关注课堂教学模式的变革,他们团队式的教学活动组合,构成了一个立体化、多维度、宽视角的教学资源场,这是一个新的尝试,尽管教学成本增大了,但是,方向是值得肯定的。如果再从创新的角度来思考的话,假若教师和学生能够再组成一个教学的团队,甚至有些课让学生来担当的话,我想,对2中来讲,是不是更能培养出具有领导力、创造力的学生?

关于课程,2中成系列的人文素养、科学研究、工程技术、体验感悟四大类校本课程,形成了自己的成系列的特色课程体系。课程的设计者们关照了显性课程与隐形课程,我想,这也是课改以来的一个重要成果吧。

平台、载体的提供,放大了课堂、教室的空间,丰富了课程的内涵,这也就为 2 中实施创新人才的培养创造了条件。

39 中关注学生的学习兴趣,满足学生的个体需求,培养有个性、有特点的学生。

青岛是个海洋城市,作为学校如何利用海洋这一独特的资源,激发学生对海洋的兴趣,潜移默化地让学生具有海洋意识? 39 中的做法带给我们一些启示。

作为海洋大学的附属学校,39 中有着得天独厚的条件,他们借助于这个平台,利用好、开发好这方面的资源,做了大量的富有成效的工作。譬如,开辟海洋教育的拓展性课程、实践性课程,让学生的兴趣得到培养或者是满足,让学生在科技与活动实践中,引发求知欲望,激发探究潜力,让学生思维得到激活,视野得到拓展,这样下来,学校所形成的特色自然也就很明显了。

另一方面,对某一方面知识学习的兴趣以至于所形成的学能优势,往往可以促使学生对学习其他知识时的兴趣,也可以促进学生对关联性知识的学习。因为,满足兴趣的学习,使得学生的学习积极性得以提高,从而促进学生养成良好的学习习惯,也可以提升学生对知识联想、资源整合的能力。

我们期待着 39 中将来展示出有示范性的典型案例。

高新职业学校提出的"办有尊严的教育"体现出学校教育的价值取向。

职业学校怎样才能将"以人为本"体现在"以学生发展为本"上来呢? 也就是说,职业学校通过怎样的学校教育,让求学者日后在社会上找到属于自己的位置? 这对于职业学校而言是很大的挑战。

职业院校要强化以职业认识和自我认识为目标,帮助学生对自己未来规划做好职业准备,为此,职业院校就应该创设工作课堂,让学生在入校的第一天起就感受到职业环境与职业氛围的影响,就接受职业标准的要求,久而久之,日积月累,学生的职业意识就逐渐养成。

二

观摩此次校长论坛，还引发了我对以下四个方面问题的思考。

（一）应该具备怎样的教育观

教育的主要任务，首先是帮助学生体味什么是生命的意义，其次是帮助学生分享生活的乐趣，第三帮助学生掌握自我生存的技能和方法。现实的问题是，我们把主要力量放在了第三个方面。

后现代主义教育强调教育的人文性、多元性、情境性、复杂性、非体系性等特征，这对教育提出了如何来发展人的积极一面，如何培养对自我发展和社会负责的人的要求。

在中英校长论坛上，英国伊顿公学的校长说："很高兴本校的学术水平不是英国第一，我们需要的是人格健全的人才，其次才是他们的学术能力。"由此来看，学校教育应该把能力培养放在首位，把人格培养、素养培养放在首位。

我们的教育能否回归到教育的原点？我们在应试教育与素质教育的夹缝中，怎么寻找出一个"中间地带"？我们不能改变现在的环境，但是，我们是不是可以在小环境下通过自己的努力去平衡这两个方面的关系？

我们在反思教育的问题时，往往与国外学校相比。譬如，课题研究方面，我们的学生往往缺乏查找信息资料的习惯，也缺乏对信息进行甄别、整合的能力，在课题项目的书面与口头表达、陈述上，往往缺乏新意，缺乏具有想象力的创造性的思路或是方法。因此，良好的教育应该是学生发自内心的主动学习，是用他们自己的眼睛来发现，是以他们自身的内心体验来感悟的。

（二）如何实施好课堂教学

1. 应该具有怎样的人才培养模式？

每一所学校根据自己的办学理念，往往要确定一种人才培养的模式。但是，模式应该是为育人服务的。在操作层面如何实施，这背后就体现了一种教育思想。

教会不如学会。引导学生学会学习，这比教会学生更重要。我们现在所遵循的是"教学做合一"，这个理念很好，但是，在我们学校工作中,怎么才能真正做到这三个合一？按照我们的思维习惯,放在前面的是最重要的,所以,在一些学校教育中往往自觉或不自觉地把"教"字放在了首位,这个"教"字,包括动词的教授知识,也包括名词的教师个体。

在不同的学段中,又如何注意处理好"教学做"的平衡关系？随着学生年龄的增长,"教学做"在教学运行中的比例应该不断地发生变化。我在想,在高年级的教学中,在其他学段的一些学科教学中,可以实施"学教做合一"的教学模式,以此来突出学生、学习在学校课程学习中的主体地位,这样做对提升学生能力、激发学生主动学习更具有现实意义。

2. 教育教学是个艺术创造的过程,需要教育智慧与机智的生成。

苏霍姆斯基认为:"在教学过程中,最主要的是在每个孩子身上发现他最强的一面,找到他作为人发展根据的'机灵点',做到使孩子在能够最充分地显示和发展他的天赋的事情上,达到他的年龄可能达到的最卓越成绩。"因此,我们的教学与育人活动要体现个性化教学,实施差异教育。问题是,我们的大班额教育模式,带给个性化、差异化教学的难度。

要给孩子留下自主学习、自我发展、自行探索的"空间"。学校也好、教师也罢,不能采取企业生产流水线上的所谓"满负荷"工作法,应该给学生留有弹性的空间,让学生去"玩"、去休闲,去做他们自己感兴趣的事情,这样一来,学生在非正式学习的环境里,就更能触发灵感、调适心理、激活联想、拓展视野。

不能简单地理解"知识就是力量",有用的、够用的、能用的知识,才能使学校教育发挥出最大的效益,才能让学生所学的知识经过他们的内化产生出能动的效应来。

爱因斯坦说:"教育应当使所有提供的东西让孩子们化为一种宝贵的礼物,而不是一种艰巨的任务,让他去负担。"因此,我们的教育如何顺应孩子的天性,如何引发孩子的快乐？

教育教学心理化,是教学操作层面的一种理念,也就是说如何通过强调教学艺术,将教师教的"过度"热情变为学生学的积极主动。

3. 怎样构建课程体系

课程是学校的"服务产品",学生是学校的直接"服务客户"。课程的构建应该源于学生的发展需求,不能单纯地让学生"被服务"。我们不仅要考虑社会需求,还应该考虑个体需求,不仅要考虑学校实施教育时的"公权力",还应该考虑学生求学时的"私权利"。

课程构建要尊重学生的个体差异。很多学校为此做了很大的努力,设置了很多的多样化课程,以此尊重学生的个体差异,促进学生多样化发展。可是,面临的一些问题又来了,譬如说,师资不足怎么办? 是不是可以选择一些课程,让学生来担纲,让一些学生团队通过社会调查,查阅资料,求助包括家长在内的专业人士,甚至包括学生自己的实践体验,来获取知识、技能,来向同伴传授? 这种让学生"首当其冲",而不是教师"亲力亲为"是不是效果会更好些呢?

课时不够是学校常常遇到的现实问题,而这个问题的解决又不是简单地累加课时。可以倡导一些非课时的必修课程,也就是说让学生在课余时间学习一些必修课程。

课程设置要考虑如何培养学生的独立精神,而解决这个问题的一个方面就是如何将一些生活类课程列入必修课程。

课程应该体现学科教育与做人教育的有机结合。日本江户川学园在初一、高一以孔子的《论语》为教材,实施为期一年的"做人的教育",而且将道德教育渗透在各科教学中。同时,该校还开展"心的教育"的德育实践体验活动,实施针对性强的诸如"克己复礼"、"如切如磋、如琢如磨"等专题教育,教育学生学会宽容,学会礼仪,学会沟通、学会分享等。

德育课程要不断地创新。我们现在强调培养学生的社会责任感,那么,怎么才能从小处入手呢? 怎样从小事情做起让学生把这个要求"入脑入心"? 其中一个点就是让学生懂得他人的需要,引导学生在帮助他人的过程中感受到做人的价值。

4. 如何构建学校文化

学校发展到一定阶段,往往会考虑学校文化的建设。都会有很多举措,问题是,谁是校园文化的主人? 在实施层面是不是已经体现到位了呢?

学生也是校园文化建设的主体,没有学生参与的校园文化是不完整的。这个文化建设的参与过程就是"隐形课程"实施的过程。需要反思的是,我们究竟如何以学生的视角、以他们的发展需求来构建校园的文化? 假若校园文化的建设没有融入学生的内心世界的话,或者说是仅仅借助于外在力量的逼迫所导致出来的文化灌输,往往是事倍功半、牵强附会的。

引发我们思考的问题是: 我们应该通过一种什么样的教育,让学生在校园里找到"他自己"? 这里包括学生在接受"因材施教"的过程中如何感受到自我,包括在校园的文化建设里如何发现有自己的影子等等。

(注: 此文是作者在 2013 年青岛市教育学会校长论坛上的发言)

教学研究篇

对《分组教学法的实践与思考》一文的点评

刘怡欣老师的这个教育案例值得我们深思。

大学课堂教学中"满堂灌"现象是制约教育质量的重要问题之一。因此,解决这个问题是我们高职院校真正培养实用型人才、实现"学以致用"目标的重要方面。

刘老师将分组教学法应用在计算机教学后,并借鉴拓展训练组成团队的经验进行激励和学习共同体的建设,把学生的学习热情给激发了出来,产生了较好的课堂教学效果,与其说这是一次课堂教学改革的尝试,倒不如说这是课堂教学的本源性回归。这就是一种教育的生活,同时也是生活的教育,学生在课堂生活中由于自己成为学习的主人,这便使得他们真正开始关注到课堂里所发生的一切,真正地开始了"我要学"的课堂生活旅程。

这并非是一个简单的教学行为的变化,而是一次经历过彷徨、反思、痛苦的过程后,经过"破"与"立"的革命性地"颠覆"后,开始的一次"补课性"的行动。简单的案例故事的背后并不简单,因为,要敢于迈出这一步并不是目前每一位从事高等教育的工作者都能够做得到的。

一堂课究竟能带给学生什么?或者说学生通过一堂课的学习究竟能够掌握或者学到些什么?这些对于教师来说是一个不能不思考的问题。教师如果能够真正地把握住教育的真谛的话,那么他所从事的课堂教学就会生态化,分组教学也好,合作学习也罢,都会因符合教育原本所应有的规律而呈现出良好的效果。

应该从多个维度来讨论怎样关注课堂的教育教学问题。我们需要的不是那些外在的所谓这个教学法、那种教学模式,而是真正地从课堂教学入手,关注教育的细节问题,考究能够真正使分组教学发挥出其应有的价值功能的若干个基本元素。

一是教育的目的性。这里首先需要反思的问题是,教育到底是什么?进而需要追问的是学校教育究竟是什么?可能我们每一个人都能给出很多答案甚至还有不少精彩的解读,但是,在这些回应的背后是否真正地思考过教育与生活之间的关系?如果我们认同教育就是生活的话,那么就要考量我们教育的过程是否体现出生活的过程、生命运动的过程。强调教育的生活性其目的在于,只有把学校教育置于生活的情境下时,教育才能真正具有意义,才能体现出应有的价值。陶行知先生对教育的目的性做出了深刻的阐述,提出了"生活即教育"的著名理念:用生活来教育,为生活而教育。这不仅从方法论的角度来说明课堂教学应该尊重学生现有的经验,应该调动学生学习的潜能,而且还以目的论的视角强调教育的本身并不是目的,不能为学习而教育,为就业而教育,而应该是"为生活而教育",教育的目的在于生活。

二是教学的有效性。高职院校的课堂教学,对学生来说包括有目的的学习与训练,也包括无目的的、偶发式的"顿悟",对教师来说包括有目的的知识与技能的传授,也包括教师本身行为的示范与引领。杜威说:"一个有效的反应就是能完成一个可以看到的结果的反应。"也就是说,教师的教学行为是否积极有效,衡量的重要标志就是教师的行为是否引起了学生积极的跟进反应。教学行为如果能够产生出良性的效果的话,那就表明教学是有效的。另一方面,教学的有效性还体现在教学行为的目标与效果的实现是否合理与高效,教师的教学"成本"与学生的学习"付出"是否呈现出科学、和谐的状态。刘老师在尝试分组教学法后使得"整个训教过程是一个快乐之旅"就说明了这一切。

三是学习的自主性。学生的创造能力、学习热情、发展潜力在很大程度上取决于学生学习的自主性。分组学习就是为实现这一目的的积极的尝试。从建构主义理论来看,学生不是空着脑袋进入教室的,他们已经间接或直接积累了一些生活经验,也积攒了一些自我学习消化的能力,当然,这些个"经验"与"能力"或许还显得比较零散,在这种情形下需要教师根据学生的"最近发展区"（即学生的现有水平与学生可能发展水平两者之间的差距），通过为学生搭起梳理经验知识、启迪智慧、释放潜能、超越其现阶段最近发展区的"脚手架"，为学生发展提供必要支持，这种为学生发展提供支架式的教学形态对学生经验与能力的整合与释放起到了积极的引领作用，从而使得教师对学生的学习管理任务逐步转化到学生的自我管理，教师在课堂教学中逐步淡出对学生学习的控制。

四是管理的复杂性。有效的教学并非就是把一批学生分成了若干个小组进行教学这么简单。在刘老师的反思中也谈及到这一点。分组教学对教师来说教学难度不是降低而是增大了，原因在于学生的学习热情与学习潜能被"激活"之后，思维开始活跃起来，他们开始摆脱原来文本知识体系的约束，以积极的心态对待课堂教学，由此带来的是学生发现"问题"的能力提高，学生对教师帮助的需求量增大。另一方面，分组教学使得教师课堂教学管理由原来面对的一个大班学习团队转化为若干个小组学习团队，管理的幅度增加了，对各个小组的管理、辅导的内容与方式也发生了变化，这些对教师驾驭课堂教学能力也提出了更高的要求。上述这些因素的出现增大了课堂教学管理的复杂程度。

五是课堂的实境性。缺乏实境性的课堂教学是没有生活意义上的课堂，而缺乏耦合的课堂也就是没有生机与活力的课堂。高职教育的课堂在很大程度上应该采取"认知学徒制"的教学模式，该模式强调经验活动在学习中的重要性，并突出学习内在固有的依存于背景的、情境的和文化适应的本质，它突破了学校传统教育中的说教式教学，而普遍采用观察、交流、训练的方式将学生需要学习和掌握的知识与技能有目的地设置在实际运用的情境之中，以此提高在真实情境中解决复杂任务的能力。认知学徒制教学模式中的知识建模、技能训练、搭建脚手架、探究反思等关键环节对学校的物质条件、组织形式、教学方法、评价标准以及打通传统学校与社会边界，实现良性的互动性等方面提出了革命性的要求。

六是教师的发展性。适应信息技术革命所带来的高职教育模式的变革，对教师的专业发展乃至全面发展提出了更高的要求。波斯纳提出：教师成长＝经验＋反思，对教师来说，其经验就是要在实战中不断地学习中积累,通过比较与批判,同侪间、师生间的合作与交流而实施积极的反思。因此,对一个有进取心的教师来说,就应该以积极的心态主动适应并积极推进课堂教学管理改革,强化自我研修,提升教学管理的能力。教师发展的舞台就在学校,教师的成功也就在课堂。刘老师这次所尝试的分组教学法其立意是积极的,其精神也是值得赞赏的,尽管在分组教学法的实施过程中还存在着一些值得商榷、改进和完善的地方,但只要方向正确的,只要持之以恒地坚持下去,潜心、用心地进行教学改革,那么,假以时日,就一定会取得长足的进步。

【链接文章】

分组教学法的实践与思考

一、分组教学法

20世纪初,西方的分组教学法经日本以及其他途径先后传入中国,现代中国分组教学法的探索与改革始于1996年,2003年在中国现代教育中正式崭露头角。

分组教学法是指在班级授课的情况下,充分利用现有的教学资源,按一定的规律将学生分成若干个学习小组,通过形式多样的分享活动,充分调动学生做学习的主人,从而使学生得到全面发展的一种教学方式。

分组教学法的分组是该教学法的一种组织形式,是一种表现方法,是一种管理手段,而相互帮教、共同提高才是该教学法的精髓,分组教学体现了学生在学习中合作与竞争、探索与研究、发展与创新、分层教学与因材施教、过程和结论并重的和谐与统一。

分组教学法既吸收了合作教育、分组教学的优势,又对它们有所创新,结合当代学生的心理特点,立足于学校的实际,更进一步强调了学生的主体性、创造性、平等性和发展性,突出了可操作性。

二、计算机操作系统

计算机操作系统是计算机系统配置的最重要软件,是现代计算机系统中不可或缺的基本系统软件,在整个计算机系统软件中处于核心地位,操作系统对计算机系统资源实施管理,是所有其他软件与计算机硬件的唯一接口,所有用户在使用计算机时都要得到操作系统提供的服务。

计算机操作系统是计算机应用技术专业的一门基本技能实训课、必修课,是一门涉及较多硬件知识的计算机系统软件课程。特点是概念多、较抽象和涉及面广,其整体实现思想和技术又往往难于理解。

该课程以讲解操作系统的设计思想和技术实现手段为主线来组织教学内容,深入阐述操作系统对各类计算机软硬件资源的管理思想与方法、对各类应用程序运行过程的控制与规划、对各种人机交互机制的支撑与服务。该课程配有完整的课堂作业练习和上机实践项目,在全面剖析操作系统设计原理的同时,特别注重培养学生的动手实践能力。

通过该课程的学习,学生应理解操作系统的基本概念、基本原理、设计方法和实现技术,具有初步分析实际操作系统的能力;掌握最新常用操作系统的使用和一般管理方法,了解它是如何组织和运作的,最终培养出既懂必要理论,又有很强实际动手能力的高素质技术人才。

三、分组教学法运用在计算机操作系统教学中

高职学生大都是形象思维类型的人才,若对他们采用对抽象思维类型人才(普通高校学生)的传统教学方式教授计算机操作系统,结果是:教师上面满堂灌,学生下面打瞌睡,提问一问三不知,考试成绩一团糟。

曾经有人说,干脆不给他们开这门课算了,这显然是不行也是不对的。但一直以来,教师都很怕教这门课,学生也很不愿上这门课,尽管后来常有人来说后悔当初没学好这门课。

仔细研读过姜大源的《职业教育学研究新论》、看过拓展训练时学生的积极踊跃后,突发奇想:为何不把学生分组来学习这门课呢?!

刚开始还不敢全面铺开,只在最后一次过程考核时试行:让他

们临时自由分组(5人一组)后,以组为单位当场完成试题,以组为单位给等级分,且每组要有组名、口号。结果出乎意料的好:一个学期懒洋洋的一班人突然变得热情高涨,积极主动地分组、研讨、分工、合作、撰写,最后都交出了超常发挥的答卷,甚至有组名叫"快乐操作系统"。

既然如此,还等什么? 在下一级(07级)的计算机操作系统课程中就全面采用了分组教学法:第一节课就将学生分组,自由组合,3人一组(人数太多怕有滥竽充数者),自命组名,从此任何任务都以组为单位完成上交,也以组为单位给等级分(学生互评,教师评,同组人同一个分)。

自此,整个训教过程是一个快乐之旅:课堂作业练习答案抢答、上机实践项目问题抢答(甚至有先抢站起来夺得发言权,再由同组人找到答案的)过程考核分工合作配合默契、组间互评热火朝天。有组名:三进制(要创新)、凯尔特人(NBA迷)、中国队(超级爱国者)、猪头(三个PLMM)……过了一个学期,去北京看望奥运服务工程师时,有学生招呼我,一下想不起他是谁,他马上说:老师,鞋套(组名)啊! 啊,哈哈,原来是这个小子!

由此不但教学效果好,还培养和提高了学生与人交流、团结协作、整体作战的能力。

四、几点思考

成功的关键原因是年轻人的集体荣誉感和好胜心,且对于一个较难的学习项目,单人可能放弃,多人就有勇气去完成。

但由于是第一次实践,还有许多不足,最主要的是有个别组并没有很大的进步,究其原因可能和分组有关:自由组合并不是最佳方案。

实际上,分组的具体过程是一个综合分析每个学生能力的过程,要素有很多。比如,学习成绩、操作能力、男女比例、同学关系、学生的个人性格、人数安排、组长的选择等。

学习成绩:尽量使每个小组的学习成绩优、良、中、差的人数相当。

操作能力：尽量使每个小组的动手操作能力好、中、差的人数相当。

男女比例：每个小组的男女比例接近，即使女同学较少的专业，也尽量使每个小组有相同的女生数量。

同学关系：分组前教师要询问同学，了解同学间的关系，尽量避免有矛盾的同学分在同一个小组，虽然是少数的，但是几个同学的矛盾会影响全组的学习心情和状态。

学生的个人性格：分组中要掌握学生的性格特点，如果一个小组成员都是活泼好动爱表现，或者都是沉默寡言不擅长交流的同学，小组的活动开展就比较困难。所以，最好把性格不同的人安排在同一个小组，这样不仅在学习上有所提高，在学生的性格培养上也会有潜移默化的互补作用。

人数安排：国内外研究证实，一个学习小组的人数以 3～7 人为宜，多数人认为 5 人小组合适。为什么？首先，它已达到一定的量，因为小组的规模大些，组内可能汇集起来的知识、经验和其他信息的量也就相当大些。但并非越大越好，人数过多，就会使有些学生丧失在组内充分发表自己见解的机会，因而这种量应当是有限度的。"5人"这一数量可以同时满足上面两个条件。其次，"5"是奇数，它在客观上提供了这样的条件：小组讨论一旦处于争执不下局面的时候，从人数上自然会表现出这样或那样的倾向性，这样便于作出暂时性的结论。

组长的选择：综合成绩、操作能力、团结合作能力来考虑，不一定要最优秀，但要认真负责，具有一定的领导能力。

分组是一个模糊的过程，不可能做到完全平等，只要按上述要点尽量控制就可以了。当然，适当的时候可以做一下调整，在模糊中力求准确，这与指导教师的细心观察分不开。

虽然分组难度大，但好的开始是成功的一半，以后在分组上必须花大力气，才能更加如意。

关于课堂教学的几点思考

最近，琴岛教师成长工作室在青岛市东川路小学举行了"我与名师同上一节课"活动，东川路小学刘宝玲老师与齐鲁名师、青岛市实验小学的李玲老师同上了"两位数乘两位数（进位）"的数学研究课。两位教师所执教的课基本上属于常态课，她们没有刻意去雕琢，整个教学环节朴实、自然、流畅，教学风格虽然各异，但都较好地把握教学的基本要求，完成了教学任务。而课后互动研讨，特别是对一些焦点问题的剖析和一些不同观点的碰撞，给大家带来一些深刻的思考。

这次教学研究活动给在场的观摩教师带来的思考是：理想的课堂究竟应该是一种怎样的状态？怎样使我们的教学更加有效？下面结合这两堂课就一些问题谈一点个人的看法。

一、教学重点问题

就一节课来说，一般来讲应该只有一个重点，重点过多容易顾此失彼。确定一个重点，一个中心，有利于教学目标的完成。确定好一个重点之后，其他方面就应该围绕这个重点进行配合、辅助和服务。就好像拳击比赛那样，进攻时主要依靠主拳，而次拳则是配合主拳进行辅助进攻的一种手段。

这节课中，按照教材的要求有两个内容：一个是两位数进位的乘法运算，另一个是估算。在课后的讨论中，一些教师认为，这两个方面都是教学的重点，也就是说，估算和两位数进位乘法运算在课堂教学中应该平均用力,其理由是,估算之所以被确定为重点,这是因为它有利于学生的思维训练,让学生感受到生活中可以利用近似值来描述一些现象,同时也可以帮助学生学习两位数进位乘法运算。在这次教学研究课的实际教学处理上,一种做法是为了对两位数进位乘法运算做铺垫,通过比较近似值与准确值,让学生掌握在一些情况下可以通过估算对一些现象进行描述,并让学生感悟到求准确值的意义;而另一种做法则把这估算单独作为这节课的一个板块,没有把估算与两位数进位乘法进行衔接、比较。

在课堂具体教学情境中,因为一节课只有40分钟,由于估算占据了相当的时间,再加上其他教学环节的所用时间,真正用到两位数乘法训练的时间少了,做题量不够,题的深度、难度也就大打折扣。后来因为用时不够,带有挑战性的问题"花坛现有的灯杆需要多少灯泡"、"现有的灯泡能否够用"就没有时间完成了。所以说,教学重点的确定涉及教学流程时间的分配,学生练习的密度小了,个体体验的机会也就少了,一节课的质量的成色肯定会受到影响。

二、教材处理问题

教材应该只是一个例子,它体现了编者对教学的理解以及所要达到的意图。对不同情况的学生群体、不同教学风格与特点的教师来说,就应该在教学目标的基础上对教材进行适当的处理,使教学活动适合学情的需要。但是,现在我们出现了迷信教材的问题,这种机械套用教材的做法,使得教师教学的创造能力受到影响。

对教材的处理是与教学重点的确定密切相关的。这节课中出现了估算、两位数进位乘法运算两个教学内容,如果按照教材编写顺序,这节课就应该完成这两方面的教学任务。在教学处理过程中,要么平均用力,把这两个方面的教学任务完成,要么把估算作为过渡简单地带过。这样一来,两个内容就有可能出现因为学生实际训练、感悟少而学不透、学得不够扎实的问题。数学教学要注意教学效能与效率问题,也就是说在一节课中尽可能使每一个学生在其原有的基础上能够掌握所学的内容,能够处理并解决更多的数学问题。

从学生的认知规律来看,应该用两个课时来新授估算和两位数进位乘法运算。把教材原先混在一起的这两部分教学内容拆开,在讲授两位数进位乘法运算之前,利用一课时先讲授估算,重点开拓学生的思维,提高处理生活问题的能力,再结合进行两位数不进位的运算训练。与此同时,在运算过程中提出假若要进行准确值运算,就会出现原来不进位运算所不能解决的计算问题,为下一节课两位数进位运算设疑打下伏笔,这样就为两位数进位运算教学奠定了一个较好的基础,也可以保证有充足的教学时间。

那么,可能有的老师会问,打乱了教材结构组织教学,会不会影响教学质量?这就应该从实际出发,首先取决于教师对学科知识体系的深刻理解与执教能力,取决于教师具有一种什么样的教学观。

三、板书运用问题

板书是教师课堂教学的一项基本功。可是,现在信息技术手段引入课堂教学后,一些教师开始依赖多媒体课件,通过这种新颖的"板书"替代黑板上的板书。这样就会出现一些新的问题。比如,课件上教学设计的有关内容是教师自己事先预设的,不能涵盖课堂上的所有内容,一些课堂上出现的生成性资源需要通过板书来辅助教学。另一方面,从主客观上来看,由于忽视教师教学基本功的要求,单纯地为了追求课堂时间进度的效率,而忽视了学生有效学习的效率,将口头"板书"替代了书写板书,学生长期在"说"、"听"的教学环境下进行学习,而缺少"视"的影像学习环境,使学生学习的成效受到影响。在实际教学中,教师大量的教学过程并不是每节课都能利用多媒体课件,这时板书的作用是很大的。我们知道,有效的教学活动是有规律可循的,其中,板书在强调重点知识内容、提示关键环节、剖析错误原因、归纳梳理知识、及时处理生成性问题等方面具有不可替代的作用,具有即时性、针对性等特性,利用得好就会极大促进课堂教学的有效性。

板书在教学过程中的运用,可以事先准备,如多媒体课件、小黑板、手抄报等,也可以在教学过程中即兴发挥,一般来说,板书可以集中书写在黑板上的某个区域,以便结束课之前小结时使用,并且方便学生记笔记。

板书的运用没有统一的规定,这需要教师根据教学需要进行灵活设计与运用,但是,有一条非常重要,那就是教师应该有板书意识,在需要出手的时候就应该出手。

我们所反对的是"满堂灌"式的板书,反对那种让学生来抄写老师的板书内容、禁锢学生的思维的做法。但是,也不能矫枉过正。我们常常可以发现,有的教师整堂课没有一处板书,所谓的"板书"在师生"说"的互动中完成。其实,从另一个角度看,教师之所以不愿意板书,表面上看是在追求讲课的效率,实际上是在"偷懒",最终影响了教学效果。

四、错误资源问题

错误资源的利用也是启发与训练孩子们的"发现"意识与能力的需要。这两位教师在教学过程中都注意到了这一点,她们将学生课堂练习中出现的问题及时进行剖析、纠错,启发学生对做错题的原因进行查找、发现、总结,找到出现错误的原因,这种"反衬式"教学往往会起到积极的效果,不仅增强了学生对正确知识与技能的理解,同时还提高了学生自学的能力。

教师引导学生找到出现错误的原因后,需要找到预防的手段与措施,刘宝玲老师通过将两个因数颠倒顺序进行乘法演算,一方面增加了一次两位数的乘法运算,另一方面让学生掌握验证的方法。

在教学中,一些教师往往忽略利用课堂上出现的错误资源,说明教师缺乏这方面的意识。同时,教师还需要有利用错误资源的能力。教师只有对教材内容有深刻的把握,对所教的知识点的核心以及其所特有的规律心知肚明,才能有效地利用错误资源。

当然,我们应该尽可能地通过有效的教学减少学生出错,让更多的学生掌握知识,不能通过采取大面积的机械重复训练,让学生掌握运算的技巧,这种现象在小学教学中是常见的。值得注意的是,一些教师不是通过让学生掌握学习的方法,总结规律,举一反三,提高自学的能力,而是进行大面积的机械训练,认为只有这样才能"熟能生巧"。当然,可能学生的认知情况各不相同,有些学生需要"举三反一",但是,就整体而言,就"举三反一"也需要在适当的重复过程中让学生体验出一些规律,掌握学习的方法,这样才能提高学生学习的能力。

五、关注学生问题

新课程实施以来,教师头脑中的学生意识开始增强了,很多教师都能表达出一些关注学生主体地位的理念,并在课堂教学中注意与学生的交流互动、发挥学生的主体地位。但是,在很多课堂上,忽视学生主体地位的现象还是屡见不鲜。比如,学生回答问题后,教师不能及时示意学生坐下,有时学生站着听课长达好几分钟;学生在做作业时的姿势不对,教师往往视而不见;学生学习当中出现的问题不去及时帮助纠正等等。在这堂课中,当李玲老师发现有的学生在做题时姿势不正确时,马上提醒学生注意用眼卫生。在课堂习题练习阶段,李玲老师还一直在关注一个屡屡出错的学生,不断地启发、帮助这个学生,让他在反复练习与体验中摸索规律,当这个学生终于做对一道题时,李老师马上给他机会让他展示。我们可以想象,当这个学生终于有机会证明自己时,此时此刻,他的心情会是多么的愉悦,说不定从此就会唤醒他那久违的学习热情,树立起"我能行"的信心。

关注学生就是对学生生命的尊重。多一点生命意识,我们就会多一些感动,多一份热爱,同时也就多一份感恩,这个感恩是一种职业的幸福感的回报。

六、情境设置问题

为有效地完成课堂教学过程中旧知复习、新课导入、新授知识、课堂练习等教学需要,李玲老师巧妙地利用了2007年李沧区徐水路小学代表队参加全国头脑奥林匹克创意大赛的素材,在教学设计中,将大赛中所涉及的时间、人员、造价等相关数字信息编成教学所需要的数字乘法运算题并运用到各教学环节中。在教学的最后环节中,李玲老师将她所编写的9道由浅入深的练习题让学生来做,在这当中,李玲老师有意识地设置了"同学们是否想知道究竟是哪个代表队获得了冠军"的这么一个情境悬念,利用学生们求知欲强的心理,激发了他们的学习兴趣,调动了他们学习的主动性,让学生在愉悦的环境中,掌握两位数进位乘法的运算规律,提高了运算的速度和正确率。

我觉得,这个情境设置的创意是这节课最出彩的地方,不仅体现出李玲老师的教育理念,而且还展示出她的名师风范。独具匠心的教学设计,体现了优秀教师关注学生、认真敬业的思想品质,达到了教学目的。归纳起来至少有两个方面值得我们学习、借鉴和反思。

首先,教师应该是精神培育的实施者。教师不能单纯是知识的传授者,在教学的过程中还应该起到育人的作用。课程改革的三维目标中有在教育教学过程中落实"情感、态度、价值观"的问题,这就需要引导孩子在课堂学习的过程中去体验和感悟。这个目的在这节课达到了。当孩子们做完最后一道题,从多媒体课件中看到获得冠军的是李沧区徐水路小学的时候,全班那种不约而同的赞叹声已经说明了一切。这种发生在学生周围的实例更具有教育意义,它使得这些学生明白:尽管在客观上李沧区的办学环境与条件相对薄弱些,但只要努力也可以取得成功。这种无痕的教育让孩子在掌握知识的同时受到了教育,增强了自信心。

其次,教师应该具有追求卓越的精神动力。教师的职业特点决定着其应该具有这样的品质,可以想象,一个精神萎靡的教师所带来的课堂将是一种什么样的状况。追求卓越,就要求教师具有学习意识和学习能力。而我们一些教师对此没有深刻的认识,认为自己大学毕业,经过了专门的专业训练,具备了学习的意识与能力,实际上还是"武大郎开店"。李玲老师给我们带来的启示就是要善于积累,善于发现,善于思考。从表面上看,准备这堂课时她"碰巧"发现了与李沧区小学有关的例子,但这看似偶然的背后却有着必然的联系,那就是李玲老师的有心和用心,这种执著精神已经成为她生活的一部分,成为她思维与行动的习惯,这就是一个优秀教师所带给我们的一种精神。

总之,课堂教学所涉及的问题是方方面面的,需要我们在教学过程中不断地潜心研究。就教学过程来说,它是一个动态的过程,看似落实在课堂上的40分钟,其实,在教学组织实施前的教学设计(也就是现在的备课)以及课后的教学情况反馈(作业批改、考试、学生交流与答疑等)、教师反思等,都是教学的环节,应该放得再宽泛些。教师在一学期、一学年中,甚至在其整个教学生涯中都应该是研究教学的状态,都在"备课",同时,教师本身也在不断地学习,不断地积累,不断地进步,不断地发展。我常说,教师所在的学校,教师的岗位就是教师发展的学校,在这个平台上,教师在工作中生活,在生活中进步。也就是说,教师生活、工作的每一天都在进步,只不过每一个人发展的幅度不同而已。因此,在教师这个团队里,只要你用心、有心,取得成功的几率就会更大些。

(刊载于《师资建设》2007年第6期)

【跟帖】

发表人:清水竹

3月28日,覃川先生在青岛东川路小学的关于课堂教学的8点建议,简短精练,已经给我们留下深刻的印象,没想到先生又细细地铺展开来,结合自己的教学经验非常详细地注解,足见先生一片真诚炽热的教育之心,我们愈发感动了。仔细读来,字字珠玑,值得我们每位教师去研读。教育质量的提高在老师,老师教学质量的提高在课堂。学习先生对课堂教学如此细致的雕琢研究之心,方能真正感受到教育的艺术之妙,教之道重在有心、用心之间。感谢先生如此的真诚!

发表人:幸福的东川人

读到覃川先生的《关于课堂教学的几点思考》之时,距"我与名师同上一节课"的数学专场教研活动的结束已有些时日。因此,作为一名在一线的教育工作者,与先生相比,真是汗颜。及时的思考,是我们自叹不如的!

当然,同时震撼我们的,还有覃川先生活动感言中的几个观点。特别是对"教师板书的作用"和"建议教师向李玲老师学习的两点"的阐述,真的是让本人受益匪浅。

对现在的青年教师在课堂教学中忽视板书的用心设计,甚至用课件代替板书的做法,我们也是极不提倡,相信先生的一番阐述能给大家一些启示。我们更赞同"教师应该具有追求卓越的精神动力"的这一观点。现在的教师缺乏自我学习、自我发展的需求,更不用说像李玲老师那样用心积累,不断提高自己,把"教师"这一职业当作自己的事业来追求。所以,我们感谢琴岛工作室无私奉献的老师们,更感谢给我们启示的覃川先生。

发表人:玫瑰

3月28日,我也参加了琴岛教师成长工作室组织的"我与名师同上一节课"活动,这次活动对我触动最大的一点就是齐鲁名师李玲对教材的处理,我们平日都说教师应该创造性地使用教材,但是如何创造?怎样才算是创造?李玲老师用自己课堂教学的现身说法,使在座的教师茅塞顿开。

美国教育学家杜威对教材的使用也有一些深刻而合理的分析,他从自己的经验主义出发,认为教材要能被孩子所接受,就必须心理化,必须变为直接的个人的体验。杜威认为,教材具有"两极性"特征。一极是教师,代表着一定的教学目的和教学结果,另一极则是,代表起点和未知。对于教师来说,主要任务不是纯粹知识体系有没有完全讲述,而要重点考虑如何使教材与学生的生活、行为和经验相结合,怎样使教材内容变成孩子经验的一部分,怎样利用现实生活中与教材有关的情境因素,或者亲自设计和提供这样的情境,让孩子获得知识,并让他们从教材中获得适当的指导。杜威的观点对我们如何使用教材具有现实的启发意义,值得我们每一个教师认真思考!

发表人:007

作为一名从教多年的老教师,读了覃川老师的这篇活动感言我很有同感。

3 月 28 日,我也参加了这次"我与名师同上一节课"活动,琴岛教师成长工作室通过这种两位教师同上一节课的形式,使我们在座的听课教师很直观地看到不同老师对教材的处理、对教学内容的设计、对课堂气氛的调控等教育教学基本理念方面的差异,使听课教师深受启发。有比较才能有鉴别,这种上课形式及讲课结束后的互动点评环节,使在座的听课教师受到很大的震动,也从中学会了怎样去评价一堂课。

什么样的课才是一堂好课?一堂好课的标准是什么?什么是用教材教?什么是教教材?相信通过这次活动每个老师在内心都找到了自己的答案。

记得有人说过这样一句话:认真做事只能把事做对,用心做事才能把事做好。愿每一位教师都能做一名教育教学的有心人!

发表人:无病斋主人

覃川先生的这篇文章,值得我们每个老师都认真地读一读。文章涉及教学工作的许多方面,给我们每个从事基础教育的老师以启发和提醒。当一个老师,理所当然地就要上课,既然是上课,就想力求上好,上得让学生满意、家长赞扬、同行佩服、领导高兴。但实际上,有许多老师的课是不能令人满意的。这就要学习。这次,工作室组织了这样一次教学活动,让刘宝玲老师和李玲老师同上一堂课,就给大家很好的教育。原来课可以这样上!老师们对于这两位老师的课发表了各种评论,很好!而覃川先生的文章,则是给这次活动以精准的点评,使我们受益匪浅。作者以严谨的态度、求实的作风、崭新的理念,论述了当前教育的许多问题,值得我们认真阅读和思考。

简单的背后并不简单

　　《真想变成大大的荷叶》是苏教版小学二年级课文中收录的一篇儿童散文诗。当看到这篇课文时我首先想到的问题是：这节课是否好教呢？简单明了的课文，是否能够教出智慧、生成火花呢？我问过一些教师，她们的回答是：这篇课文内容简单，学生好理解。

　　情况果真如此吗？

　　当我观摩了几堂课堂教学，看到一些教师的教学实录后，我个人的感觉是：这并非是一个简单、好教的课文。

　　其实，简单的背后并不简单。

　　一是，在于究竟应该体现出一个什么样的教育观、学生观的问题。因为，有什么样的观点，就有什么样的教育思想与教学设计。比如，把这首诗定位于童趣的生活、好玩，透视孩子们的心理来设计教学，这也是一种教学的目的。如果把这首诗定位于歌唱、欣赏、感悟生活的话，则又是另一种教育思想与教学设计。

　　二是，这又是一首儿童散文诗，属于自由体诗的一种。诗歌的特点是含蓄、形象，需要通过想象来品味。作为小学二年级的学生他们是否能够理解这首诗的思想内涵呢？可能有人会说，小学生因受年龄的限制，不能把课讲得过深，否则，就会出现拔苗助长的问题。可是，根据课堂上的所见所闻，学生们所表达出对这首诗的理解、想象以及生成的火花，让我们有耳目一新的感觉，这些可以从所提供的一些课堂教学实录中可见一斑。

一节课究竟应该给学生带来些什么？目标是什么？重点又是什么？工具性与思想人文性是什么？

我个人认为，语文教学中应该注意以下几点：

1. 双基问题，如字词、写作、阅读、交流、表达、思维训练、想象等；

2. 人文问题，如情感、态度、价值观、生命教育等。

当然，实现上述两个问题需要通过有效的媒介来实现。

就《真想变成大大的荷叶》这篇课文来说，首先应该确定教学的主题与教学的重点。笔者认为，这篇课文教学应该通过歌唱生活，赞美生活，向往生活，享受生活，通过体验、感受、联想、感悟，达到一种美好的意境，最终落脚在对和谐、生态、美好生活的向往以及关爱、奉献精神的提倡上。也就是说，和谐社会的你、我、他，相互间的关爱，彼此间的依存享受，美好生活的传递，这些，最后体现在"荷叶"上：荷叶是幸福的，因为它在奉献的同时也在享受生活。

需要注意的是，教师应该设想到教学目标的定位，但在具体教学处理的时候，要根据儿童的接受特点与能力，运用儿童所接受的特点进行有效的教学，不能出现口号式、标签式、朦胧式的语言与要求，有些只要达到意会即可，有些则需要通过浅显、生动的例子和语言来表达。

关于对这节课文本的解读与教学设计，我认为应该把握以下几个方面。

一、题目解读问题

就《真想变成大大的荷叶》的教学来说，一些教师在教学过程中常常出现的问题有两个方面：

一是没有关注到课文的题目，因而也就不能设计一些有价值的问题。

二是即便关注到了题目，同时也提出了一些有价值的问题，如教师通过与学生对话提出如下问题："看到这个题目想到了什么？""为何变成大大的荷叶？""是谁变成大大的荷叶？""还想变成些什么？"等问题，但因教师缺乏对文本的深度理解和有效的教学设计从而使教学质量大打折扣。

解读文本的题目，应该考虑以下几个方面：

首先,要考虑的是谁想变成荷叶? 尽管在题目中没有直接写出"我"来,但"我"却已隐含在题目中了,而且从课文中很容易知道是"我"要变成,这样强调目的就是把话语权交给学生,激发学生的主动参与意识。

其次,这个"我"是实体意义上的"我"吗? 因为是拟人的写法,对一些小学生来说在理解上恐怕有些难度,因此需要教师进行必要的、启蒙般的"基础性"铺垫。

第三,为什么要变成荷叶呢? 变成荷叶有什么好处呢? 这里有些什么样的向往呢? 其实,荷叶的背后大有文章可做,可以读出很多意味深长的内涵来。这些,需要教师进行启发式引领。

第四,为什么要变成"大大"的荷叶呢? 其实,这是一种心境、胸怀的变化与追求,也反映出对生活的一种追求。这也为后面的学习留出思考的空间,埋下呼应的伏笔。

第五,真想变成的"真"表达了作者的一种什么样的情感呢? 这又会给学生以怎样的一种情感呢? 这一点需要教师在教学过程中进行激发与启迪。

教师在具体的教学活动中还应该注意上述这些教学"点"的和谐与统一。教师对题目中的"真"、"我"、"变成"、"大大"、"荷叶"的关注点与重点的不同,就可以有不同的教学重点与方向。

对课文题目的研究与解读不仅是教学的需要,也是引导学生如何学习,如何抓住眼球、抓住文章的"眼"的需要,这也是基础训练、强化阅读的一个重要的语文教学环节。

我个人认为,"荷叶"是这篇课文的关键词、重点词,无论是题目中的前缀词还是诗歌前部分的段落描写都是一些铺垫。应该围绕着荷叶来进行深度的教学,让学生通过学习把握并体味出荷叶背后的寓意。

二、问题预设与引领

问题的预设与引领除从题目中引伸出来外,还应该关注文本中的重点词句。如这首诗中反复出现的"变"和最后的"变成",尽管有一字之差,但是内涵却是不一样的。"变"在这首诗中的使用,表达的是正在进行、发生的一种状态,也是一种要准备、计划中的一种想象,表达的是在选择、在向往、在预设,而"变成"则是一种完成的准备状态,这也表现出作者的心理准备已经成熟,已经作出了决定,已经从多种选择中确定了的目标,而且,这还包括经过思考上升到的一种"我已经准备好了"的状态。因此,关于"变"与"变成"就可以设置出一些引发学生思考的问题来。

三、段落语句的分析

解读还应该关注文本的细节。

1. 体验与感悟。"我想变透明的雨滴,睡在一片绿叶上",在讲述这个地方时,教师会问学生:小雨滴是什么样子,像什么。学生回答:像钻石一样透明。然后,教师又让学生再读,企图让学生通过多读把意境表现出来。这种理想化的处理方式因缺少引导学生回顾已有的生活观察与体验,没有通过追问让学生想象出小雨滴"睡得舒适"的感受而显得不够自然与真实。假若,在教师的引导下,学生能够体验出微风中小雨滴在绿叶上滚动、在绿叶那颤悠悠的"依托"下的感受的话,是否可以让学生从内心里感受到和谐、快乐、惬意之感呢?

2. 对比与反差。对比与反差的运用可以增强视觉、联想的效应。诗中有"我想变一条小鱼,游入清凌凌的小河"这样的句子,如果单从正面引导、从字面去理解的话,所达到的教学目的与理解的深度上就比较浅显,也就不会强化学生对环境的爱护的意识。教师可以这样设计问题:假若面对的是浑浊的小河,小鱼会怎样呢? 还会游入吗? 这样的提问可以让学生通过对比,强化对美好的感受,同时也暗含对环保、生态的要求。

3. 段落层次分析。《真想变成大大的荷叶》中的第二、第三、第四自然段,分别通过由浅入深的想象诉说,展示出不同层面的境界、内心感受、美好期待。这是这首小诗的难点。因为,在些段落里装载了很丰富的内容,可以品味出很多东西来。这不仅应从孤立的段落里来理解,而且还应该从几个段落中联系起来理解。

从用词上看,第二自然段的"睡在"、"游入",这是一种比较平淡的向往和期待,有幸福、舒适之感,但程度还是一般的,是一种比较平的感受;到了第三自然段,就出现了"穿梭"(跳舞)、"歌唱",这种向往与期待里就有了快乐的追求，是一种动感、惬意、活泼的快乐，在层面上出现了高位的追求；第四自然段，向往、期待被"眨眼的"星星、"弯弯的"新月，提升到一个新的境界：幸福、快乐的感受由地面上升到了天空，呈现出的是一个立体化的空间，心胸也变得更开阔了，这也是从"自我"开始转向"他我"的一种铺垫，不仅关注自己的享受，而且也在关注别人了，这也就是为什么在作者的眼里荷塘是那样"小小的"，而自己则想变成的是"大大的"荷叶。诗到这里，点了诗歌的题，感受到的是一种亲情、友情、爱的一种心境。由小小的到大大的，所表达的是爱与和谐的情感，暗示着一种人性的真诚与关怀。

再有，作者的视角也在由点到面、由面到点地过渡，也在由小变大、由大到小地变化，但是，前面与后面的变化却有质的不同。"雨滴睡在一片绿叶"到小鱼游进小河，蝴蝶在花丛中穿梭到蝈蝈在歌唱，前者是由绿叶拓展到小河，这里发生了范围大小的变化，而且是由静到动；蝴蝶的"穿梭"进而又到小鱼的"游入"，不仅范围变化了，而且运动的自由程度更高了，还有一种效果的描述，都是在动，但动的内涵却发生了质的变化。不仅这些雨滴、小鱼、蝴蝶、蝈蝈运动的形态发生了变化，而且还有了情感的表达：蝈蝈要歌唱了。这些，就是作者的思想情感上发生的变化。可是，这些变化如何让学生来通过这些进行角色扮演后来进行分享呢？

之后，又有了小小的荷塘与大大的荷叶的反差的比较。在作者眼里，为什么出现荷塘的"小"与荷叶的"大"呢？歌唱新生活的心境，享受新生活的向往，感受新生活的追求，这一切都是前面铺垫后所呈现出来的。看似"小"与"大"的不对称，可是，这里的语境与语义却是深刻的。

这几段描写，我们还可以从一个剧本的全景来看待。从开始的铺垫，到中间阶段的过渡，再到最后的高潮，情感享受也由开始的"平稳"到"动感"再到"升华"，最后达到"真想变成大大的荷叶"的高潮。

最后一个段落是高潮之后对为什么真想变成大大的"荷叶"进行诠释。也是在说"我"变成荷叶后，将要做些什么。通过这种拟人化的表达，要告诉学生，我们应该怎样去生活，怎样去关爱，怎样去奉献，怎样去做人，同时，在省略号的后面让学生进一步去回味、去思考：或许，还可以为自然界、为社会、为人类做更多的事情，或许在这个的同时，还会有其他享受生活的快乐表达。

在处理这个教学时段时出现的一个问题是,"荷叶很快乐,因为它在奉献,所以作者真想变成大大的荷叶"是一些教师的总结语,是教师"替"学生说出来的。这个问题的出现是缘于教师的问题设置。由于没有设置相关的问题或者问题设置得不够恰当或者教师引领得不够得当,造成学生没有思考问题的机会或者在思考问题时出现了偏差,当然也就没有自然表露的机会,最后只有教师"亲历亲为"了。

四、其他的一些问题

教学设计中所需要关注的问题还有很多,现在就其他几个方面的问题再进行讨论。

1. 课文教学的深浅程度需要准确把握。对低年级学生来说,课文分析、理解以及对课文一些描述、表达形式方面到底是讲"深"好还是讲"浅"好呢? 这些在语文教学界一直存在着不同的意见。有一些观点认为,低年级的学生不要讲得太深,不能拔苗助长,因此,就在文本深度的把握上就轻避重。另一方面,一些重人文思想性的观点认为,语文教学就应该体现出深度,于是乎,便在文本的深度挖掘上大做文章,由于出现了不恰当的引导方式,很容易出现"贴标签"式的、不自然的东西。

我个人认为,这两个方面都应该注意。首先强调的一点是,我们所面对的学生群体不能是一个标准化流水线的"产品生产",所"制造"出来的"产品"不可能都是一模一样的,作为有思想、有生命的人来说,差异存在是永恒的。世界上有两片同样的叶子吗? 世界上有两个思想一样的人吗? 尽管现在出现了"克隆"技术,出现了形式上的一样,可是思维却没有相同,思维基因并没有被同化。表达这样一个观点是让我们承认这样一个事实: 每一个生命体在接受外界事物时,其对需求的反应与接受程度是不同的,因而在最后所呈现出来的因"接受"而产生出来的"效果"也是不同的。

低年级理解诗歌中所表达的内涵是比较难的。但是,不能因为难就放弃或者降低要求。这里有几个层面的问题需要讨论。一是基础知识。这里需要对抽象事物与具体事物之间的衔接有一些比喻、拟人等语文基础知识与技巧,需要教师创设这样的环境帮助学生来理解。关于"夯实学生基础"问题,我认为不能比作高楼大厦般的地基,因为那是没有生命力的地基,而应比作树的根基,因为树在根基不断的攀伸下才能长成参天大树来,这样的根基就是具有生命力的"基础"。二是学生经验。特别是信息高速公路的建立,学生获取知识与信息的渠道呈现了多元化。三是,创新思维。创新人才首先应该具有创新思维,而创新思维训练与形成应该从小抓起,通过包括诗歌在内的学习与训练平台来实现。四是,恰当表达。通过低年级学生容易接受的方式,或者直接或者间接地让学生感悟到、体验到所学的知识,不能用成人化的语言与思维方式去生硬地进行灌输,应该把大道理变成小道理,应该把抽象变为直观,应该把直接变成间接。

可是,从一些教师的教学过程中看,他们并没有把文本分析透彻,引领学生所表达的仅仅是快乐、幸福的信息。这种狭窄的、苍白的引导缺乏对这首诗厚重的理解与体验,更谈不上拓展后的深刻意义了。

2. 细节的分析与启发。课堂教学中常常可以看到一些教师为了"请君入瓮"所出现的"牵引"的痕迹:如本文教学中,教师在启发学生"为什么喜欢荷叶"?学生答道"下雨时荷叶可以挡风遮雨,还可以防晒","荷叶像个舞台,雨点可以在上面跳舞、唱歌"……此时,学生已经把自己装扮成小鱼、小鸟、青蛙、雨点、蜻蜓等等,可是,这些怎样才能内化成学生的心声和情感呢? 这些教师的做法是在"牵引"学生,是在让学生来揣摸教师的"标准答案"。学生的回答则是缺乏生活的、机械式的空泛表面化的话语。其实,教师这时需要的不是牵引而是对话,是心灵的交融,假若教师没有进入这种语境中,自然就不会有生命体之间的和谐交流。就"荷叶像个舞台,可以在上面跳舞、唱歌"这个教学点来说,教师可以追问学生:怎样才能体验出在荷叶上跳舞、唱歌的形态呢? "雨打芭蕉"的音乐感觉是什么呢? 雨滴在荷叶上的"跳跃"在生活观察中是可以看到和听到的,这种在荷叶上跳跃的雨滴,雨滴在荷叶上"叭嗒、叭嗒"的敲打声音,不就是一种实境化的舞美想象吗? 这不仅是开启学生已有的生活知识宝藏,同时也是在引导学生如何将知识学习与生活观察进行有机结合。因此,诗歌美感的体验教学问题需要精心设计与实施。

(网名:郝焰)

发表人:东川小苎

可以看出,郝老师是一个对文字极其敏感的老师,对文字的理解能力让我们这些语文老师惭愧。记得有位老师曾多次提醒我备课时一定要钻研教材，我以前总认为只要把课文读熟，能够找出课文重难点即可，可是我却忽视了学生除了需要语文的工具性，更需要人文性的熏陶，而对文本精雕细琢的解读，就是为了让文章的人文性更好地体现。对教材淋漓尽致的挖掘，会让学生感受到情感上的愉悦，这一点毋庸置疑，但最重要的是老师要通过什么样的教学方法和设计，把教师对于教材的理解和感受，让学生也感受到。

发表人：cyjmm

读过之后最多的是感想！如此认真有条理的教学设计，实在很令人欣赏！这本身就体现着一种教学态度，我们就应该学习这种一丝不苟的精神，假如每一堂课都能这样准备，相信学生们会学得开心而满足！

语文老师不单单是讲述，更应该让学生从学中悟，陶冶学生的情操，教师要注意引导，让学生发挥主体作用！

谢谢郝老师的文章！我学到了很多！

发表人：guangshui 阳

读了郝老师对文章的分析、解剖，我想我们都是受益匪浅的。对于教中年级的我，品读着郝老师的文章的时候，首先改变了自己的一个错误的想法：低年级的文章不要求理解、分析。没想到，低年级的课文也是大有学问的，并不像我们想象的那样浅显易懂。

郝老师在文章中提到了"对低年级学生来说，课文分析、理解以及对课文一些描述、表达形式方面到底是讲'深'好还是讲'浅'好呢"这样一问题，并且自己也做了阐述。我在想，我们中年级作为一个向高年级过渡的阶段，同样也遇到了这一问题。在专家老师的指导和帮助下，我们基本上能够根据自己学生的特点把握"深"与"浅"的度，当然，这也不是绝对的，有时候针对不同的文本要有不同的要求，深浅亦有变化。就这篇二年级的课文《真想变成大大的荷叶》来说，我个人是这样认为的，有不当之处敬请老师们批评指正。

一、课题的处理。二年级的学生应该初步具备了预习课文的能力。如果按常态课来预设的话，我想课题的引入就不应该是"请君入瓮"式的假质疑——看到课题你想到了什么／你有什么问题吗……那样可能从一开始就让学生的学习热情大打折扣，开门见山地提出"夏天到了，如果可以的话，你想变成什么"之类的问题，直奔文章的主题。

二、课件的使用。在文章附的教案中可以看到，老师们习惯于直观地出示图片让学生感受、表达心情，这对于二年级的孩子是很容易理解的。但是，语文是一门工具性与人文性相统一的学科，应该重视"情感"的熏染，而且这篇课文正好也是一首儿童诗，符合二年级孩子的心理特点，应该说也是易于孩子们理解的，像怎样理解"我想变透明的雨滴，睡在一片绿叶上；我想变一条小鱼，游入清凌凌的小河。我想变一只蝴蝶，在花丛中穿梭；我想变一只蝈蝈，歌唱我们的生活"，老师往往习惯于先让学生说说，再出示相应的图片。这样的理解方式非常适合低年级的孩子，但是我想，语文是一门工具性与人文性相统一的学科，注重人文性，是不是应该注重孩子的感性理解，而不是定义式的学会、知道。

三、拓展延伸。老师比较愿意让学生通过说说、画画、写写来继续学后的延伸，这样的方式学生乐于接受。就这篇课文而言，我比较倾向于仿写最后一小节写写春秋冬你"真想变成——"，因为与其让学生再绕回原处"我想变——"的基础层面的想象，不如让他们有写写其他季节的自己的想法，而且这样一来还对应了课题，进行了深层次的仿写。

以上纯属鄙人的一孔之见，敬请老师们指正。

发表人：崂山—雅君

我也曾在沙子口小学听过这一堂课，老师讲得十分精彩，通过学生的想象、朗读最后理解课文，在我看来老师的问题设计、语言的组织和衔接都恰到好处，但是再看了郝老师的分析之后，觉得自己在听完每一堂课之后都应该多思考，在思考中发现，在发现中创新！从郝老师对文本的解读与研究足可以看出他是多么的用心，值得我学习！

发表人：cygy

好精辟的课文分析！佩服郝老师严谨研究教学的态度，自己虽然不教授语文这门综合科目，但是看了这么精辟的课文分析与教学设计，自己也受益匪浅，的确，思维不同，讲课的角度不同，我们引领给学生的道路也不同，解读正确的题目，找到正确的思路，传授正确的思维，抓住关键,扣住细节。无论怎样,教师吃透这篇文章,备好课,才可以出色地完成三维目标。

一篇简单的文章也有其蕴含的意义,要有一双善于发现的眼睛,一颗善于感受的心,不可轻视站在面前的问题,因为简单的背后其实并不简单。

发表人:广水

读了郝老师这篇长长的文章,我们有许多的感悟。郝老师对文本的理解,对题目的解读,对教学方法的研究,对学生的了解……都折射出郝老师对语文教学的潜心研究。这样的老师,上语文课学生一定会陶醉,因为老师对课文的挖掘已经淋漓尽致。郝老师,我们佩服您!

附1:课文

《真想变成大大的荷叶》

夏天来了,
夏天是位小姐姐。
她热情地问我:想变点什么?

我想变透明的雨滴,
睡在一片绿叶上;
我想变一条小鱼,
游入清凌凌的小河。

我想变一只蝴蝶,
在花丛中穿梭;
我想变一只蝈蝈,
歌唱我们的生活。

我想变眨眼的星星,
我想变弯弯的新月,

最后，

我看见小小的荷塘，

真想变成大大的荷叶。

荷叶像一柄大伞，

静静地在荷塘举着。

小鱼来了，

在荷叶下嬉戏，

雨点来了，

在荷叶上唱歌……

附2：一组网上下载的教学设计

（一）
《真想变成大大的荷叶》教学设计

教学目标：

1. 通过课文的朗读感悟，激发学生对美好大自然的向往，体会、亲近大自然。培养、增强学生的环保意识。

2. 能正确、流利、有感情地朗读课文，背诵课文。

3. 由读而感，由感而发，模仿诗歌的形式，说说写写。

教材分析：

根据"语标"二年级阅读的目标要求，我将本课时的教学重点、难点定为：

通过对课文的朗读感悟，激发学生对大自然的热爱，让学生充分发挥想象，由感而发，真情表露。

这是一首儿童诗，展现了孩子们在夏天的美好遐想，洋溢着浓浓的童真童趣。这首诗由第一节起，一步一步铺陈孩子的遐想，于遐想中又透出对于大自然的向往和心灵的美好，读来合情合理，易于引发学生的共鸣，教师应从整体出发，适时点拨，启发激活学生的内心世界，在教学中教师不用自己的感受代替学生的感受，采用多种方法诱导学生把自己对诗句的感受读出来,发自内心,溢于言表。

教学过程:

一、创设情境,复习导入

1. 今天,老师给大家带来了一部特殊的小电影,只要小朋友们闭上眼睛,认真倾听,发挥想象,你就能看到精彩的画面。(播放有关夏天的音乐:雷声、雨声、蛙鸣、蝉叫……)你看到了什么? 听到了什么?

2. 课件显示"夏天小姐姐"的形象及有关学生词,问:"你认识吗? 会读吗? 谁来试试?"

二、精读训练

1. 指导读第一节:

a. 课件显示第一节内容,指名读;

b. 引导学生读出"热情";

c. 指名试读"想变点儿什么?";

d. 齐读第一节。

过渡:变什么呢? 你想好了吗? 这个小朋友是怎么想的?

(让学生自读2～5节,整体感知。)

2. 指导读第二部分:

过渡:小朋友,你最想变成什么? 把有关诗句读给同桌听听。

(1)雨滴

a. 指名读出文中诗句(板书:雨滴)。

b. 让学生回忆,想象"透明的雨滴"是什么样的,"雨滴"落在"一片绿叶"上是什么样子。

c.(课件显示图)学生欣赏"雨滴绿叶"图,想一想,透明的雨滴睡在绿叶上心里会怎么想? 再指名说说。

(2)小鱼

a. "小鱼"在"清凌凌"的小河中游动又是什么样子? 让学生读读、说说,教师适时点拨。

b.(课件显示动画)学生欣赏"小鱼水中游",想象、体会鱼儿的心情。

c. "你也想快乐地游一游吗?"(课件播放音乐)学生在教师的带领下有序地、快乐地做"鱼儿游"的动作。

d.进一步启发学生想象,启发激活学生内心世界,说说自己心里的想法。"当你看到这些,你会怎么想呀?"学生交流,指名说说。

e.指名读第二节,生评,再指名读;表演读(自由地加上动作)。

过渡:一转眼,我又想变了,变成什么呢?

(3)蝴蝶、蝈蝈

a.自由读一读,边读边想象,蝴蝶在花丛中飞舞的样子,仿佛听到蝈蝈欢快地歌唱。

b."如果你也是一只蝴蝶,你最想做的是什么?"发挥想象,让学生说自己所想,指读文中有关诗句。

c.(课件显示图像)学生欣赏画面,理解"穿梭",交流感受。

d."你见过蝈蝈吗?它怎么唱歌?"让学生说一说,学一学。(课件显示:蝈蝈唱歌图)"猜猜,我变成蝈蝈会唱些什么歌?"学生说歌名,唱一唱,体验快乐。

e.指名表演,读——齐读。

过渡:夏天的夜晚也是如此迷人,夜空更是令人向往!

(4)月亮、星星

a."看到这样的夜空,你最想做什么?"让学生遐想夜空,说想法。

b.轻声自读诗句。

c.过渡:想变的东西太多了,如果你是这位小朋友,你还想变什么?让学生自由与同学说说。

(5)荷叶

a.当我看到小小的荷塘时,为什么我想变成大大的荷叶?请大家读读第五节。

b.读了这一节有什么不懂的地方?质疑,解疑。

c.读第5节。

3.小结,齐读全诗,感受美好心愿,体会快乐心情。

三、延伸活动(说说,写写)

1."夏天(春天、秋天、冬天)来了,你想变成什么?"(课件显示说话要求)让学生按诗中的句式进行说话。(自由说——指名说)。

2.把所说的写在白纸上,再配上美丽的画,让学生完成自己的一首小诗,可在小组中互相传阅、交流、投影显示。

四、总结,渗透环保教育

在大自然的怀抱中,我们多么快乐!可是,许多河流中再也见不到嬉戏的鱼儿,有些地方再也听不到鸟儿的歌声,你知道为什么?（让学生说一说,适时显示,环境被破坏的图片）我们该怎么做?（学生讨论交流）相信我们每个小朋友能从身边的小事做起,保护环境,保护我们共同的家园。

（二）
《真想变成大大的荷叶》教学设计

教学目标:

1.通过课文的朗读感悟,激发学生对美好大自然的向往,体会、亲近大自然。培养、增强学生的环保意识。

2.能正确、流利、有感情地朗读课文,背诵课文。

3.由读而感,有感而发,模仿诗歌的形式,说说写写画画。

教学重点、难点:

通过对课文的朗读感悟,激发学生对大自然的热爱,让学生充分发挥想象,有感而发,真情表露。

教学过程:

一、激趣导入

1.师:小朋友们,上课前黄老师要和大家玩个游戏。游戏叫"我会猜",你们想玩吗?

师:好,请大家闭上眼睛,竖起耳朵,仔细听。（播放音响:雷声、雨声、青蛙声、知了叫声）

师:告诉老师你听到了什么? 又好像看到了什么?

师:你能根据这些声音猜出这是个什么季节吗?

2.师:喜欢夏天吗? 为什么?

3.师:有一个小朋友也非常喜欢夏天。当夏天小姐姐热情地问他,想变点什么,他说,他想变成——谁还记得? 今天我们要继续学习21

课,课文的题目是(全班齐读):真想变成大大的荷叶。

二、精读课文,读中感悟

1. 师:同学们,如果你就是文中的小朋友,你想变成什么? 你喜欢变成什么,就把写它的句子找出来大声读读。

2. 学习第二小节

雨滴

(1)小朋友,今天老师发现我们班有好多小雨滴,不信的话,是小雨滴的举个手。哪颗小雨滴给大家介绍一下自己。给大家说说你是什么样的? 你在干什么?

(2)(教师展示多媒体:雨滴图)瞧,绿叶多像摇篮,她摇呀摇,小雨滴睡着了,小雨滴们,你做什么美梦了呀? 来,告诉你的朋友们吧?(生述)

(3)指导朗读

多舒服的小雨滴呀,你来给大家读读这句话?

多快乐的小雨滴呀,你也来快乐地读读。

多可爱的小雨滴呀,你也读读这句话。

还有想变小雨滴的同学吗? 咱们也高兴地读读这句话。

小鱼

(1)小雨滴睡得真香呀! 连小鱼游来了她都不知道,

(课件显示动画)看,他们游入清凌凌的小河中,如果你就是这条小鱼儿,心情怎样? 把你们快乐的心情读出来。

(2)"你们想快乐地游一游吗?"(课件播放音乐)来,咱们一边游,一边快乐地读读这句话。学生在教师的带领下有序地、快乐地做"鱼儿游"的动作。

(3)真是一群快乐的鱼儿,现在女生们请坐下,你们就是那可爱的小雨滴,男生们还是这群快乐的小鱼,咱们一起边演边读第二节。

三、学习第三小节

1. 太棒了,真是个迷人的夏天,看,蝴蝶姑娘在花丛中跳起了舞,蝈蝈先生也唱起了歌。(课件显示图像)你们想变成他们吗? 老师请小朋友们在小组中边演边读第三小节。待会儿黄老师要瞧瞧,哪只蝴蝶飞得最美,哪只蝈蝈的歌声最动听。

2. 蝴蝶

（1）想变成蝴蝶的咱们飞起来,能边飞边说说自己在干什么吗?

（2）老师发现这两只蝴蝶舞跳得特别美,我们请他在花丛中穿梭,好吗? 咱们就是花丛,来,蝴蝶姑娘飞起来(边飞边读)!

（3）看了他们的表演,你们明白什么是穿梭了吗?

（4）指名回答,跟读"穿梭"。

3. 蝈蝈

（1）蝴蝶在跳舞,蝈蝈在干什么? 蝈蝈们,你们都唱了那一首歌呀?

（2）会唱的咱们跟着唱起来。

（3）我听出来了,这是一群快乐的蝈蝈。蝈蝈们,你们能把这快乐的心情读出来吗? 哪只蝈蝈试试? 还有想试一试的吗?

（4）现在让我们一起变成蝈蝈先生,快乐地读读这句话。

（5）嗯,美极了,如果老师邀请蝴蝶姑娘和蝈蝈先生一起读读这句话,你们愿意吗? 咱们可以边演边读。

4. 夏夜

（1）夏天这么美,原来是有了你们呀! 但你们知道吗,夏夜的天空更迷人。

（2）课件出示:告诉老师,你们在天空中看见了什么呀?

（3）这时候,你最想说什么?

（4）师引读:我想说,我想变——,我想变——。

5. 我最想变什么呢? （荷叶）

过渡:看来,我想变的东西可真不少:

我想变——

（1）可是当我看到小小的荷塘时,以前的想法都变了,这时,我最想变的是——（大大的荷叶）为什么我想变成大大的荷叶了呢? 请大家读读第五自然段。（边读边思考）

（2）指名回答

（3）师小结:可爱的小池塘长满了绿绿的荷叶,开满了美丽的荷花,那荷叶静静地举着像一柄柄大伞,小鱼在下面做着游戏,雨点在荷叶上唱着歌,多快乐呀!

（4）看这儿有一个省略号,什么意思呢? 谁来告诉一下老师? 还有谁会来呢? 大家在小组里说说。

（5）同学们的想象力可真丰富啊,老师真佩服你们。这时的池塘里到处都是快乐,最快乐的是谁呀? 你知道为什么吗?

小结:是的,大大的荷叶不仅自己美丽,更重要的是他给别人带来了无穷的快乐。难怪,我最想——（变成大大的荷叶）

下面,让我们也一起来享受荷叶给我们带来的快乐吧!

四、美读课文

1. 夏天的小池塘真美呀,听,热情的夏天小姐姐在说——听课文录音。

2. 许多小朋友也想跟着夏天小姐姐美美地读课文是吗? 老师请同学们自己先在自己的位置边演边读,一会儿我要瞧瞧,谁读得最棒。

3. 准备好了吗? 我要把这朵荷花送给读得最好的同学。

4. 时间过得真快,夏天姐姐要和大家说再见了,可有一个问题她一直想问大家:夏天来了,你想变成什么呢? 请大家拿出作业纸,把你想好的填在横线上,开始吧!（出示课件:夏天来了,我想变——）

5. 哪个小诗人愿意读读自己的作品?

6. 如果把大家写的凑起来,就是一首美丽的夏天的诗,咱们来读读看。

五、总结全文、布置作业

总结:是呀,夏天,大自然是如此的美丽,在大自然的怀抱中,我们生活得多么快乐。小朋友,课后用你的眼睛去观察大自然,用你的嘴去赞美大自然,用你的手去画去写大自然,更让我们用一颗爱心去呵护大自然,好吗?

课堂教学细节与有效教学

——某小学课堂观摩札记

2月19日，我在一所小学分别观摩了英语、数学和语文三堂常态课。下面，我将听课时的一些感悟整理出来，与同行进行交流。

英语课：课堂细节蕴含教育智慧

王老师为4年级6班上的英语课是《Don't play here》。这节课总体感觉是，教学组织比较流畅，教学仪态比较放松，语言表达也比较干脆利索，较好地完成了教学任务，看得出，王爽是一个有潜质的教师。但是，从教学过程来看，她存在的主要问题是对教育内涵的理解还不够到位，在如何关注教育对象，关注课堂教育细节等方面还需要进一步地钻研。

下面就王爽老师课堂教学中的一些细节做一探讨。

1. "口令热身"，进行情绪调动，时间大约为一分钟。

这种热身活动有时是需要的，但是不能每次都这样重复地做，需要变化。需要围绕提高学生学习的兴趣、让学生在游戏中掌握英语知识。但带来的风险是：过度的游戏活动在学生心理上产生过度的松弛，以至于学生在做完活动后投入学习的精力不能迅速地集中起来；另外一个风险是，活动的内容与教学需要之间的直接相关度低，仅仅是就活动而活动，或者是活动的内容与形式千篇一律，使学生处于机械应付状态。

2. 放课件，把这节课的主要内容进行展示，目的在进行口语、听力的示范。之后，学生进行句型练习：Don't feed the duck.（替换练习：pig、dog等）

是否还应该有更多的单词替换？是否将一些学生表达出来的单词写出来，让其他学生也学习到这些以前没有学过的单词，因为此时学生的注意力是相对集中的，这是扩大词汇量的机会，同时对提供单词的同学也是一种肯定与褒奖。这样也是激发学生有意识积累词汇的途径。在课堂教学中常见的情况是，当学生回答出没有学过的单词时，教师一般是肯定或者口头复述一下，但是，这样的效果一般不够好。利用板书，通过视觉系统，就可以强化对这个单词的记忆，当然也可以让其他同学将这个单词标记在书上。教师应该有这种意识，其实这背后还是教学思想的问题，涉及教学资源利用、主体地位发挥、激励手段实施等。

3. 句型：Don't walk on the grass. 让一个学生用这种句型造句。王老师领着学生反复读 glass，与 grass 进行比较。

英语单词的练习问题似乎没有被重视。这节课只有两个单词，一个是 grass，另一个是 silence，但因教学设计的原因，silence 这个单词在教学实施中被忽视了，没有有意识地让学生去记忆。单词是英语学习的基础，词汇的掌握需要"日积月累"。就这节课而言，可以采取组织学生互查等方式，当堂检查是否掌握这两个单词，做到"日清日毕"。

4. 进入句型"Don't play here"的练习。此处安排的情境是看图说话。王老师在教学过程中似乎在从学生的回答中寻找着标准答案。然而，在这之前，有几个同学用了没有学过的单词把图中的一些场景表达出来了，但由于王老师认为学生表达得尽管正确，但不是这节课的要求（图中情境中所涉及的一些单词学生在课文中没有学过），因此，也就没有过多地去关注，直到同学答完所设计的句子为止。

学生正确地表达出教学设计以外的句型，应该予以鼓励。对学生来说，这种鼓励能够激发出他们学习的兴趣和热情。另外一个方面，这是课堂生成的资源，应该分享、辐射到其他学生身上，为此，教师可以放慢速度复述发言同学的回答，或者通过板书这些个句子，让全体学生学会这些句子的表达，掌握书本以外的知识，拓展学生的词汇。课堂生成性资源如果能有效地利用，就能提高学生主动学习的积极性，进而促进学生去探究、了解、掌握那些带有"挑战性"的知识。因此，教师应该抓住学生此时的心理状态而灵活应变。

5. 王老师通过一组句子集中训练学生的口头表达能力。但是王老师很少关注那些没有举手的学生,同时,也包括一些一直在举手的同学。

教师要关注每一个学生。让学生回答问题的目的是什么?不是以与学生对答案为目的,而是以检测学生掌握所学知识为目的。试想,那些长期得不到或很少得到老师的"获准"回答问题的学生,他们以后的学习热情还能坚持到多久?教师要对那些没有举手的学生多多地予以关注,不主动举手发言,说明学生要么不会,要么已经掌握,教师应该调度学生积极踊跃发言,或者记住这些学生,利用全体朗读、做题等机会了解这些学生的学习情况。

6. 王老师让学生同位之间进行互说句型"Don't…"的练习。这是一种好的做法,发挥了学生团队之间自我学习、自我评价的作用,可惜类似的做法在整节课里只用到了一次。

7. 王老师让学生随课件进行判断正误,练习听力。此时出现了几位学生答错的问题。王老师的处理方式是,让其他的同学予以纠正,然后再问出错的学生会了没有。

学生在回答提问时出现错误怎么办?对于错误资源,一些教师往往为了执行课堂教学的流程而不去关注。一些典型的"错误资源"教师应该利用好,这可以给全体同学以警示并起到了强化概念、规则的作用。学生出现的错误应该作为教学问题,从问题出发组织教学体现了"做中学"的教育理念。

8. 学生互相讨论阶段,王老师走到学生中间听讨论。但在这之前,她几乎一直在电脑桌、讲台旁边来回走动。

教师在课堂教学过程中怎样将走下讲台成为一种职业习惯,对学校管理来说的确是一件头痛的事情,新课程改革已经进行多年了,为什么在示范课、公开课时能够注意到,但在常态课中就"忘"了呢?这是思维定势,还是习惯势力和传统文化呢?看来内化成为教师文化的自觉,形成一种自觉的意识任重而道远。一些教师离开讲台就不会讲课,这是什么原因呢?需要进行研究。但至少对一些教师而言,是因为他们的底气不足,因为在讲台上,可以借助于教案等资料,还可以保持着"师爷"的威严。教师应该是课程,教师应该是一本书,教师应该是牵引、唤醒的一股力量。当然,教师哪天能够离开讲台将自己置身于学生之中，自己能启迪出学生的智能与潜力的话，那么，这位教师离教学大师就更近了一步。可悲的是，现在多媒体极端化的滥用，对教师固守讲台起到了推波助澜的作用。他们愈来愈多地依赖多媒体进行"电灌"，似乎给学生创设了美妙逼真的、死的、固化了的"情景"，但却忽略了发生在、存在于教室里或者是学生感受到的真实的、活生生的"情境"。再精美的画面仍旧替代不了原生态的东西。教师对信息化课件的盲目依赖与束缚，再加上高成本（财力、时间、物力、精力等）课件制作与使用的过度，使得教学思想、教学设计出现异化，辅助手段与教学本源出现本末倒置。

9. 巡视之后，王老师让一组学生（4人）上讲台发表他们的意见，之后又让与这一组表达不同的另一组上台发表意见。之后就转入下一个教学环节。

这个好的创意点让团队有了向其他同学展示学习成果的机会。问题是如何选择团队来进行展示。我觉得应该让那些没有发言的学生通过团队的方式到讲台前，给他们表现的机会，尽管可能这个小组的回答与前面重复。这样做对那些不敢发言甚至学习成绩不太好的学生来说也是一种鼓励或激励，至少让他们感觉到老师对他们的关注和信任（当然不要将这种方式演化为一种消极的评价）。

10. 课堂练习阶段，王老师在进行巡视，但并没有俯下身子关注学生，似乎在等待学生何时才能做完题，教师在把握着课堂教学的时间进度。一两分钟后，王老师进行了提问（这时，教师开始意识到叫那些没有发过言的同学）。提问结束后，王老师问：全对的同学请举手（先后问了2次，其间，有几位学生没有举手）。

这种发问的目的是什么？是一种考量大多数同学是否已经掌握所学的知识的流程？如果是这样的话，那些学业上有问题学生怎么办？他们的错在哪里？他们为何出错？面对这种情况，教师是否可以临时策划在后面的教学中有意识地去了解学生出错的问题和原因，进而有针对性地予以帮助？"为了每一个学生，一切为了学生"不是口号而应该是行动，这是提高整体质量的关键，这也是"以生为本"教育观的体现。要让学生成为他自己，要让学生找到在学校期间发展学习的"位置"，教师就应该对学生不弃不离，就应该更多地关注学生，让学生尽可能多地学懂、学会一些,帮助学生树立起学习的信心和兴趣,这样做才是对学生的真正关怀。

数学课:课堂教学要关注错误资源

张老师为小学6年级4班讲授的是《百分数的应用教学》一课。在这堂课中,张老师通过小黑板这个教具进行辅助教学,较好地完成了教学任务。存在的主要不足:一是如何抓住学生课堂练习中出现的问题,及时进行有针对性的分析和纠正,强化正确的概念与运算方式;二是如何精讲多练,因材施教地面对全体学生,调动学生主动思维的积极性。

具体表现在以下几方面:

1.课堂上,张老师简单导入后进入了计算应用环节,让学生动笔进行计算练习。

教师尽管在巡视,但对学生计算练习的情况关注不够,没有有意识、有目的、有针对性地去发现学生的问题。在课堂教学中,教师的一项重要任务是发现并利用典型错误案例,而不是对做题进度的掌控。

2.学生做完题后,张老师找几个学生口头回答是如何"列式子"的问题。

对一节数学课来说,口头表达应该适度、少量地使用。假若这种方式成为一种教与学的习惯的话,那么对学生的能力提高来说将是一种隐患。数学思维模型的建立、数学逻辑能力培养、数学运算能力提高不是通过口头表达来实现的。新课程实施以来出现了一种矫枉过正的倾向:为了体现课堂上的师生"互动",为了体现课堂的民主,为了锻炼学生的口头表达,或者是为了追求教学的效率(注意:快了不一定就有扎实、好的效果,对教学来说,对培养学生来说,应该追求的是效益或效能而不是效率),一些学校、一些教师就在课堂上让学生以口答代替笔答运算,结果往往出现的问题是,懂了不一定会,会了不一定对,学生真正进行数学运算解答时往往出现一些逻辑思维上的混乱和一些低级错误(或者说是错误的思维和习惯)造成数学学习上的困难或是在考试实战中不能得到高分的现象,这种一听讲就懂、一做题就错的毛病似乎成了一种难解的"顽疾"。小学的数学启蒙教育对学生今后学好数学、培养好的学习习惯是非常重要的。对数学来说,它的互动性在于思维的互动与启迪以及将思维通过逻辑表达出来而不是口头的对话交流。

3. 在进行第二次练习时,有一个学生回答是: $102=\frac{1}{50} \times 102+X$,针对这个错误问题,教师让一个学生回答说是单位1错了,然后教师又强调了应该"单位1"问题,就匆匆结束进入下一个流程了。

作为方程应用的计算为什么要强调"单位1"呢?这种剖析学生是否真正理解呢?以后遇到类似的应用题,是否因为掌握了"单位1"就能做正确题呢?对于方程应用题来说,应该把着眼点放在帮助学生在处理应用题时能够建立起等量关系的数学模型上来。为此,教师可以针对这个"生成性"的错误资源,从帮助学生找到建立等量关系的规律的角度出发予以纠正。"做中学"在很大程度上就是基于错误资源的利用,在于从问题出发,发现问题、解决问题。从另外一个方面来思考,教师的教学活动不能仅仅局限于课程标准、大纲的要求,也就是说,不能机械地成为教学实施计划的"机械手",要有对生成性问题资源进行整合、拓展、利用的意识。需要注意的是,对小学高年级的数学教学来说,应该引导学生从算术到设未知数列方程转化,在建立等量关系的数学模型时不要简单、表面化地去强调"单位1"的概念,要让学生"知其然并知所以然",为学生小学到初中的数学学习做好衔接方面的准备。

4. 在学生回答的式子中有一个学生是这样表达的: $102-\frac{1}{50} X=X$,教师没有给予积极的肯定,只是强调 X 应该在等号的同一边。

其实,这种方法也应予以肯定和鼓励。数学运算应该鼓励从不同角度来思考,倡导多元化的运算思维,没有必要一定要按照某种事先规定好的"范式"来进行书写表达。就这个表达而言,这属于方程式中的"移项"问题。由此所想到的是,学生思维的启迪需要教师给予充分的注意。一些教师往往出现的问题是"好心做错事",也就是说,生怕学生不会,进行机械的题海训练,在这种按"规定动作"的计算练习过程中,学生的思维没有了,特别是在解答有难度的数学题时,那种较为持久的耐力没有了,那种多个角度研究问题的能力没有了,甚至于原本属于自己的特点的思维方式也被扭曲得不伦不类,形成了对他人的过度依赖。

5. 这节课是9:20开始上课,授课内容到9:56,此时还剩下4分钟的时间,这时张老师开始布置做书上的2道练习,很多学生因为时间不够没有做完。

数学课教学应该体现出"精讲多练"的原则。从这节课来看,尽管在例题讲解中有学生练习的安排,但是课堂上学生用于做题的实际时间大概在 10 分钟以内,大约有 25 分钟教师在讲解,有 5 分钟在提问学生。

语文课:从情趣教育走向人文教育

刘老师为 6 年级 1 班讲授了语文课《山中杂记》。刘老师在这堂课中,教学设计准备得较充分,教学仪态自然、热情,注意在情感上与学生的沟通、对话和交流,评价及时到位,注重聚焦课堂教学中心内容,着力启迪学生的思维,教学的基本功比较扎实。需要注意的是,在对文本的挖掘方面还需要进一步加大深度,对文本教学流程设计方面还需要精到。应该注意教学细节和教学资源的关注与利用,进一步重视"双基"教学。作为有潜力的青年教师,应该把目标定得高位一些,增强批判性思维的意识,从简单的"情趣教育"中走出来,从教育的本原上来对教育现象与教育问题进行深度的探索与实践。

1. 课堂导入:

师:冰心奶奶大家很熟悉吧? 我们学过她的什么文章?

生:《易读书》。

师:这是冰心奶奶在 89 岁高龄写的。还有哪些?

生:《小橘灯》。

师:有她的书吗?

生:家里有她的《春水》、散文集。

(以上大约用时 3 分钟)

导入的目的是什么? 怎样增强导入与教学的相关度呢? 从与刘老师的交流中得知,是因为要落实教学要求的需要,即让学生掌握作者的一些基本情况。从严格意义上来说,这种单纯落实教学要求的做法不是这篇课文的最佳导入方式,因为离着文本比较远。时间是有限的,仅这个板块就耗时 3 分钟,再加上后面对冰心了解的有关重复性的设计(耗时大约在 1 分钟),在 40 分钟一节课的时间比例上就显得不够恰当。因此,要有节省时间的意识,用好每一分钟。至于对作者人物了解的教学要求,可以通过其他途径事先来完成,或者在这篇课文结束之前有时间时再来讲述。就这节课而言,本文的导入可以开门见山,直奔主题,时间控制在 1 分钟之内为宜。

2. 安排学生领读生词、成语。教师纠正发音:偷卵捉雏、温驯、拨弄、吃嚼、瞥见。

教师对这几个词如何写应该有意识地进行引导,让学生说掌握这几个字的结构与笔顺问题,同时加上必要的书写训练。需要注意的是,生字练习不能仅仅靠说笔画来掌握。比如,老师问,蹒跚是什么意思?学生回答,老人、小孩走路的样子。此时,学生是否真的体味到蹒跚的意思? 是否有感触? 此处可以让学生进行模拟体验式表演,感受小鸟蹒跚的样子,为后面小鸟的描写做铺垫。作为教师应该有意识地利用学生自身的资源创设教学情境,尽管这些情境显得是那样原始,缺少修饰性的包装(如多媒体课件的烘托),但是这种原生态的情境更具有真实、朴素、自然之感,给学生一种可信与信服。再比如,老师问,怎样理解幕天席地? 学生回答,把幕当成天,把席比作地,形容心胸宽广……为何文中用“幕天席地的生涯”呢? 我的理解是,这不仅是表达人的心胸宽广的意思,而且还有与自然和谐共存的生活意识与习惯,一种亲善、友善,对生命的珍视(以小鸟出壳的过程来衬托),因此,在教学中不能简单地就文本教文本,还应注意文本内涵的挖掘与延伸。语文教学的一个很重要的功能就是要启发和引导学生善于联想。

3. 师:文中作者与谁发生了什么事情?

生:与小动物发生的趣事。

师:是哪些小动物?

生:马、狗、猫、鸟、虫。

师:在叙述时的写作手法上有何不同?

生:描写动物。(学生出现答非所问的现象)

师:老师没有发现这个问题,说明同学们观察细致。(之后,便出现学生冷场的情况。因为教师的意图是要学生回答详略得当,重点描写小鸟。结果因为问题提出得不够准确,所以导致学生答非所问。)

师:是平均用力写的吗? (教师为了“启发”学生答出教师所要的答案,便进行“请君入瓮”式的提问,在暗示学生。)

生:用了大篇幅来描写鸟。(这时学生明白了老师的意图,也基本上符合老师的要求。)

在这段师生交流的教学流程中,出现了一系列需要研究、商榷的问题。首先,刘老师的提问是不够精准的。不应该问"写作手法有什么不同",而应问这篇文章的结构上有什么特点,或者直接问在描写动物时作者重点写的是什么? 其次,对于学生回答中"从大到小"的问题,老师应该进行追问——为何这样写? 把话语权交给学生,同时隐含了这样的一个悬念:作者为何要详细写鸟呢? 为什么不写马、不写猫呢? 可惜的是,刘老师对这个"生成性"问题没有进行"小题大做"。我觉得,应该在这个地方"做文章",因为,学生提出的这个问题是有文章可做的一个"点"。老师可以进一步启发学生进行一系列问题的思考:(1)为何不重点写马、也不重点写小虫子,也就是说为什么不写最大的动物,也没写最小的动物? 这里可以启发学生进行多维的联想。(2)为何又没有重点写猫以及其他动物呢? (3)为什么要写鸟呢? 是因为与鸟相伴的时间最长、观察得最多的缘故,还是作者从鸟家庭的观察、相处过程中在心灵中引起了"家"的共鸣呢? 在语文教学过程中,我们应该带给学生一些什么样的东西呢? 我一直认为应该是人文性与工具性的统一。作为教师应该通过自己的教学实践来启迪学生的思维,让他们能从纷杂的信息中迅速捕捉到主要信息,同时培养他们善于发现的意识与能力,而做到这一点的关键是如何提高学生的阅读理解能力。阅读理解能力是语文学习的基本问题,教师应该构筑大语文的观念,增强自己的文化底蕴,深度地、独特地理解文本,这样就不至于出现文本解读不到位的情况。

4. 师:下面读描写鸟的这两段,哪些方面体现出对鸟的喜爱?

生:第一段中"连眼珠都不敢动"。

刘老师的意思是试图让学生读出感受来。也就是说,应该让学生读出连"大气都不敢出"、屏住呼吸等感觉来,以达到怕惊扰小鸟,或者是观察小鸟都入了迷,聚精会神、品味与欣赏等目的。与此同时,教师再结合文章,让学生把这些点说出来,让学生有多维的语言表达。这样做的一个重要的目的就是让学生的作文有话可说,创造作文训练的环境与机会。从实施的效果来看,这个目的似乎没有达到,因为在教学设计时没有有意识这样去准备。

另外一位学生在读这段时表现得很一般,不论是语气还是情感等,都显得那么的苍白,还是没有读出味道与意境来。刘老师让学生坐下开始进入下一个流程。

这时,教师应该抓住这些问题进行示范性启发,或教师范读,或者其他同学范读,或者播放录音。总之,就是让学生从内心来感受,以达到情感上的共鸣。需要注意的一点是,要让学生进入情境,教师首先自己应该入戏。只有真正从内心有经过体验而产生出来的那种"真"的东西,才能使得教学流程运行得自然和生动。

5. 刘老师让学生读"我们幕天席地的生涯之中,和小鸟最相亲爱"这段课文,然后问学生:读了这段后你有哪些感受?

生:我们应该换位思考,可以看出作者对鸟的喜爱。她崇尚自由、自然。

师:作者崇尚自然与自由,给对方以尊严、快乐。

刘老师能够抓住这位学生的深层次的回答予以强调式的重述,是一亮点的举动,刘老师的点评也很到位。其实,这段还有小鸟的家庭概念,可惜的是刘老师没有引导性地拓展下去。

6. 师:这是作者在美国养病期间写的文章,她当时心中想了些什么?

生:想到祖国、亲人,与父母在一起的岁月,还有那些快乐的朋友。

师:仅仅是快乐的朋友吗?那些发生过争吵的朋友也在此时被宽容。因为冰心的心胸是宽广的。

这个地方显得突兀,不自然,缺少铺垫。这个地方是否可以让学生来说而不是由老师"亲历亲为"?这样的处理是不是效果更好些呢?可以做一些尝试性的设计:譬如,让学生读一下作者和猫相处的那一段,感受一下如何与不喜欢的动物(人)相处?例如,小猫的描写可以启发学生:为什么从害怕、拒绝到喜爱?生活中是否也有类似的情形?从开始拒绝到接受,从被伤害过后担心再被伤害到成为朋友的事情呢?有了这些铺垫再过渡到宽容的方面是否更能内化为学生的一种博爱意识呢?

7. 师:身处他乡的时候,可能出现一些不顺心的事,此时心里最容易出现憔悴、焦虑,孤独。

此处为何老师要自己讲出来,而不让学生讲出来呢?如果让学生试图感受到离别之苦，感受到漂泊之苦，感受到寂寥、孤独之苦，以此来引导学生珍惜家庭的友善、亲情、父母之爱等，教学效果会怎样呢？我在想，在课堂教学中教师有时候还真得扮演"哑巴"的角色。

另外，老师还应该再进一步地启发学生：作者除了爱护动物、具有博大的胸怀以外，为何要把动物当成朋友？这是一个需要挖掘、深化的问题，可以通过互动交流与分享，让学生以作者的身份，体味一下身处异国他乡没有亲朋好友，只有与动物相处来消除苦闷、寂寞的心情，从而准确理解作者那种对祖国、亲人强烈思念的心境，同时，还可以强化一种"惜缘"、"珍惜"的情感等。

小　结

由这三节课所想到的几个问题：

1.时间与效能。教师在课堂教学中要具有"惜时如金"的意识，用好每一分钟，努力提高单元课堂的教学效益。重要的不是追求速度而是注意效果。

2.密度与深度。实验小学的教学密度、深度应该加大，因为名校就应该不同于其他一般的学校。为此，在制度上可以做一些规定，如每一节课都要有课程标准、普适性教学设计以外的具有一定深度的教学内容，为学生日后的"厚积薄发"奠定基础。

3.教师与学生。这两个主体地位在学校教育中的角色应该再进一步厘清。这两个角色都需要得到"解放"，当然，解放的内涵是不同的。要关注学生潜能的发挥问题，同时也要关注教师的创造力问题，这需要系统的思考和精细化的谋划。

4.研修与发展。教师的研修应该是高层面的，教师的发展也应该是高品位的。教师要补上人文素养、教育理论研究的课。教师在研修与发展方面，不要仅局限在微观的、具体化的层面上研究与实践，还应该从"标"中跳出来进入"本"里，否则在低水平里重复最终还是低水平。

【链接文章】

《山中杂记》

拔草喂马是第一乐事。看着这庞然大物，温驯地磨动它的松软的大口和齐整的大牙，在你手中吃嚼青草的时候，你觉得它有说不尽的妩媚。

每日山后牛棚，拉着满车的牛乳罐的那匹斑白大马，我每日喂它。乳车停住了，驾车人往厨房里搬运牛乳，我便慢慢地过去。在我跪伏在樱花底下，拔那十样锦的叶子的时候，它便侧转那狭长而良善的脸来看我，表示它的欢迎与等待。我们渐渐熟识了。远远地看见我，它便抬起头来。我相信我离开之后，它虽不会说话，它必每日地怀念我。

还有就是小狗了。那只棕色的，在和我生分的时候，曾经吓过我。那一天雪中游山，出其不意在山顶遇见它。它追着我狂吠不止，我吓得走不动。它看我吓怔了，才住了吠，得了胜利似的，垂尾下山而去。我看它走了，一口气跑了回来。一夜没有睡好，心脉每分钟跳到一百一十五下。

女伴告诉我，它是最可爱的狗，从来不咬人的。以后再遇见它，我先呼唤它的名字，它竟摇尾走了过来。自后每次我游山，它总是前前后后地跟着走。山林中雪深的时候，光景很冷清。它总算助了我不少的胆子。此外还有一只小黑狗，尤其跳荡可爱。一只小白狗，也很驯良。

我从来不十分爱猫。因为小猫很带狡猾的样子，又喜欢抓人。医院中有一只小黄猫，在我进院的第二天早起刚开了门，它已从门隙钻进来，一跃到我床上，悄悄地便伏在我的怀前，眼睛慢慢地闭上，很安稳地便要睡着。我最怕小猫睡着时呼吸的声音！我想推它，又怕它抓我。那几天我心里又难过，因此愈加焦躁。幸而护士不久便进来！我皱眉叫她抱出这小猫去。

以后我渐渐地也爱它了。它并不抓人。当它仰卧在草地上，用前面两只小爪，拨弄着玫瑰花叶，自惊自跳的时候，我觉得它充满了活泼和欢悦。

小鸟是怎样的玲珑娇小呵！在北京城里，我只看见老鸦和麻雀。有时也看见啄木鸟。在此却是雪未化尽，鸟儿已成群地来了。最先的便是青鸟。西方人以青鸟为快乐的象征，我看最恰当不过，因为青鸟的鸣声中，婉转地报着春的消息。

知更雀的红胸，在雪地上，草地上站着，都极其鲜明。小蜂雀更小到无可苗条，从花梢飞过的时候，竟要比花还小。我在山亭中有时抬头瞥见，只屏息静立，连眼珠都不敢动。我似乎恐怕将这弱不禁风的小仙子惊走了。

此外还有许多毛羽鲜丽的小鸟，早起朝日未出，已满山满谷地响起了它们轻美的歌声。在朦胧的晓风之中，倚枕倾听，使人心魂俱静。春是鸟的世界，"以鸟鸣春"和"春眠不觉晓，处处闻啼鸟"这两句话，我如今彻底地领略过了！

我们幕天席地的生涯之中，和小鸟最相亲爱。玫瑰和丁香丛中，更有青鸟和知更雀的巢。那巢都是筑得极低，一伸手便可触到。我常常去探望小鸟的家庭，而我却从不做偷卵捉雏等等破坏它们家庭幸福的事。我想到我自己不过是暂时离家，我的母亲和父亲已是这样牵挂。假如我被人捉去，关在笼里，永远不得回来，我的父亲母亲岂不心碎？我爱自己，也爱雏鸟；我爱我的双亲，我也爱雏鸟的双亲。

而且是怎样有趣的事，你看小鸟破壳出来，很黄的小口，毛羽也很稀疏，觉得很丑。它们又极其贪吃，终日张口在巢里啾啾地叫，累得它们的母亲飞去飞回地忙碌。渐渐地长大了，它们的母亲领它们飞到地上。它们的毛羽很蓬松，两只小腿蹒跚地走，看去比它们的母亲还肥大。它们很傻的样子，茫然地只跟着母亲乱跳。母亲偶然啄得了一条小虫，它们便纷然地过去，啾啾地争着吃。早起母亲教给它们歌唱，母亲的声音极婉转，它们的声音，却很憨涩。这几天来，它们已完全地会飞了，会唱了，也知道自己觅食，不再累它们的母亲了。前天我去探望它们时，这些雏鸟已不在巢里，它们已筑起新的巢了，在离它们的父母的巢不远的枝上。它们常常来看它们的父母的。

还有虫儿也是可爱的。藕荷色的小蝴蝶，背着圆壳的小蜗牛，嗡嗡的蜜蜂，甚至于水里每夜乱唱的青蛙，在花丛中闪烁的萤虫，都是极温柔，极其孩子气的。你若爱它们，它们也爱你，因为它们都喜爱小孩子。大人们太忙，没有工夫和它们玩。

由简笔画"老师眼中的学校"所想到的

什么是学校？学校在教师心中究竟是什么样子？这似乎是个非常简单的问题。可是，就是这个看似简单的问题却并不简单。

我曾经和一些学校的教师交流过，让他们通过简笔画的形式描述一下自己心中学校的样子。他们当中有的是小学教师，也有的是初中教师、高中教师；有教学上的业务骨干，也有刚从师范院校毕业的新教师。然而，在这些老师所完成的简笔画中，大多数对学校的描述是现代化的高楼大厦，绿树成荫的校园，宽敞明亮的教室，塑胶跑道的运动场，映入人们眼帘的是一些空空荡荡的校舍，唯独不见教师和学生。

那么，学校中的人到哪去了呢？

当我向这些老师询问这个问题时，他们大都不好意思地说："忘画了"。

我看到这些简笔画并听到老师的回答后在想，"学生是学校的主人"、"教师应该为学生服务"这些耳熟能详的口号为什么在这些简笔画中却体现不出来了呢？这看似是一时的"疏忽"，把教师和学生这对构成学校的最基本的"元素"给"忘"画了，可是，这言与行不一致的背后，从一个侧面体现出一些教师的教育理念，反映出他们对学校、对学校教育的理解。

不久前，我与加盟"琴岛教师成长工作室"的4位小学教师就"老师眼中的学校"进行了交流。在交流的开始时，和往常一样，我还是要求她们先独立完成简笔画的任务。

令我惊讶的是,她们好像达成默契般的对学校内涵的把握是那么的"不约而同"。

《牵手》

青岛广水路小学　杨瑞玉

《开放》

青岛东川路小学　刘燕

《跑道》

青岛东川路小学　刘明环

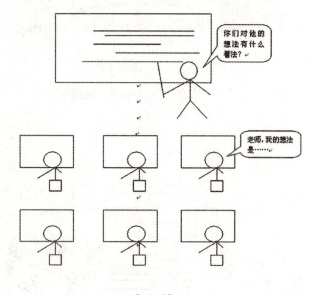

《对话》

青岛东川路小学　王霞

　　这是四幅充满个性和寓意的简笔画,展示出她们对学校功能的正确理解,对教育真谛的深刻把握。尽管这些简笔画从不同侧面对学校进行了描述,但是,一个核心的问题却把握得非常到位,那就是学校里有人！而且这个人就是教师与学生这一对完整的学校人物主体。在学校,正是有了教师、学生这对学校"主角"的存在,才使得学校的校园里因有了生命的存在而显得充满活力,充满灵性。

在杨瑞玉老师的画中,抓人眼球的并不是风景如画的校舍,而是一对师生。尽管她们在整个画面中的位置并不怎么显眼,可是,细细琢磨起来却耐人寻味:一个扎着羊角辫的孩子和老师手拉着手一起走进学堂。此时此刻,这个孩子该是多么幸福的啊! 看到这幅画时,我便以《牵手》作为这幅画的题目,表达出人间的那种真善美的情感,那份对生命的珍视。我想,当身为人父、人母的朋友在看到自己的孩子和老师手牵手步入学校的一刹那,那份感动、那份愉悦肯定是溢于言表的。

刘燕老师画的是一所没有围墙的学校,有着这种对学校的想象则显示出对教育的一种深刻的理解。它拓展了学校的时空,昭示了对教育真谛的一种追求。《开放》这幅画告诉人们:学校不应该是封闭的而应该是开放的,学校给孩子们所搭建的成长的平台不能只局限于学校这个物化了的空间,课堂教学的过程也应该是充满生机与活力的,有了社会与学校的良性互动,才使得学校教育与师生学习有了生活的意义。因此,在信息社会的今天,坚持开放办学,坚持教育教学的开放性,对一所现代学校的发展及一名现代教师的成长来说是非常重要的课题。

一群孩子在学校操场的跑道上奔向他们的老师,老师在跑道的一头伸开双臂迎接着学生。这就是刘明环老师眼里的学校。在这所学校里,老师们和孩子们将要一起度过人生旅途中重要的几年,尽管学校每一天的生活就好像一圈一圈的跑道显得那么平常,但是,每一天的生活对老师、对学生来说都是新的,师生每一天都在成长、都在进步。在刘明环老师的心里是不是有这么一个信念:作为教育的守望者,以真情来唤醒真诚,以拥抱来感动生命? 不是吗? 《跑道》中那位伸开双臂在期待着孩子们的老师,此时此刻不正是一种教育生活中的真实写照吗? 那份职业的幸福不正写在她的脸上了吗?

学生:"老师,我的想法是……"老师说:"你们对他的想法有什么看法?"师生在课堂上的这种对话,体现出学校教育的民主性。王霞老师通过这种对白的表达方式,把理想的学校、理想的教育画面给勾勒出来了,让学校教育有了生命的"动感地带"。《对话》中所表达的这种课堂教学,呈现给我们的是一种和谐的教育之旅,是一种美妙的合唱之声。在这样的氛围里,通过生命与生命的对话,心灵与心灵的启迪,使得孩子们的思维得到训练,情操得到陶冶,他们知道了怎样做人,怎样表达,怎样思考等等。回想起我们所从事的教育生活里是不是少了些什么?是不是该反思些什么呢?

4 幅简笔画同时也给我们带来对理想教育的一种期待,也表达了对"生态"教育回归的一种向往。孤立地看这 4 幅画,似乎是表达了各自不同的主题,但把它们捏合在一起看,似乎是一个诉说着学校生活的教育故事。这个故事,在学校中几乎每天都在发生着,我们当过教师的在学校期间几乎每天也曾经历过,这当中的一切情节细细品味之后不禁会感到震撼,感到一丝温情,感到一股力量,感到一份责任。

从 4 幅简笔画的故事中,我们还可以看到这 4 位作者对教育理解的深刻程度,刻画出她们由教师专业发展到教师发展的成长轨迹,听出了他们进步的脚步声,看到了她们成长中的变化。这些,缘于她们多年来在琴岛教师成长工作室中的学习、实践,缘于她们对教育的热爱与执著精神,而这种精神就是推进教育事业健康发展的基石。

(刊载于《师资建设》2008 年第 6 期)

漫谈《我的自画像》的作文教学

9月27日至28日,琴岛教师成长工作室连续刊载了志愿教师李淑芳在平度市大泽山镇上《我的自画像》作文公开课后的两篇文章,引起了网友们的广泛关注,其中有不少教师以跟帖或发表文章的形式,对这次作文公开课进行了评述,所谈的一些观点给我们很多启示。

小学作文课真的很难上吗? 说它不难,真是一点也不难,这是因为李老师以她成功的执教经历给我们展示出一个很好的案例,给出了一个很好的回答,我想,其中的缘由读者们可以从李老师的执教过程中品味到。说它难,也实在是难,难就难在执教的教师具有怎样的教学态度、怎样的教育教学理念、怎样的评价标准,具有多大的驾驭作文课堂教学的素养与能力。

李老师作为一个离开课堂多年而且也不是语文科班出身的教育工作者,敢于上一堂别人不敢上的作文课,是源于她对教育事业执著的偏爱,源于她多年来对教育问题观察分析后的反思与批判,源于她孜孜不倦地对诸如陶行知、杜威、苏霍姆林斯基等教育大家著作的捧读,源于她对课堂教学的理念与艺术的深度研究,源于一个教育工作者的教育情怀,源于她多年来不断积累之后所显示出来的功力。这些就是李老师为什么能把一节在别人眼里看似难度大而且不愿意上的作文课上得如此轻松自如的重要原因。

李老师的作文课在教学设计方面与所谓推崇的教案是有很大区别的。我不知道读者们是否能够从李老师的课堂教学实录与教学参考书中的《我的自画像》教学建议的比较中,从李老师的教学过程与我们课堂上司空见惯的那些教学流程的比较中,在"质"的方面看出一些与众不同的地方。无论是课堂的情境导入,还是对学生的牵引与激励;无论是作文教学的思想性的表达,还是作文教学的工具性的应用;无论是现场教学资源的利用,还是课堂对话交流的生态课堂的打造;无论是对课堂教学与育人细节的关注,还是洋溢在教学过程中的那种激情;这一切都在这一节作文课中淋漓尽致地表达出来了。我在想,老师们在看了李老师执教的这堂课后还能觉得作文课难上吗?

值得我们反思的是,李老师在准备作文课时并没有在课前刻意地进行试讲,刻意地进行师生之间的"配合性"准备,也没有进行过磨课,没有进行过"认真"的包装,一切都显得是那样的平实、那样的家常般的和谐与自然,而这些正是学生们在平常所没有体味到的原生态的学习场,也正是他们原本就渴望已久的、能够从内心里引发出学习的自觉的一种"力"。其实,李老师也并非没有进行教学设计(备课),而是进行了认真、长期的准备,这个准备体现在她日常的学习与研究之中。

李老师的《我的自画像》这一节作文课带给我们的思考有很多很多。下面,我从李老师这堂课出发谈一点自己的思考和体会,也算是对李老师这堂"理念课"的一种解读性呼应。

一、文本准确解读问题

作文课也存在着对"文本"解读的问题。值得注意的是,一些教师并没有对此引起足够的重视,他们认为,作文课不像课文那般具有物化的文本,既具体又直观。其实,作文课的所谓文本就是生活,要走进生活去解读,没有生活的作文是没有生命的、干瘪的。教师应该置身在生活中来设计作文教学,而且更重要的是置身于学生的生活,这样,才能引导学生写出他们眼中的大千世界,才能引发出他们的内心情感,才能让他们"有话可说",从而使他们所写的作文"栩栩如生",内容表达得有滋有味。所以,我认为,包括作文教学在内的语文教学应该创设出生活情境,这里的创设不是教师主观想象、拼凑的,而是自然生态化的,这里的情境应该是真实的而不是虚拟的,更不是假设的。

就《我的自画像》的作文教学来说,李老师对这堂作文课的解读是与众不同的,她走出了范式,尝试改变,没有采用教学参考书中让学生通过效仿对杜小虎外貌描写例文的写作模式,来学会写自画像作文的教学建议,而是让学生先从她这位授课教师写起,通过师生间的对话交流,让学生在观察、感受和思考中对她这个活生生人物的外貌特征、内心世界由表及里地了解,然后再把自己的体验乃至一部分观察后的经验通过笔写出来。这样的写作引导使得学生把话匣子打开了,使学生从描写老师的这种好奇心中不知不觉地有了写作的兴趣,因而便使得所谓教师难上、学生难学的作文课变得简单、有趣了。这样做表面上看是一个简单的做法,实际上折射出一种教育观念的体现。我们常常挂在嘴边的一些话要么是教师"要做学生的良师益友",要么是"打造和谐民主的课堂氛围",要么是"教师要蹲下身来与学生相处",等等,可是真正落实在课堂教学、师生关系上时便相差甚远。让学生写老师的做法就存在着"冒险"因素:万一学生丑化了自己怎么办? 万一让学生摸清了自己的特点秉性怎么办? 学生把自己的脾气摸透了将来怎能"管住"学生? 把自己给学生当写作的模特是不是掉了老师的身价? 对此,李老师并没有想这么多,在她心中只有孩子,她想得更多的是如何以自己的实际行动来影响大家,如何正确实施课堂教学,如何真情塑造未来,如何让学生喜欢作文写作。

从另外一个角度思考,李老师这样做也并非是一时冲动,而是建立在理性思考的基础上的。《我的自画像》的作文写作过程不仅让学生掌握这类作文的写作技巧,让学生学会观察,学会提炼,学会表达,同时也是学生认识自我、增强信心的过程,还是培养学生发现美、享受美的生活情趣的过程。这就是这节作文课重要的教学目标。李老师所执教的这堂课体现了上述的教学目标,并且在理性分析的前提下,进行了充分准备。她首先考虑的是三年级学生现有的认知状况,也了解他们那些往往是发散、零乱,甚至还比较粗浅的已有的生活体验。因此,如何将学生的这些体验经过梳理后上升到经验,也就是说通过学生对自己外貌特征、性格秉性、习惯爱好等方面的回顾、联想,较为准确地把自己给刻画出来,这就需要引领,需要进行必要的铺垫,帮助学生按照某种合理的表达方式进行写作。如将原有的那种看图说话的写作模式改为对人物模特观摩与对话交流后的写作,这样便使写作由静变为动,由"刻板"到"活现",学生能够比较容易地找到写作的切入点,顺利地完成对所观摩人物的作文写作,有了这样的写作经验,学生再来写自己的自画像作文就变得比较简单了。

由此来看,对作文"文本"的解读应该跳出旧模式的影响,需要在对原有的教学范式进行解构的基础上,进行"革命性"的重组与再造,而这些是只有基于对生活教育的深刻思考与理解之后才能想得到、做得来、说得出、写得好。

二、情境设置导入问题

有了正确的文本解读就会有合理的情境导入,但这是建立在对一堂课究竟能给学生留下些什么,教学目的到底是什么的深刻理解与认识基础之上的。现在一些课堂的教学情境设置是为了教学而设置的,没有充分考虑学生的需要。一些教师在进行教学情境准备时,要么从网上找来,要么从教参书上抄来,很少创设一些符合班情、学情的教学情境,这种硬塞给学生的那些所谓"创设的教学情境"不能引起学生的共鸣与呼应,不能起到辅助教学的作用。

生活作文作为训练学生思维的一种途径,对培养学生观察、想象、归纳、提炼、梳理、整合、交流等能力具有重要的作用。因此,教师在作文教学中应该从学生能力培养出发,创设出符合作文主题要件的教学情境。现在从网上、教参所看到的一些《我的自画像》作文教学的导入方法,基本上用的是一种静态化的看图说话的肖像摹写。我并不是否定这种教学情境的设置,但是,鉴于低年级学生的认知能力,这种教学模式是否妥当呢? 即便是小学三年级的学生可以接受这种教学情境的设置,能够在图文摹写的基础上写自己,但是,当一种鲜活动态的、有语言交流、有思想火花的教学情境出现时,学生的体验是不是就会更加丰富? 他们的想象空间是不是就会更加开阔? 他们是不是就更有学习的兴趣? 他们是不是就能写出更加生动的作文呢? 假若是我来执教小学三年级《我的自画像》作文写作,我可以让学生写我,或者写一个他们见到过的人,然后再写同学中最熟悉的一个人,再将看图写作作为拓展练习时训练学生作文想象力的方法来用。把授课教师自己设置到课堂教学情境中,把教师自己当教学的靶子是教育思想的一种体现,体现出教师的教育民主性,体现出课堂教学的生态性,体现出教师与学生融为一体的教育思想,突出了师生同为课堂教学活动主人翁的地位,而且还改变了教师站在学生学习圈外指挥学生学习的那般缺乏亲和力的状态。

让学生看杜小虎的画,从中找出画的特点,来进行导入。可是,再怎么启发、引导,再怎么观摩、模仿,那总是在观看了别人笔下的杜小虎画像后所摹写的文章,这是过去时态、缺乏即时性效果的作文,也是在吃别人"剩饭"的作文,是在重复别人笔下杜小虎的人物形象。可能一些教师会反驳说,这样的教学是常见的一种方法,美术课不是也到外面写生吗? 不也是经常进行静物摹写训练吗? 作为高年级的学生兴许能够从静物中想象出人物的画像,把人物写活了,但是,对小学三年级的学生来说却是一件不易的事情,因为对静物描述需要能够有表现力的描述性语言与技能,这才能表达出惟妙惟肖的意境。

我们不要忽略的是,《我的自画像》的作文所要描写的应该是活生生的一个人,是有情感内涵、有内心活动、有形态表现等的一个人。小学生对事物的认识、理解能力还是比较缺乏的,特别是由于生活经验的欠缺,他们在经历合理的想象、联想、类比体验后上升到经验的能力也不够强。因此,学校教育就应该更多地给学生一些真实的情境,让学生们真正地投入进去,通过解放他们的肢体、解放他们的思维,让他们在活动体验中,以自己的语言表达自己的经历。这样,就比较容易让学生写出真正属于自己的作文。教师把自己当模特让学生来写,也是一种示范和引领,潜移默化般地熏染学生的求真务实,追求实境化、生态化的资料搜集、情境创设的习惯,让学生在真实的环境里,在把握人的心理活动的过程中,通过对人物画像作文的描写,写出表象、写出内心、写出信心、写出精彩来。

三、资源整合利用问题

教学资源更多地需要就地取材。这不仅是能力问题,更重要的是教育观念和意识问题。我们常说,中小学教学资源缺少,看不到美,然而,这些在我们的生活里比比皆是,只是我们一些教师很少用心去发现,他们也往往缺少"发现"这些资源和美的眼光,缺少的是发现资源和美的意识与能力。

不怕做不到就怕想不到。就《我的自画像》作文,其教学资源就在身旁,包括教师自己、学生自己,这些都是资源,而且还是活化的资源,一切是那么生动、自然,这也是给学生示范如何观察、利用资源的问题。

让作文走进生活,这是写好作文的根本。走进生活,就应该有生活化的情境,有生活化的表达,有生活化的氛围,有生活化的教学过程。农村也好、城市也罢,在一些教师的眼里作文教学、缺少资源是经常挂在嘴边的一个问题,其实,究其原因,根本在于他们在主观上没有让课堂教学走进自然、走进社会的意识,没有跳出从文字到文字、从书本到书本的限制,说白了,还是课堂教学没有形成生活教育的自觉。《我的自画像》作文教学为了达到整合、利用资源的目的,让学生之间互相描写对方,这也是形成和谐的团队关系、形成教育环境实境化的具体体现。

四、思维启迪引领问题

老师不敢上、不愿意上作文示范课、公开课,是因为作文难教、学生写不出好作文还是学生天生就不愿意写作文?我想,在相当程度上,还是出于教师、评价、模式等方面的原因。从某种意义上来说,是一些教师把学生教得没有思维了,是我们的评价机制把学生的写作热情给打没有了,是所谓的教学参考书、网上所谓的典型教案、"名师"所谓的那些个规范模式把学生"引导"得"迷糊"了。

作文究竟难在哪里呢?在一些教师眼里,是因为学生达不到教师所规定的评价标准,达不到教参所推崇的那些范式,这种唯一性的、整齐划一的"好"作文的标准与范式,让学生们在落实作文标准、实现教参范式、攀登老师目标的过程中产生心理厌倦的情绪。李老师《我的自画像》的执教经历给我们带来的思考是,作文教学是需要有一定的规则,但是,这种规则是以能够启迪学生思维、生成思想火花、引发写作兴趣、提高写作能力为前提的。要想实现这个目标,就需要"变",即改变我们长期固守并以为是一种"经验"、"模式"的那些标准与范式。

《我的自画像》的教学参考书上的参考意见,实际上给教师的备课起到了一种"先入为主"的作用,这种消极的影响在教学过程中释放的后果,是给学生作文课的写作套上了一种格式化的框框。教师是在让学生按照某一位名师或是某一些教师的教学经验与套路,按照某一位学生或是某一些学生的学习成果来进行模仿式学习,是让学生在复制别人所形成的"文明成果",在这个统一的标准化规范之下,去进行所谓的创作、甚至是创新,这样带有"紧箍咒"的学习能够培养出创新人才吗?由此看来,在条条框框的限制下,学生的思维启迪受到了限制,学生在写作方面要实现课标所倡导的自由发挥的要求还有很大的一段路要走。

教学参考书从某种程度上来看,成也是它,败也是它。客观地说,教学参考书在过去教育不够发达,教育研究水平与层次比较低下,教育资源比较匮乏,教师队伍素质不够高的情况下,其积极作用是显而易见的。但在当下信息社会的情况下,教师的文化层次在提高,课程资源也不断地丰富,特别是基础教育课程改革以来,教师的教学设计水平有很大的提升,甚至学校在集体备课方面的教学研究也形成了制度,因此,很多教师会理性地、批判性地对待教学参考意见,可是,为什么还是出现盲目地照搬照抄教参的现象呢?这就不单是教学能力的问题。而是教学态度的问题了。现在一些教师患有的"教参依赖症",使得教师的思维也开始僵化起来,由此而来,所带来的恶果是教师写作的功力在退化,同样一篇作文,假若是让教师来写,他们当中肯定有相当一些没有学生写得精彩,这是因为这些教师没有亲身的感悟历练,没有对问题深刻的思考,没有开放的思维与对问题的把握,他们写不出高质量的文章也就不足为奇了。试想,不能写却又在指手画脚地指导学生作文的教师,这样的教学质量会好吗?更令人担忧的是,教师的思维僵化必将导致一些学生的思维僵化,久而久之,我们下一代的创造力在他们老师的同化下开始丧失。

考核评价的功利化倾向也对教师盲目迷信教参起到推波助澜的作用。尽管教学参考的编写者一再表白仅供教师参考而用,但是,教师在那些教研人员的"指导"、"示范"之下,大家都在亦步亦趋地效仿,而且还被统一要求按照教研部门所推崇的一种所谓教学参考模式组织教学,并把这种要求与评价、评优结合起来。在这样的要求之下,教师倒也省心了,按照统一的范本进行备课、写教案,学校也按照这种统一的模式检查教师的备课,出现虚假的"高质量"教学和"规范化"管理。

五、写作技巧与应用问题

说是技巧还不如说是要注意的问题与环节。《我的自画像》这篇作文课在指导写作技巧方面,可以有很多地方进行研究,也可以尝试不同的方法进行改进。

1. 文本解读要准确。就《我的自画像》而言,能否写好这篇作文关键取决于学生对自己的了解程度。因此,如何启发学生准确"读"出自己这是关键。这就需要学生能够找到自己的特点,通过写作表达的技巧写出自己的信心来。从题目中要体现出"我"字来。这个"我"应该从多维度来解读:一是,写自己本人,这样需要对自己正确认识;二是,"我"自己描写自己的画像,是自己的想象,所描写的不是别人的复制品;三是,经过自己的劳动、自己的探索、通过自己去寻找资源、获取资源而进行创作的过程。在引导学生作文写作时,还要注意掌握四个"有"字:要有"眼",即作文的主题思想应该鲜明;要有"点",即应该把握好突出的特点来描写;要有"线",即整个文章从头到尾有一个相关联的线索串起来;要有"面",体现出文章结构与内容的完整性。

2. 注意积极引导。引导的方式有很多,譬如,对话交流。正如李老师那样,通过对话交流的方式,通过说话作文的方式,让学生了解李老师的外貌特征、习惯爱好、内心世界等,让学生在短时间里有了初步的认识和了解,为学生能够写出人物画像的作文奠定了基础。这种对话、牵引,将学生不能观察到、体味到、表达出的思想火花给点燃起来。在对话、聊天的过程中,把应该表达出的思想表达出来了,这样,通过交流,也就把所要描写的人物的特点在自己笔下展示出来,展示出生动而不是苍白无力的形象。有了写别人的体验以至于经验,把自己写好也就是顺理成章的事情了。再如,问题追问。抛出若干个问题引导学生讨论,并通过追问的方式让学生深入思考,启发他们加深对问题的理解,在问题的研究中形成写作的思路。我们教师经常犯的"错误"就在于急于要把自己的答案"贩卖"给学生,恨不得让学生马上就掌握和了解自己处理问题的观点、方法,因此,一遇到学生回答不上来或者不能解决的问题,便急不可待地"亲历亲为"地替学生做。其实,这种方法并不见得好。应该留给学生一定的思考空间,应该有等待学生慢热的耐心,在期待、等待中让学生自然成熟而不是人为地催熟。在这个过程中,对学生的问题进行追问就是一个比较好的方式,在一个个问题的追问之下,开启学生思考的思维机器,让他们在回答问题的过程中锻炼自己分析问题、归纳问题、解决问题的能力,而不是让学生掌握教师给出的答案。因此,教师在与学生进行对话交流的时候,要多问学生几个问什么。

3. 多个角度进行人物描写的训练。我们常常是以一种所谓大家普遍认同的写作模式来要求学生。其实,在每一个学生的眼里,他所观察到、体味到的对所描述的人物特征、内心世界的感受都是不同的。究竟哪一种描写最佳? 其实并没有一个统一的标准。就《我的自画像》来说,可以有多种描写角度与方式: 或是眼睛,或是面部表情,或是装束打扮,或是体型造型,或是声音表达,或是肢体语言的习惯性动作,等等。可以先写人物的外表再写人物的内心世界,也可以先写人物内心世界再写人物的外表,这种由表及里或是由里及表、由点到面或是由面到点,都是训练学生全面地看问题、系统地考虑问题、抓住重点的方法。这种多角度对人物的描写也是多元智能理论在作文教学中应用的体现。

4. 注意创设环境。从要注意的环节来看,作文课要引入生活情境,在这个环境里进行作文写作往往是有话可说的。生活气息的营造需要教师有心、用心地进行创设,可以走进大自然,也可以走进社区、企业单位,还可以利用学校的一切资源就地取材。学生在这样真实的环境里才能有体验式的感受,然后再有经验式的感悟。我们常说,有些人"天生"就是当演员的料,他往你跟前一站,浑身都有戏,装什么就像什么。如赵本山,在扮演农村人物角色时演什么像什么,原因在于他有农村的生活经历,在他的身上有着农村那种生活气息,有着农村的生活基因,再加上艺术的创作加工,一个神灵活现的丰满的人物形象就树立起来了。为什么作家要经常到基层体验生活? 那就是要找到创作的感觉。同样,教师在教作文,学生在学写作文时都应该有这样的经历,或者是应该创设找写作感觉的情境。对经历或者是感觉来说,有的是学生已经有过的经历或感觉,但这些往往需要教师帮助他们回忆、再现,而这个回忆、再现就需要教师将一些相关的资源引入学校课堂或者是把学生带到社会自然课堂中去,帮助学生进行知识与素材的搜索和构建。这是一种作文教学的艺术与技巧,但根本的还是教育观念的问题,再往深处说这是生活教育的一种体现。

5.其他学科知识在作文教学中的应用。借助于其他学科的知识语言往往可以起到触类旁通的作用,帮助学生通过联想等途径加深本学科知识的理解。例如,《我的自画像》的作文写作指导,可以利用美术、摄影的语言来进行作文教学,比方说让学生从构图的处理方式,从静态到动态,从写实到写虚等方面进行该作文的写作指导,提高学生不同角度进行人物描写的写作能力,等等。

当然,关于小学作文写作的问题,很多老师会有很多有经验的更精彩的阐释,我仅从个人角度,从一个非语文科班出身的旁观者的角度谈谈自己的一点思考。由于是漫谈,也就没怎么刻意对文章的结构、语句进行斟酌、润色(当然,也受文字水平的局限),文中前后也有重复、啰唆之嫌,甚至还存在一些谬误的观点,在此,敬请同仁们批评指正。

(网络笔名:郝焰)

培养学生的创新意识与创新精神

首先,祝贺赵老师这次成功的课堂教学组织活动。

其次,需要与赵老师和其他老师讨论的是:就这两个寓言故事而言,所引发出来的哲理、联想出来的寓意还有哪些呢?也就是说,还可以从哪些方面引导学生在不同角度的思考中得到一些启示呢?

一

一堂课,应该留给学生一些什么东西?教学组织又该发挥怎样的作用?

课堂教学活动,除了让学生掌握基本的知识和技能,除了启迪、引领学生的思想、增强学生的人文素养外,还有一个十分重要的、但往往又是我们所忽略的方面,那就是培养学生的思维,换句话说,就是培养学生的创新意识与创新精神。这就需要教师在不同的教学情境中,根据不同的教学内容,对学生进行启发和引导。

就这两则寓言来说,作者与网友们的观点我都同意。但是,是不是这两则寓言所表达出的寓意就仅此而已呢?假若,就是这样的固定思维模式与价值取向的话,那么,现实生活是不是就单调了一些呢?其实,社会生活是复杂的,也是丰富多彩的,所呈现出的东西也是眼花缭乱的。那么,我们为什么就不多让孩子们从不同的角度去理解文章,从不同的角度去回忆,再现他们所经历过、所观察到的现实生活情境呢?这种换个角度看世界的教学行为方式,是不是在孩子们认识世界、思考世界,扩大他们认识世界的视角,提高他们当下乃至日后社会生存能力方面会有一些帮助呢?

就这两则寓言,在教学过程中可以增加一个比较的环节:它们的共同点在哪里?不同点在哪里?这样做,也是提高学生综合分析能力和鉴别能力的一个环节,让他们在对比分析中,找到共性与个性。而这些也是培养学生逻辑思维、发散思维,培养他们"发现"的一个训练要素。这样做,不仅对语文学习,而且对理科及其他学科的学习也是大有裨益的,学生在这种学习的过程中,掌握了解读文章资料信息的方式、方法和技巧,学会了思考,学会了如何去读出文中的内涵与精华。

具体到这两则寓言,我觉得我们不能让学生的思维在某一个节点上就停止了,不能把学生的思维套框在教师的预设范围内。教师的思维首先不能定格化。教师应该有一种开放、进取的精神,这是培养创新人才的重要方面。

二

赵春风老师是一位有思想的优秀教师,有独到的教育风格与教学特色,这些我就不在这里进行赘述了。现在需要与赵春风老师以及其他老师商榷的是,关于这两篇寓言在文章解读上是不是还有其他方面的思考?因为,有怎样的文章理解与解读,就会有怎样的教学设计和教育思想。因此,我就具体结合自己对这两个寓言的理解,谈一点个人的看法与思考,供同行朋友们批评指正。

在讨论这个话题之前,有必要将一些老师存在的几个与所讨论话题有关的问题提出来:

1. 在开拓学生思维与取得考试成绩之间往往处于两难的地步;

2. 对于一节课来说不可能承载着那么多的东西;

3. 一节课只能有一个讨论、学习的重点,重点多了就会顾此失彼;

4. 有必要让学生把课文学得很深、很透吗?

……

这些问题,我在下面的讨论中可能有的会直接涉及,有的也不一定直接涉及,但是我力求把自己的一些观点通过对于一些问题的研究展示出来。

我们在教学目的的把握上应该有一个基本的标准,这个标准是一个理想化的设计,但究竟是否符合每一个学生,这需要根据不同的教学对象与教学环境来确定。这就提出了思考:我们的教学基本标准是不是一个刚性的、不可逾越的屏障呢?既然不是,那么这个标准就应该是动态的、可变的,这样做才是实事求是,这样的教育思想才是面向大众的教育,才是满足不同教育需求的人本化的教育。

教育公平应该真正落实在教师的教育生活之中,落实在课堂教学的具体活动之中。我常想,和谐的课堂究竟应该是一个什么样的状态?思维活跃与想象放飞究竟是否有宽松的环境与土壤?对于我们每一个生命体来说,他们在学校生活中都应该充分享受到发表自己意见、表达自己意愿的权利,这些应该得到充分的尊重,而这个尊重之一就是人人都享有在课堂上的话语权。尽管,可能对一些学生来说,他们所发表的意见不够准确与完善,甚至还可能是谬误的,可能他们还显得有些"愚笨",但是,也应该给予他们话语权。试想,一个学生在一学期课堂学习生活中没有一次发言的机会,这样的教育对他们是公平的吗?给这些学生发言的机会就是对生命的尊重。我想,在一学期里总有这些学生可以回答的一些问题吧?总可以让这些孩子独立或者与他人合作回答问题、完成某些学习的项目吧?不是有没有让这样的学生有发言机会的问题,问题是作为教师是否认真地考虑过这些学生的存在。

不是不要在课堂教学中突出教学的重点目标,问题是在保证重点目标的前提下是否兼顾到不同学生的不同需求。不要担心课堂教学中出现矛盾冲突,影响那种表面看很"流畅"、"完美"的课程流程与效果,而应该关注的问题是这种冲突是否引发出创新的点来,引发出别具一格、富有新意、能够激活学生思维的东西,是否给学生带来有用的东西。

教师的课堂教学应该为学生拓展想象的空间创设条件。应该允许学生有"异想天开"的幻想,哪怕是我们看起来似乎是不可能的想法,应该宽容甚至是保护。当年,如果爱迪生没有幻想,哪有他后来的伟大发明呢?

这两则寓言除了这个《实录》所展示出来的对文章的理解外,其实还可以从很多不同的角度去思考,有了这么多角度的思考与认识,学生的认知能力会得到提高,思维会得到强化,也就增加了经验,会使学生在写作、表达上"有话可说"，就会显得自然、和谐。

下面，就若干个关键词来表达我对这两则寓言的一些理解与解读吧。

寓言1的理解可以注意以下几个方面的关键词：

1. 合作。引导学生思考在遇到困难时怎么设法去求助他人。要让学生意识到，信息社会的今天，社会分工由单一、简单化向复合、复杂化变化，现在单靠单打独斗往往是不能完成任务的，因此，合作、协作就显得十分重要。

2. 执著。既然路已经找到还怕远吗？坚持做正确的事，这往往比正确地做事更重要。当然，在做正确事的前提下正确地做事是最理想的。

3. 分享。文明成果、经验教训都可以借鉴与分享，没有必要从头再来，这样可以减少时间、才力、人力的成本，可以提高实现目标的效率，减少盲目性。

寓言2的理解可以注意以下几个方面的关键词：

1. 变革。改变固有的模式和已有的习惯，改变固执己见的思维方式，改变原有的生存方式，往往就会达到柳暗花明的新境地。

2. 习惯。每个人都有潜在的能量，只是很容易被习惯所掩盖，被时间所迷离，被惯性所消磨。

3. 行动。再长的路，一步步也能走完；再短的路，不迈开双脚也无法到达。也就是说，路在脚下，没有尝试就没有获得成功的机会。

4. 选择。人生舞台的大幕随时都可能拉开，关键是你愿意表演还是选择逃避。

5. 沟通。沟通不在于你向对方说了什么，关键是对方听进去了什么。

当然，还会有很多很多新颖的文本解读。我所表达的是否就一定准确，敬请同行指教。

附:

《现代寓言二则》教学实录——自主阅读课案例(摘要)

执教教师　赵春凤

授课背景:这是参加自主学习实验一年以后的学生,所上的一节以自学为主的语文课。所用的方法是"三遍阅读法",此课荣获全国自学辅导优质课大赛一等奖。

【授课概要】

课前:学生讲寓言故事并说出寓意。(略)

师:谁能说出这则寓言的寓意呢?

生:只有不畏艰险,勇往直前的人,才能获得成功。

生:成功来自艰辛。

生:每个成功者前面,都有一条大道。

生:世界上本来没有路,是成功者开辟出了光明大道。

生:美丽的花环,从来都是荆棘编成的。

生:只有在崎岖的山路上不停地攀登的人,才有希望到达光辉的顶点。

生:世上无难事,只怕有心人。

生:有志者,事竟成。

生:我想到了鲁迅《故乡》中的一段话:"希望是本无所谓有无所谓无的,这正如地上的路;其实地上本没有路,走的人多了,也便成了路。"

生:面对困难,只要你明确目标,不断努力,就一定能够成功。

在大家的启发下,老师也想到了两句话。一句是:坚定的志向是实现理想的不竭动力,顽强的意志是通往成功的最好桥梁。再一句是:认准了一个目标,朝着这个目标不懈地努力,就有成功的希望。(生赞同)

下面我请同学讲述第二个故事。

生:……

师:这则寓言的寓意又该怎样概括呢?

生：我觉得，这个故事的最后一句话，"一个人用奋斗去迎接光明，光明很快会照耀着他"，就是这则寓言的寓意。

生：勤奋出成果。

生：珍惜时间，努力工作，就一定能够迎来辉煌的明天。

生：一寸光阴一寸金，寸金难买寸光阴。

生：成功的果实，只有勤劳的人才能采摘到。

生：只要我们勤奋的工作，就会酿出甜甜的生活。

师：对！劳动可以创造一切，希望大家热爱劳动。

我听大家说得很不错。想不想听听老师的概括？（生兴奋）

我是结合自己的工作想到的一句话，算是我学习本文的收获。

"一个人，要想永远站在山巅，就必须一刻不停地努力工作。因为时代在发展，今天的山顶到明天也许会成为山腰或山脚。如果你用奋斗去迎接光明，光明会永远照耀着你！（学生赞叹）

让学生在阅读中读出什么

《炮手》是小学三年级语文中一篇训练学生阅读能力的课文。课文中的故事是描写100多年前的德法战争中,法国在抵抗德军侵略者的一次战斗中,一个炮手为了战斗的胜利朝着自己家里的房子开炮,将驻在房子里的德军炸死的感人故事。

故事看似情节比较简单,但是,对三年级的孩子来说真正学懂了却不是简单的,因为这里面至少有这么几个方面的问题。

一是战争背景问题。由于时间、国度等方面的因素,德法之间的战争对现在的孩子来说还是很遥远、很陌生的一件事情,从他们的间接感受上来看,孩子们无法想象到战争的残酷性,他们在这些方面的认知能力还不够高。二是人物思想内涵把握问题。课文中人物心理活动描写丰富,不仅有简短、典型的对话语言和标点符号的运用,而且还有外貌、神态的描写与刻画,同时还有对比的描写手法,这些基础知识方面的能力要求,增大了学生在理解、把握人物思想内涵上的难度。三是情感共鸣问题。处于和平时代的孩子们对战争时期人们的情感表现缺乏感知。

从课堂授课的情况来看,由于教师以教学参考书为蓝本,再加上网上提供的现成资料,教师在备课时都比较容易地借鉴、参考甚至模仿,教师在吸纳了这些资源后很容易"完成"教学任务。

可是,从课堂教学效果看,一些教师并没有很好地实现教学目标,要么把重点放在训练学生的基础知识的掌握上,要么把重点放在人物心理分析上,这两方面缺少一种协同,也就是说基础知识与情感思想方面的结合点没有有机地联系起来，人物分析苍白无力，"假"、"大"、"空"、"满"现象在课堂教学中还有相当的市场。

教师在教学中设置了几个问题：这个故事讲了什么事？学生只能讲出是打仗，但是谁和谁打仗、谁是正义的、谁是侵略者学生搞不清楚。学生说是炮手炮击自己家的房子，可是为什么这样做学生也不清楚。基于这种情况，教师在导入课文时就需要有故事背景的介绍做铺垫，但是，按照什么方式进行就需要根据学生的情况来选择。

在学生朗读完一遍后，教师开始让学生用最简单的一句话来概括说明课文讲了一个什么故事。结果出现了多个学生回答要么不准确，要么比较空泛，要么不精练。例如，有的学生回答说"讲了一个打仗的故事"；有的学生几乎把故事复述了一遍；出现这种情况，说明学生还没有读懂，没有理解。这种情况出现后，教师不要着急，可采取跟进的措施。比方说，再让学生进行朗读，可以采取集体朗读，分角色读，教师范读等等，让学生在读中读出所需要掌握的信息。再比方说，教师可以对学生的回答进行"追问"，在"追问"中让学生体会思考，最后找出所应该表达的信息。同时，"追问"也可以间接地指导学生如何去抓主要信息，并且还会概括信息。譬如，学生在课堂上回答问题不够到位时，教师应该想方设法地通过"追问"让学生自己说出来，千万不要"急于求成"地"越俎代庖"。

这是一篇阅读文章，旨在提高学生的阅读能力。作为教师就要把握好教学设计的定位，在教学活动中，引导学生在反复阅读中，读出问题，读出思想，读出品位，这不仅提高学生的阅读能力，而且还可以提高学生的写作能力。

【链接文章】

炮 手

一百多年前的一个冬日，法国军队向侵入巴黎郊外的德国军队发动攻击。

将军用望远镜仔细地瞭望着河对岸的小村。

"喂，炮手！"将军没有回头，高声叫道。

"是，将军！"一个脸色苍白的士兵应道。

“你看到那座桥了吗？”

“看得很清楚，将军。”

“看到左边的农舍了吗？就在丛林后面，那座红瓦白墙的房子。”

士兵的脸色煞白：“我看到了，将军。”

“这是德军一个驻地，伙计，给它一炮！”

炮手的脸色更加惨白了。这时，裹着大衣的副官们在凛冽的寒风中打颤，可炮手的前额上却滚下了大粒的汗珠。他服从了命令，仔细瞄准目标，开了一炮。

硝烟过后，军官们纷纷拿起望远镜。

“干得好，伙计！这座农舍看来不太结实，它全垮了！”将军连声喝彩，回头微笑着看看炮手。

可是，他吃了一惊：炮手的脸颊上流下了两行热泪。

“你怎么啦，炮手？”将军不解地问。

“请您原谅，将军。”炮手低沉地说，“那是我家的房子。在这个世界上，它是我家仅有的一点财产。”

如何让学生读出感动

　　这是一篇饱含真情又富有诗意的文章，让人读后为之感动、为之动容，特别是对那些有过类似经历的人们，他们在读后恐怕有很多人会百感交集，会勾起对往事的回忆，引发深刻思考。

　　品味这篇文章，我在想，究竟怎样让学生读出、体味到感动，读出生活、品出意境呢？因为，现在的学生是远离那个时代的，现在他们所处的优越的环境能真正地感悟到那种生活的不易吗？怎样让学生从文章中感受到生活的辛酸，感受到生命的珍贵，感受面对困境生活的态度？同时我也在想，就这篇文章对柳叶的一些生动、形象的细节描写，能给学生从语文工具性的功能上有哪些帮助呢？"仰着头捡"、"像樱桃肉一样的太阳"、"薄薄的一层肚皮撑得几乎透明"等等都需要引导，让学生学会观察细节。

　　最后，就柳叶儿这个题目来讲，是不是仅仅让学生通过阅读来体味，作者为什么要感激这个曾经救过作者和其他人命的柳叶儿？从这么一个普普通通、平常并不在意的柳叶儿，我们还能读出什么？仅仅就是感激柳叶儿吗？这些拓展性问题的答案需要在课堂教学活动中的师生互动中去寻找。

【链接文章】

柳叶儿（摘要）

宋学孟

柳叶儿救过我的命。

那一年春天，地里的野菜吃光了，前一年的干地瓜秧吃光了，榆树皮吃光了，大家又抢柳叶儿……那一年，我八岁。

……

柳叶儿，是要抢的。低处的，几天就被大人们抢光了。他们在长杆上绑一把镰刀，咔嚓咔嚓把树枝全割下来，一抱一抱运回家去，柳叶儿捋下来吃，树枝儿烧火。高处的，大人没办法，这正好有了我的用武之地。

……

我和三叔每天都是在太阳出来之前，露珠儿还在树叶儿上的时候，就去抢树叶儿的。近处的抢完了，就往远处。

……

我从上面折了树枝往下扔，三叔仰着头在下边捡，一会儿便折下来一大抱。这时候，太阳出来了，老远老远淡青色的天边上，兀地跳出半轮鲜红，那红光便立刻远远地罩过来，像要把人化了进去。我看痴了，三叔便仰头问我："你看什么？"我说："一个大樱桃，鲜红鲜红，全是肉做的。""

……

最好吃的当然是用它来包菜包子，里面还要再放一勺油。做这样的饭，全家便只允许我一个放开了吃。于是我拼了命直吃到肚子圆鼓溜溜的，薄薄的一层肚皮几乎撑得透明。每当这时，奶奶便不放我出去乱跑，她担心我一个跟头摔倒，那纸一般的肚皮被弄破，里面的肠子会淌出来。

多亏了那些树叶，吃光了一茬，长出来一茬，再吃光了一茬，再长出来一茬……那年月，有多少老百姓都是靠着这些树叶活下来的！

三言两语谈如何提高教学成绩

冰恒老师：

您好！从您的求助留言中,我们工作室的同仁们感觉到您是一个有进取心的年轻教师,特委托我们与您就您所提出的一些问题进行交流。

您在留言中谈到为了提高教学成绩,需要利用中午的时间为学生补课,因为好的时间段被其他老师占用,自己担心没有时间给学生补课,影响成绩的提高。

固然,教师需要有时间来"靠",在与学生"靠"的交流过程中,增强师生间的默契程度,通过"靠"帮助学生补习一下知识,这种做法对提高学生学习成绩是有一定作用的。但是,就您现在所处的情况来看,在您不能改变客观现状的情况下,能否从主观方面出发,问一下自己：

为什么教学成绩上不去？教学成绩上去是靠加班加点得来的吗？课堂教学主渠道在干些什么呢？

为什么自己要和别的老师去争辅导时间呢？有没有必要去争"好的时间段"呢？您完全可以在下午1：00至1：20期间安排学生的学习活动。就是在以前没有改点的情况下,您也可以见缝插针,化整为零,为什么一定要一个完整的时间段呢？

有两个层面的问题需要与您再进行讨论：

一个层面的问题是,我们要在社会上立足,并且所立足的位置不仅适合自己,而且在这个位置的圈内,能够拥有表达自己意愿,能够引起他人尊重的一席之地。做到这一点，就需要自己有真本领，俗话说得好，"打铁先得本身硬"。如果让别人离不开你，你就必须使自己升值。但是，这个增值需要时间，需要有一个过程，不可能在短时间内就能够实现。因此，作为一个年轻教师，应该脚踏实地，一步一个脚印，扎扎实实地夯实基础。在起步阶段，有时候需要"韬光养晦"，切不可操之过急。

另一方面，我们现在生活的世界不是处在真空状态之下的，需要处理好人际关系，因为，现在的社会中要做成一件事情单凭技术还是远远不够的，在很大程度上非技术因素在起着重要的作用。作为新教师，初来乍到，可能在一些方面要谦让一些资格老的教师，这种事是很普遍的社会现象，您也没必要去伤透脑筋非要琢磨出个为什么。在这方面应该具有良好的心态，特别是在评优、授奖、晋级等方面更是如此。因为，我们正处在向"规则社会"转型的过渡期，还有一些拿不到桌面上来的"潜规则"在起着作用。就时间安排这件事来说，您应该谦让，假若有沟通的可能不妨就去试试，但千万不要"太较真"！

当年，我们刚到学校工作时，也曾有过您类似于现在的一种经历、困境，也和您有过相同的心情。我们知道您现在需要的是什么，因此，作为过来人，我们以自己的亲身经历和您交流，一些做法供您参考，以期能够与您产生共鸣。

1. 正确认识自己。能够客观地认识到自己的长处、短处，这是促进自己发展进步的前提条件，可以避免盲目性。对自己自身的优劣情况有了比较准确的认识后，就可以开始确定适合于自己发展的路标，采取一些"取长补短"、"扬长避短"的提高行动。

2. 只有设定好目标，行动才有方向，才有压力，才能有成效。这个目标应该切合实际，符合自己的能力条件，可以分阶段制定一些容易实现的小目标。

3. 学习充实提高。学习对教师来说应该是一个永恒的主题，建议您先从读报、看杂志做起，看到好的段落、句子就马上摘录。同时，要看一些与学科教学有关的参考书，进行练习题的题库积累，将类型题进行梳理分类，对积攒的题目进行研究分析，把题目中涉及的知识点串起来，形成个"知识树"，这样，作为教师自己对教材把握就比较透了，同时在应对学生学习的问题时就游刃有余了。

4. 科学把握课堂。课堂教学质量上去了,就没有必要去课后抢时间补课,所要求的课余时间是供学生做练习题,老师进行答疑所用的。建议您采取这样的实验(假若是数学课):一般情况下,新授课累计教师只讲 15 分钟;课堂学生练习(做当堂练习和课后部分作业)10 分钟;课堂上发现的典型问题或总结典型规律 10 分钟;练习带有挑战性的较难的几道题目(从自己的题库中遴选)同时含有结束课前的总结共 10 分钟。这样大密度的课堂教学如果一直做下去的话,肯定会比别人"先行"一步,掌握了主动权。对课堂教学的控制也是很大的学问,这里只介绍一种做法,就是教师应该"眼观六路、耳听八方",也就是说您在教学过程中,您应该知道教室里每一个角落里发生了什么,学生的状况怎样,以此来调整自己的教学策略或者进行必要的积极"干预"。例如,发现有的学生在开小差,您是不是可以停顿教学活动,可以微笑地往那个打盹的学生那儿看去,通过其他同学的提醒也加强他们的自律,这种"挑动群众斗群众"的做法,久而久之,学生在上您的课时不敢分心。

5. 注重协调沟通。这里包括和学生,和家长,和同事。因为,沟通产生生产力,可以缓解一些矛盾。建议您的腿要勤一些,经常进行家访或家联;嘴要甜一些,经常赞扬有进步的学生;心要宽一些,要原谅同事哪怕是自己受些委屈。总之,尽自己最大可能把负面、消极的影响降低到最低限度。

以上是我们的一点建议,路是自己走出来的,我们期待着您的成功!

(网络笔名:一剪梅)

数学课该怎样上

《年月日》的"同课异构"课我未能在现场观摩,所得到的信息是从这连续发表的文章中获得的。在看到这堂课的教学流程时,我在思考,这究竟是数学课还是自然常识课?从教材编写者的编写意图来看,似乎是要将数学生活化,让学生感受到数学中的生活。但从问题的另一个方面来看,生活中是不是也有数学呢?从这两个方面次序的颠倒来看,可以表达一个信息,那就是《年月日》的问题,既可以作为数学课上,也可以作为自然常识课上,甚至还可以作为高年级的地理课上。

我个人觉得,《年月日》作为数学课来讲,其教学应该体现出数学的特征。首先,应该是学生学习能力的训练:观察和捕捉信息的能力——从不同年份的日历中,寻找出其带有规律性的东西来;归纳推理的能力——通过规律和推理总结出"每四年一闰,没有余数是闰年、有余数是平年"的结论。为了能够达到这两个能力提高的目的,就要求教师有意识地进行教学设计,需要设置更多的可以供学生"发现"的信息资料,需要设置更多的需要学生"推理"的带有规律性的练习题目。从两位老师的课堂教学中看,这两个方面如果再设计得充分些,就更具有数学课的味道了。

不同的教学导入体现出不同的教学目的。例如,从太阳、月亮、地球的运动导入,从学生已有的时间经验所设置的问题导入,从重要的历史事件时间导入,从学生自己的生日导入,从当天课堂教学的时间导入,这些都可以引发出对同一问题的不同思考,以及对学生思维倾向性引导的不同方式。

对于数学课的情感态度、价值观的培养问题,我觉得数学课不能刻意地去追求教学效果,而是进行无痕地渗透,就《年月日》来说主要是科学精神与意识问题,珍惜时间的问题。

对于拓展性问题,我觉得还有一些空间,比方说世纪、季度的问题可以引入。

对于课堂游戏问题,不能是每堂课都这样做,不能变成活动课。小学生自制力差,兴奋过头会使他们很难在短时间内把注意力再集中起来。

另外,在小学数学课堂里经常出现一种"说数学"的现象。一些数学课的教学内容通过师生对话来完成,结果是课堂里气氛活跃,学生发言热烈,但往往是这样的回答,掩盖了那些并没有真正掌握知识的学生,以至于造成"懂了不一定会,会了不一定对",真正落在纸上就出现了问题,做不对题。因此,教师要注意不能被表面的现象所迷惑,数学不是语文,更多的是逻辑思维训练、严谨态度养成和科学工作方法掌握。

附

《年月日的认识》教学设计及课后反思(摘要)

【背景】琴岛教师成长工作室举办了"同课异构"培训活动,即展现两位教师对同一课题表现出的不同备课思路。3月26日下午,青岛东川路小学刘燕老师和青岛榉园学校牟坤老师在青岛榉园学校同上了一节小学三年级《年月日》数学课。

青岛东川路小学　刘燕

教学内容:青岛版小学三年级数学下册 教材 P61 ~ P62

教学目标:

1. 知识与技能:认识时间单位年月日,认识、了解大月、小月、平月,掌握记住大月、小月的方法,能够利用方法计算一年的天数,了解闰年、平年,能够利用计算判断平年、闰年。

2. 过程与方法:学生在自主探究、合作交流中学习知识,培养学生的问题意识。

3.情感态度价值观:在学习中感受数学与生活的密切联系。

教学重点:认识时间单位年月日,掌握它们之间的关系。

教学难点:发现并掌握判断平年、闰年的方法。

教学过程:

一、利用学生原有知识经验,以学定教

1. 开门见山,谈话导课

2. 了解学生学习基础

二、小组合作,自主探究

三、探究记忆大月、小月的方法

四、认识平年、闰年并会判断

1. 认识平年、闰年

2. 闰年、平年的形成

3. 判断平年、闰年

五、练习与应用

总结:今天,我们学习了关于年月日的知识,你产生了什么问题吗? 其实在我们学习的这部分知识中还蕴含了许多的天文知识,感兴趣的同学可以继续探究。今天我们就学习到这里。

青岛榉园学校　牟坤

教材简析:《年月日的认识》是青岛版三年级数学下册第五单元的内容。教材通过奇妙的星空这一场景,让学生在初步了解天文知识的基础上,引入对年、月、日知识的学习,感受数学与生活的密切联系,培养对数学的情感。

学情简析:学生在学习生活中,已经初步了解了一些年、月、日的有关知识,积累了一定的感性经验。

教学目标:

1. 知识与能力目标:借助生活经验,认识年、月、日,了解它们之间的关系,初步了解平年、闰年的知识。

2.过程与方法目标：经历观察、猜想、推理等探索过程，在解决实际问题的过程中，能进行简单的、有条理的思考。同时，受到科普教育。

3.情感与态度目标：感受数学与生活的密切联系，提高数学素养。

教学重、难点：

重点： 认识年、月、日。

难点： 判断平年、闰年。

教学策略： 本课力求充分体现以"学生为本"的教学理念，以教材内容和学生实际出发为原则，通过奇妙的星空引出年、月、日的知识，从而激发学生的学习兴趣。以信息反馈师生互动为原则，利用反馈教学法，尽可能地让学生展现自己的思维过程，充分体现教师是学习的组织者、引导者与合作者。

课前准备： 电脑课件，不同年份的年历卡。

教学环节：

课前游戏

1. 正反话

2. 谁来说说怎样才能把这个游戏做好？是的，只要我们把这种全神贯注的态度带入今天的课堂学习，你一定会是收获最多的一个。

一、创设情境，导入新知

二、自主探究，合作交流

三、学习日和时间单位

四、小结

关于年月的知识还有很多，感兴趣的同学可以通过查找资料，获取更多的信息。

五、总结

今天你都有哪些收获？带着这些收获与你的爸爸妈妈共同分享。

也谈备课

在深化基础教育课程改革和新课标之下,需要总结备课新思路,更需要对备课的意义、途径、条件等环节要素重新进行审视和构建。

一、需要具备现代教学意义上的备课观——从封闭走向开放

现代意义上的备课应该涵盖教学目标、教学内容、教学过程、教学评价、教学资源、教学环境等诸多层面。其中教学设计充分再现立体化的备课,表现出时代的鲜明特征。

纵观知识体系与结构,现代教学设计不仅考虑到知识链的"串联",也考虑到了知识链的"并联",也就是说,考虑到前后知识之间的衔接与相关性,考虑到横向的相关学科知识之间的联系,使得备课的结构形成了一个知识场与思想库的结构体系;从时间跨度看,不仅考虑到学生昨天已有的知识与经验、今天的学习需求与学习状态,还要考虑到学生明天与后天的发展需要,教学更要关注学生的生命发展、知识学习的规律和认知状态;从知识呈现的方式看,现代教学设计所体现的是具有生命意义的备课,所考虑的是师生主客体生命之间的对话,备教与备学的统一,在读透教材、读透学生、读透自己上达成和谐统一。

备课不只是一个动态的过程,也是课前的一种教学活动,在教学课程中及时调整教学内容与教学方式也属于备课;课后的反思与改进也是备课。基于此思想,教师的备课质量就会不断地攀升,若沿革下去,备课以至于上课的质量同样得以显著提高。相对而言教师的角色也在发生着变化,教师素养的提升需要不断地学习研究,不断的积累完善,因为只有"艺"高才能"胆"大,只有博学才能达到左右逢源的境地。

二、需要备课的全面与全新转变——从单一走向全面

备课要解决的重点是"怎么教"还是"教什么"。

教师备课的另一个误区是备课时更多考虑如何上好这节课,很少从学生的视角关注学生会怎么想,学生会遇到什么问题。因为备课过程中教师善于以自己的教学愿望为基准点,课堂中努力引领学生进入自己的教学预设情境,可见备课中解决教什么就是本源问题。

以《珍珠鸟》这篇课文为例,这是一篇思想性很强的课文,文章的字里行间透射出人与自然、人与社会、人与人之间的亲情、友情甚至爱情,让人读后感受到一种高雅和谐之美。特别是鸟与人之间和谐关系中那种由生到熟、再由熟到亲过程的细节描写,让读者产生许多美好的遐想,获得美的享受,这就是课堂教学中所期待的效果。因此,教师在备课和教学中可以在"信赖"这个关键词上做文章,找到文章的"眼"。在备课过程中,我们需要考虑到现实的社会背景、现实的社会问题,由此可以得出一个引导学生共同遵循的价值取向。当面对不同年级、不同生活背景的学生群体,究竟怎样围绕"信赖"开展教学活动,教学深度究竟应该把握到什么程度,都需要教师认真对待和研究。

"怎么教"与"教什么"是一个问题的两个方面,是不可或缺的统一体,需要把培养学生和实现教学目标落实到实处。一节课究竟应该给学生留下什么? 在备课和课堂实施过程中究竟是不是满足了每一个学生学习的需要? 哪些知识学生自己能够获得? 哪些知识需要老师的点拨与指导? 我们不能放弃每一个孩子,那么,如何处理好这两个方面的平衡与统一呢? 这涉及诸多的问题。

教什么的主要依据体现在:一是基于课程标准的要求,这里是指以普适性的要求为依据,依据是基本,而不是全部,因为课程标准代表着制订者的价值取向,代表着他们的理解与判断,这些并不能涵盖一切;二是基于个性化的不同需求,这里所强调的是关注所教班级学生的具体情况;三是基于文本的原始立意,首先在吃透文本上做文章,也就是要挖出文本所隐含的教育思想。

现代课堂的备课在"教什么"和"怎么教"二者之间应该做好准备。

首先,确定目标定位时不妨遵循管理学的一句话:做正确的事。即有效的备课一定是建立在方向正确的基础之上,否则就会出现错误的结果。具体到备课,就应该在课改理念上、在文本思想性上、在教育价值观上做文章,体现出教育的本原性,确定出"怎么教"的目标定位。这对不同的学校、不同的教师而言会有不同的答案。

其次,读懂教学内容,必须依据教学目标确立相应的教学方法,进行有效的教学设计。在此过程中,带着自己的思想与同行进行讨论或观点争鸣,最后期待达成共识,才能获得进一步内化教材的明晰合适的教法。然后是上课印证自己观点,通过学生的学习检验自己的思想是否正确,进一步校正。

三、高质量的备课需要充分的准备——从表面走向内涵

教师应该具有对本学科整体理解、整体把握的能力。譬如语文教学,语文到底是什么? 其工具性与人文性的统一是否真正把握并融会贯通? 语文学科到底要给孩子怎样的知识,培养怎样的实践能力,培养怎样的生活理念和人生价值? 语文是做人的一种学科教育,所谓做人就体现在人文性与工具性的两个方面。语文对学生和老师来讲所需要的素养内涵表现在哪些方面? 对教师来讲应该有哪些素养的体现,对学生来讲应该有哪些素养的培育? 这些都需要教师在备课中思考,否则,教学就不会呈现出一种具有生命灵性的状态。

再具体到语文阅读教学,同样作为教师也好,作为学校也罢,都应该认真地思考学科使命,从整体去把握学科任务,强调学科多种任务目的在一定课时中的融合和体现。这就需要有丰富的内涵背景,在这种基础上的备课与教学才能有一种大视野,才能在教学中对学生有更多的启发。

课堂教学所涉及的问题林林总总,需要我们在教学过程中不断地潜心研究,不断开辟备课的崭新思路。就教学过程来说,它是一个动态的过程,看似落实在课堂上的几十分钟,其实,在教学组织实施前的教学设计(也就是现在的备课),以及课后的教学情况反馈(作业批改、考试、学生交流与答疑等)、教师反思等等,都是教学的重要环节。教师在

一学期、一学年中,甚至在其整个教学生涯中都应该是研究教学的状态,都在"备课",同时,教师本身也在不断地学习,不断地积累,不断地进步,不断地发展。教师所在的学校,教师的岗位就是教师发展的平台,在这个平台上,教师在工作中生活,在生活中进步,在进步中找到自己的价值。

综上所述,一些教师在备好课和上好课这个过程中,不是缺乏技术而是缺乏素养,不是缺乏观念而是缺乏行动,不是缺乏基础而是缺乏情感,不是缺乏流程而是缺乏责任。因此,需要做的是在这些"缺乏"之间找到一个连接路径,在多角度、多层次中搭建起有效的连通平台,只有这样,备好课、上好课才能成为可能。

(刊载于《师资建设》2008 年第 5 期)

由公开课所想到的

《师资建设》2007年第6期刊登了山西省小学教师培训中心开展的"三晋之春"全国名师小学语文、数学观摩活动的一篇文章。看罢这篇文章，使我不由地想起人们对公开课的一些不同的看法，一些批评。

如何看待公开课？这是一个仁者见仁、智者见智的问题。经常听到一些对公开课的批评，说什么公开课是作秀课、包装课、注水课、虚化课等。是的，这些的确是客观存在的，是课堂教学研究的一种真实写照，这种被冠有其他意义、异化了的东西使得公开课变了味道，失去了应有的价值。可是，我们现在在社会环境的包围下，公开课的这些弊端一时还不能得到根除，公开课现行的一些做法恐怕还有很大的市场。这需要时间，需要我们共同为净化公开课"市场"来努力。

我们所讨论的是，在现有的环境下，对待公开课是不是可以有另外一种心态，那就是宽容或者说是包容公开课，说得再直接一点就是宽容或包容在公开课上执教的教师。不管是一种什么样的课，授课者在准备课与实施课的过程中或多或少地也在进步，听课者不管是学到了经验还是学到了教训也是有所收获的。当然，宽容不是纵容，而是一种对待问题的一种心态；宽容也不是迎合，而是对待问题的视角发生变化，处理问题得方法发生变化。这里面蕴含着哲学的思维与行为方式。

公开课的看点又是什么呢？可以将公开课与时装模特表演相类比。

T形台时装模特的表演与现实生活并不是完全吻合。模特所展示出来的服饰有很多也不适合人们在生活中穿戴的,模特的走台方式在生活中也是见不到的,可是,时装模特的表演至今还是有很大的市场,它所带给人们的启示是耐人寻味的。透过那些抓人眼球的服饰设计以及模特优美的造型,给观众展示出服饰发展的一种预设的发展潮流,一种文化气息,一种美的精神享受,表现在 T 型台上的这些外在的卖点的背后却隐含着设计者与表演者的丰富的思想内涵。时装模特表演所展示出来的是源于生活又高于生活的艺术创作而并不是现实生活。从这个意义上看,公开课的看点就是授课教师在教学过程中所体现出来的教育理念、教学的学术价值、一些值得借鉴的东西。

　　公开课不能看表面的"热闹"而应该看出背后隐含的东西,不能看表面化的技术性东西,还应该看技术背后的哲学思想。课堂教学中,教师授课所采取的方法是技术性的东西,这里包括教学的基本技能,也包括教学过程中的基本流程,还包括课堂教学的组织,课堂教学规范,等等,这些都是属于技术层面的。不能单纯地将技术理解成有形的显性的具体操作,那些无形、隐性的宏观的运作也是技术。这些都应该引起我们教师的注意。公开课不可能样样都能照搬照学,应该突出重点。观摩公开课不是拷贝公开课。公开课所展示出来的东西是授课教师他本人的,而不是观摩教师的。简单、盲目地模仿、跟风,到头来不仅学不到真经反而还丢掉了自己的风格和长处。

　　作为教学研究成果的展示,一节公开课"装载"了很多流程性的内容,从授课导入到最后的小结,从基础知识到人文素养,从教师讲授引导到学生自主学习等等,其目的是为了交流展示所用,是为了将一些理念、一些教学技巧与方法展示出来,是一种精华的浓缩,而实际上,在日常的常态课中并非如此。假若我们的观摩教师将公开课上所看到那些流程都用在常态课上的话,那就大错特错了。受时间、空间、教学主客体双方状况等因素限制,一节课里不能承载很多教学内容,每一节课的教学内容、重点都应该根据教学的实际需要有所不同,也就是说应该有所为有所不为。可以从整个单元来宏观地考虑整体的教学目标设计,在此基础上再微观地考虑每一堂课的教学分目标。倘若每节课将整体目标所要求的每一个教学流程都在教学过程中体现的话,那么就会出现教学重点不突出,学生学习囫囵吞枣的现象,反而影响教学质量。

公开课的有效性是建立在授课教师与观摩教师之间的"心灵感应",也就是说观摩教师能够从公开课中有所发现,有所感悟。笔者曾观摩过一位来自北京的小学老师的一堂公开课。在这堂公开课中,授课老师对待学生两种不同的意见所采取的评价方式是一种积极、开放的,而不是简单地肯定一方、否定方,不是采取"请君入瓮"的策略将学生的思维引入自己的"标准答案",而是鼓励学生从不同角度来思考。对待那些不够完善甚至错误的意见,通过引导学生自我发现,自我纠正,让学生在自我纠偏中保护自尊心。一切是那么的自然,那么的和谐,无痕的教育效果表现得淋漓尽致。

观摩到这里,给我带来感叹的是,这种教学评价背后隐含着一种教育观的问题,也就是尊重学生,尊重学生原有生活经验,尊重学生思维方式,尊重课堂学习(教与学)应有规律的充分体现。这位老师的教学中的即时评价也是尊重教师自我的实际行动,因为,教师在尊重学生的同时也就赢得了学生的尊重。我们不能将自己的思维习惯套用在学生身上,也不能以成人的视角来置换学生的视角。尽管学生的想法、做法有时看起来是那么的幼稚、笨拙,然而,这些是属于学生自己的东西,属于他们的思维,至于以后学生的思维如何完善、如何形成个性,那是他们在经过自己的学习、摸索、感悟之后所形成的适合自己的东西,这比被老师硬塞给他们的东西要好得多,要更生态得多。适合的往往是最好的。我们应当允许多种思维模式的存在,比方说,一道数学题,有的学生可能用比较麻烦的方法做出来,但这种方法对他来说是自己所独有的,是属于他自己的思维方式的一个结果,是他的思维习惯,假若换成别人的思维习惯他反而就做不出来了。我们当教师的不能因为学生的做法不如自己简便就予以排斥。我们成人在处理和对待一件事情时所采取的应对方式也是不同的,那么为什么非要让学生要与我们教师的思维方式相同呢?我们应该在保护和尊重学生思维习惯的前提下,帮助他们完善,给他们一些积极的建议,拓展并丰富他们的思维空间。这样做,学生的思维才不能被禁锢,创造性思维才能得到发展。

我们要感谢那些出公开课的老师的"勇气",同时也感谢观摩公开课的老师的"宽容"。这种勇气与宽容,是促使教学研究达成和谐氛围的重要前提。有了这种氛围,才能使广大教师分享到集体智慧所带来的愉悦,在教师职业生涯中拥有了一份独特的幸福之感,同时也拥有了一份美妙的期待。

(刊载于《师资建设》2008 年第 1 期)

撰文点评篇

"忽悠"是教育艺术吗？

    看到这篇文章,我从心中有说不出的别扭。我在假设将自己装扮成学生,在试图"分享"教师这种所谓的自以为得意的"将计就计",可总是没有被感动的感觉,而是有一种小孩子纯真的心被"忽悠"的感觉。我在想,这就是我们教育的"艺术"吗？我们老师这种做法的目的是什么？是测试学生对自己的感情指数吗？是在暗示学生应该对教师表示些什么吗？是在通过这种做法来提高学生对教师的爱戴或者说敬畏吗？更为严重的问题是,教师的"谎言"应该如何收场呢？学生从教师的这种"示范"中潜移默化地效仿到些什么呢？孩子的感情是真挚的,不应该被某些不健康的行为所误导。我不敢相信,学生回过味后会对这样的教师能有多深厚的感情？师生之间的感情不是"制造"出来的,而是在生活实际中真心换取真心,真情打动真情而自然生成的。但愿我们的教育多一些自然生态,少一些做作虚假。

【链接文章】

都是谎言惹的"祸"（摘要）

山东省即墨市蓝村镇第二小学　于兰美

    今天,校长告诉我将有一位实习教师到我班实习一个月。于是,我走进教室,把这个消息告诉孩子们。"同学们,从明天开始,咱们班将有一位新老师来和你们一起上课。"听完我的话,原本喧闹的教室霎时安静下来。"老师,你要调走吗？""老师,你不教我们了吗？"

孩子们唧唧喳喳地追问着。看到孩子们那满脸紧张的表情,我灵机一动,决定将计就计。

"老师要调到别的学校去上课了,所以今天这节课是我们的最后一课了。"我的话音刚落,教室里就好像炸了锅一样,"不,老师,我们不让你走。""没有用,已经决定了。"我故意板着脸,一本正经地说。顿时,教室里陷入一片无言的沉默,一种让人心酸的表情挂在每一个孩子的脸上。沉默足足持续了五六分钟,孩子们开始慢慢地打开书,身子坐得直直的,好像在用无声的行动表达着些什么。

上课了,教室里依然很安静,连平时上课经常走神的孩子也目不转睛地盯着我,班中从不举手回答问题的马欢欢这次也举起了她的小手,而且竟然回答对了。课上得很成功,效果也比预期的要好。我被孩子们深深地感动了,我的心头沉甸甸的。

下课了,在我转身离开教室的那一刹那,身后传来了几个孩子的呼喊声:"老师,我们不让你走,我们以后一定会听你的话。"一个孩子失声哭了起来,接着,两个,三个……好多孩子都哭了。我猛地转过身,望着这些纯真的孩子,未语泪先流。我开始有点后悔,甚至觉得自己有些残忍,想把刚才的谎言揭穿。突然,一个孩子跑到我的眼前,把一张纸条塞到我的手里,"老师,把你邮箱的地址给我,等我想你了,我会给你写信。"听了孩子们的话,我决定硬着心肠将谎言暂且进行下去。"好的,孩子们,我知道最后这一节课你们一定有好多话要对我说,那么下节课你们就把要说的话写下来交给我,留作纪念吧。"

上课铃响了,教室里静悄悄的,只能听到孩子们伏案疾书的沙沙声……孩子们的作文交上来了,读着孩子们发自内心的真情的告白,我又一次泪流满面:

"于老师就要不教我们了,这是她为我们上的最后一节课了,这是多么令人伤感的一节课啊!尽管老师还是如往常那般笑容满面,可我就是无法控制我的眼泪,无法不让它夺眶而出。一滴滴豆大的泪珠扑嗒……扑嗒……直往下落。我不敢抬头看老师的眼睛,因为我发现老师那不自然的微笑中,也有莹莹的泪花……"

"今天是我们和于老师一起上的最后一节课了,我们的心情十分沉重。课堂上,我们不敢浪费一分一秒,把老师讲的每一句话每一个字都深深地刻在了心里。"

"下课铃响了,我的心揪得更紧了。老师,我们多么想让时间老人停住它匆匆前进的脚步,让时光永远停留在这一刻,我们是多么舍不得你呀,难道您真的就舍得离开我们吗? 您走了,我们全班同学都会想念你的,会想念您那甜甜的笑脸,想念您那谆谆的教导,想念您和我们一起度过的许多美好的时光。老师,我们永远爱您!"

教学反思:

阿基米德曾经说过:"给我一个支点,我可以撬起整个地球。"在这儿,我要说:"给学生创造一个真实的生活情境,就可以让每一个孩子都发掘出自己无穷的潜能,成为一名挥毫泼墨的大作家,口若悬河的演说家。"上述这一切,可以说都是谎言惹的"祸"。然而,正是因为这一句谎言,却使孩子们经历了心灵的碰撞,迸发出了创造性思维的火花。孩子们那一句句真情的告白,时时回荡在我的心头,时时提醒着我:爱孩子吧! 尽你最大的努力去为孩子们创造施展才华的广阔天地吧! 孩子的潜能是无可估量的!

《缺角》的感悟

有这么一则《缺角》的寓言故事,说的是一个缺了一只角的圆,为找回那只角,让自己真正"圆满",便开始了辛苦而又快乐的寻找。然而,当它终于找到属于自己的那只角后,却又轻轻地把它放下,回归到那并不完美,却可以与鲜花和蝴蝶为伴、一路上有歌的日子中……

这个简单的故事,却蕴含着丰富的人生哲理,读后耐人寻味。

追求完美、崇尚美丽对很多人来说是一种渴望。为了完美,为了美丽,人们进行着形形色色的"包装":有掩饰,也有伪装,还有修炼,更有再造。一时间"塑造"出了一个看似完美、美丽的形象,可是事过境迁,所包装出来的完美、美丽便出现了"危机",又需要开始新的包装。每次包装之后似乎有了新的面貌,但是,由于包装是按照"统一标准答案"来实施的,表面上看包装有了成效,在包装之下大家成为"理想"的"标准人",可是由于每一个人都存在着"个体差异",在一定的条件下会出现"抗体",最后便导致因"水土不服"而事与愿违。

浮躁的社会风气使得"缺陷"没有留存之地,不能被容忍,人们进行包装是不得已而为之。

有一点缺陷又怕什么呢? 我们有必要投入相当大的成本来弥补那些一般性的缺陷吗?

其实,有点缺陷可以展示出人们那种质朴、纯真、直率的优点,可以呈现出更鲜活和更有个性的"自然人"所具有的原生态的品质,还可以为我们的生活留出拓展的空间。而这些"缺陷"与那些"虚假"相比是更具有生活气息的。

性格各异、并不完美的人们组成了多姿多彩的社会。有缺陷的人，他们的人格魅力往往是独特的和具有磁性的，往往成为被吸引、被效仿的对象，给那些追随者的生活增添了无穷的情趣与活力。

生活中的琐事也是如此。不可能事事都是随心所欲，都是那么完美无缺。假若刻意去追求完美，不能宽容缺陷存在的话，那么生活的天平就会失衡，就会自寻烦恼。

我们所生活的大千世界是一个充满矛盾的世界，人们在矛盾、运动着的世界中力求寻找理想与现实之间的平衡。完美是一个理想，但不是现实，是追求的目标，但不是追求的目的。我们需要完美但又不是"成为"完美，我们需要美丽但不"就是"美丽。

容忍、宽容缺陷并不是简单地为其存在来辩护。所表达的意思是：缺陷是客观存在的，而且缺陷还处于运动、变化的状态。旧的缺陷克服了，新的缺陷又出现了。我们需要为了完美而努力去克服缺陷，但是又不能为克服缺陷而不能自拔。这需要有一个度的把握。如果超出了限度，超出了客观条件，其结果往往是物极必反。

理性地看待完美，宽容地对待"缺陷"吧！因为有了与"缺陷"相伴的生活，或许使生活更加美丽，而这种"美丽"就是生活享受的一种写照。

（刊载于《师资建设》2009 年第 5 期）

【链接文章】

坐看云起，笑对圆缺

——关于《失落的一角》的随想

刘青

一个缺了一只角的圆，为找回那只角，让自己真正"圆满"，便开始了辛苦而又快乐的寻找。然而，当它终于找到属于自己的那只角后，却又轻轻地把它放下，回归到那并不完美，却可以与鲜花和蝴蝶为伴、一路上有歌的日子中……

一个简单的故事，却蕴含着丰富的人生哲理，足以让人有所思、有所悟。然而，阅历不同、追求不同、心境不同，其感悟也不尽相同。其实，又何必求同？

你可以想到完美与缺憾。那个圆，也许是上天的疏忽，或者是其他什么原因，让它失去了一只角。正因为要弥补这个缺憾，它才会有一路的寻找、一路的收获，如果它生来"圆满"，它还拥有这一切吗？

你可以想到得与失。那个圆，终于修成正果，找到了自己的角，却在飞驰中失去了曾经有过的情趣，失去了原本快乐的歌声，再也看不到一路上美丽的风景了。如果它得到的是"完美"，它失去的又是什么呢？

你还可以想到那只被遗落的角。缺了它，那个圆起码还可以走动，可以寻找，可以看到大千世界。而这只角呢，孤苦伶仃，像货架上的鞋子，被人们试来试去。天知道它要在这里等多久，天知道它已经历了多少次的失望！它何曾不想唱着歌去寻找自己的幸福？

你还可以想到过程与结果，想到珍惜与放弃，想到家庭与事业，想到健康和快乐……

当然，你也可以把圆满作为最高境界，把完美视为终极追求。然而，"月有圆缺"，"人无完人"。圆有圆的大道理，缺有缺的大智慧。感谢上天！让我们生来就不完美；感谢缺憾，让我们始终能有追求。人生如同旅程，岂能行色匆匆，无视一路美景，只为早些到达终点？人生如同日月，岂能总是日如中天、月如银盘，没有个晨昏圆缺？

"行到水穷处"是一种经历，"坐看云起时"才是一种境界。生活、事业中不可能没有忙碌、没有压力、没有挫折。经常坐下来，与自己的心灵对话，就如同长途跋涉的旅行者住进一座驿站，洗去身心的疲惫，还自己一分从容与宁静。从行囊中拿出那只"角"，轻轻地放在地上，出得门来，坐看白云舒卷，笑对人生圆缺，不亦乐乎？

爱是一种互动

首先佩服王老师这种做学习有心人的精神。然而,在学习、思考之后,总感觉还是少了些什么。

爱一定或者必须就不是一条单行线吗? 比方说,老师对学生的爱一定要有学生对老师的爱作为回应结局吗? 学生不可以"先"对老师爱后再产生教师爱学生的回应吗?

爱应该不是单行线,但爱也需要有单行线。前者,强调的爱是一种互动,强调爱的回应效能,在学校教育方面追求的是一种功效,也就是说,通过我们的努力使教育者和被教育者在教育的过程中得到爱的洗礼与享受。后者,强调的则是一种境界,一种执著,一种追求,不是吗?素不相识的人之间的一回让座、一次搀扶、一个微笑之后随即消失在茫茫人海中,很多情况下并没有得到回应,但是,对那些做出爱的举动的人,他们却得到了一种精神上的满足,因为他们知道,这是他们的一份责任和义务,这种爱的举动已经内化为他们的一种精神。

爱,不是一条单行线也好,是一条单行线也罢,最后都归结到我们需要构筑一种和谐社会,这种和谐就体现在"同"与"异"之间,殊途同归,阴阳平衡,人人都有爱,人人都献出爱,爱在单行与双行的旅途中让人间充满阳光。

爱不是一条单行线（摘要）

青岛东川路小学　王霞

今天看电视的时候听到了"爱不是一条单行线"的对白，那时我突然想到的就是老师与学生的爱，老师与学生的爱也不应是一条单行线，我们平时总是讲老师对学生的爱，却忽视了学生对老师的爱。一味地强调老师对学生的爱，可是我们有没有想过学生对老师应该也有爱呢？我们无私地付出，有时经常徒劳无功，这是为什么？因为学生没有接受老师的这番心意，学生并没有因为老师的付出就爱老师，这就像"付出"与"回报"的关系一样，"付出"不一定就有"回报"，老师对学生付出了"爱"不一定就能得到学生的"爱"，所以我们在爱学生的时候也应该讲究方法，不是单纯对学生付出就是"爱"，在爱学生的时候我们应该更多地思考，学生是不是喜欢我们这种方式的爱，这样做能不能换来学生的爱。当老师拥有了学生的爱，那么他的各项工作都好展开了。

243

撰文点评篇

帮助学生树立正确的人生目标

"换种方式和学生聊天"——这个做法好,这体现了教师对学生的关注,这就是教师的责任,就是教师的良知。从刘明环老师的文中所述可以看出,她是用心地观察学生的行为以及成因,在考虑通过什么有效的途径走进学生的心灵。

需要引起我们注意的是,教师在与学生交往的过程中,在试图帮助学生解决存在的问题的过程中,如何能坚持下来,持之以恒。因为,学生在克服存在的问题的过程中会出现反复,甚至局部的倒退,这些情况是正常的,对此教师应该有这种心理的准备。

另外,在与学生对话交流、聊天的过程中,究竟给学生发展带来些什么? 我们常常犯的错误是,在与学生进行说理时往往存在片面理解或者价值取向导向偏差的问题。如把考上大学作为人生中获得成功的标杆,把成名成家与文化学习结合起来。不可否认,上大学、成为明星,是一个人在某一个阶段中成功的标志,也是人生成功的重要的基础,这是每一个学生需要追求的一个目标,也是个必要的条件,但是,这是不是充分的条件呢? 万一这些学生中如果有的将来考不上大学,成不了明星,那么他们的生活是不是就从此黯淡下来了呢? 万一在"追求目标"的过程中遭受点挫折,那么是否还能够坚持走下去呢? 对一个将来在社会上立足的人,是不是只有为了考大学、当明星就需要"好好学习"呢? 人生的目标究竟是一个孤立点好呢,还是点、线、面的结合好呢? 我们需要反思并重构思维体系的是,如何促进学生目标动机的和谐性与科学性,使得学生正确的信念得以坚持下来,形成一种自觉的力量。

【链接文章】

换个方式跟学生聊天(摘要)

青岛东川路小学　刘明环

班主任老师总会经常性地找个别学生聊天,我们都习惯用一种老师的语气,常常以"你现在还小,不知道学习的重要性","你应该好好学习,不然会后悔的"等等之类的话来劝学生。在看似平等的关系中,教师仍是居高临下的;在看似亲密的关系中,学生的心灵仍是封闭的。久而久之,学生习惯了老师的唠叨,习惯了心灵的封闭,也习惯性地以"乖乖"的沉默来对付老师的教导。这种教导的效果是可想而知的。班主任付出了大量的时间,但效果几近为零。

王×恭敬地站在我的面前,十分温顺的样子。他的嘴里不断地重复着"嗯"、"好的"、"知道"之类的话。当我问他在学习方面有什么困难的时候,他很干脆地回答:"没有"。当我问他这次考试考得怎样,他也说不知道。我知道,他从表面上看上去很温顺,但他的心是封闭的,根本不愿意向老师诉说心中的想法。

王×的成绩处于班级的最后几名。老师布置的作业,他每次都会完成,但一般都是潦草地完成。老师把他叫到办公室,要求他认真地完成作业。他会爽快地答应,但之后的作业仍然照旧,没有丝毫的改进。

后来我无意中听同学们说起,王×说上完小学后,他妈妈就会把他送进体校去。这个信息对我来说非常重要。也许正因为这个想法,他才漠视自己的学习,拒绝老师的意见,大概只一心想着上体校而不用成绩好吧。

我又把王×叫到我的身边。不过这次,我决口不提他的成绩,只是和他随便聊聊。当我装作无意地提到我亲戚家的孩子在体校上学的时候,他变得兴奋起来,开始认真地听我说起来。

当我说到这个孩子因为文化成绩太差而与心仪的大学擦肩而过时,王×也吃惊了:"不是说上体校不要求分很高吗?"我反问他:"你觉得没有文化的人可以成为体育明星吗?"我跟他聊起了姚明,聊刘翔,这些人都曾经为学习而付出过努力,哪怕只为出国比赛,也要会说英语呀! 他的脸上有了几分忧虑。我想,不需要说得太多,只需点到为止。

这几天,我竟然发现他开始努力地背英语了(是不是真的只想学好英语我就不得而知了),而且在我的课堂上,他举手回答问题次数也越来越多了,虽然还是对的少,错的多,但对于我来说已经是欣喜了。

我问他是不是有了自己的目标了,他点了点头。我知道:他这个时候的点头,和以往的"嗯"、"好的"之类的话不同,是真心的认同,大概会成为他追求目标的起点。

惩罚，是一种生活现象

关于学生惩罚与激励的问题一直是仁者见仁、智者见智的问题。但是，我们往往出现的一种倾向是对惩罚与激励的带有"色彩"的看法。在我们现实生活中，作为一种生活现象，惩罚也好，激励也好，这些行为不是比比皆是吗？在"惩罚"之下，在"棍棒"之下，不是也出现了栋梁之材吗？在"奖励"之下，在"溺爱"之下不是也出现了害群之马吗？可能，这种提法是极端的，那么，就冷静地思考，我们是不是在"惩罚"与"激励"不当之时，为我们的盲目、失误所造成的教训而买了单呢？

"惩罚"也好，"激励"也罢，这其实就是一种生活现象。这种现象里，有合理与不合理、合情与不合情甚至合法与不合法之分。至于怎么使用，完全取决于事情缘由、情境影响、个体差异等因素。出现了触犯法律、校规的行为难道就不能进行诸如处分、批评等惩罚吗？这时的熟视无睹就是对这种行为的纵容。另一方面，对一些有益于社会、有益于集体甚至有益于自己的良好行为不去褒奖的话，这就是对正义的亵渎。

有些事情，有些个体就需要有一定的、适当的"惩罚"来予以警示。没有科学的"惩罚"的教育并不是和谐的教育，就像一个人生了病不去吃药治疗，而是一味地吃一些没有针对性的"营养品"的话，其后果将是危险的。我们还有一些人，就很适应"惩罚"，就需要"惩罚"，有了这些就能够约束自己。经不起"惩罚"的人，在社会上的独立能力将是弱小的。在"激励"的蜜罐中成长起来的不一定就是栋梁之材。

我所谈论的"谬论"并不是为"惩罚"来鸣冤叫屈，也不是对"激励"

歌功颂德,而是谈了一个观点:不要一种倾向掩盖着另一种倾向,一个极端走向另一个极端,任何事情都是有一定的局限性,生活是五彩缤纷的,也许一种方法、一种模式在一定范围内是有效的,但它并不是放之四海而皆准的。因此,我们需要思考和矫正的是我们的思维与行为方式的科学性,把"惩罚"与"激励"的功效用在合适的地方,用在科学与和谐的意境中,这样,我们的教育才能走进被教育者又走出被教育者。

【链接文章】

惩罚是教育失败的根源(摘要)

青岛东川路小学　李东方

我们不知道遇见多少淘气孩子,整天挨老师的批评,整天被家长打骂。这样惩罚的结果能把他们教育好了吗? 未必! 我班贾晓龙常常和同学发生矛盾,自然群众关系不好,一了解,他一犯错,回家就要挨揍。前几天,他又做错事,我就问他:你最怕什么? 他说,他最怕爸爸揍他。我在想:"都揍你了,你怎么还记不住呢? 怎么还不改呢?"我跟他妈妈说过,既然用打的方法不能让孩子进步,就别打了。虽然时不时还会犯错,但我也不放松对他的表扬。周二,我测验了一张卷子,他考了98分,手捧卷子来到我面前说:"东方老师,期中考试我一定要仔细点,要考得比这次高!"看他满脸高兴与自信,我高兴地对他说:"等着你的好成绩!"

哪些做法属于"惩罚"的范畴呢? 最常见的是口头批评,对孩子没完没了的数落,把孩子说的一无是处,对孩子的做法、看法总是持否定态度,用眼睛瞪孩子,不理睬孩子,把孩子轰出教室,让孩子长时间站着,让孩子一动不动地坐几十分钟……惩罚的结果让学习吃力的孩子更加自卑,让常常出现问题的孩子更加自暴自弃,让本来就顽皮的孩子丧失自尊心和自信心,让这样的孩子失去童年的欢乐。

那么,当孩子犯了错误的时候不许批评吗? 不是! 没有批评就等于放纵孩子的不良行为,但是批评的时候,一定要讲清其危害,是在告诉孩子这样做为什么不可以,这样做对别人、对自己、对集体有什么不好。

从"我们都是地球的孩子"看责任教育

李老师的这篇文章,自然真切,她是带着感恩的心阐发她内心的情感. 让人们读后心灵受到震撼。

作者在这篇文章的字里行间流露出有幸降生在地球上,成为地球妈妈怀里的几十亿人大家族中的一员,与其他"孩子"共同享受着人类幸福的生活所带来的快乐。通过她对子女的言传身教,表达出对地球妈妈的热爱,同时,也表达出作为地球的孩子所应该担负的责任,这是一个立意很高的责任: 地球妈妈赐给我们生命,抚育我们成长,而在为我们付出的同时在一天天地变老,"器官"在衰竭,"营养"在减少,那么,作为地球的后代怎样才能让地球妈妈焕发青春,继续抚育我们的子孙后代?

地球是整个人类的共同的母亲,我们应该敬畏我们的地球妈妈,我们大家都应该担负起回报地球妈妈养育之恩的责任,自觉"赡养"我们的地球妈妈,只有地球妈妈健康长寿. 我们才能有高质量的生活. 否则,虐待地球妈妈的种种行为必将要遭到大自然的惩罚! 到那时,我们的河流会枯竭,我们的良田会荒芜,我们的森林会不见,我们的能源会枯竭。因此,保护我们的生存环境,保护我们的生存资源,这是我们的责任。

责任教育应该是纳入我们每一个人生活中的必修课。这种课,不是把孩子关在教室里滔滔不绝地灌输所能完成得了的。这种课的课堂在地球上,在社会上,教材资源来自生活中的方方面面,教师就是我们

撰文点评篇

地球上的每一个孩子,评价考核者就是每一个地球的孩子,而考官就是我们的地球妈妈。

在地球几十亿的茫茫人海中,有相识的有不相识的,有结成亲缘的也有不同政见的,但是,不管怎样,作为地球妈妈的孩子,为了妈妈,为了自己,我们应该携起手来,尽自己的微薄之力,像李老师那样真情回报地球妈妈,让人类充满阳光,使和谐在大家的努力下变得更加美好,使我们生活的美好的回忆被赋予更有意义的东西,让责任成为大家的一种自觉意识。

【链接文章】

我们都是地球的孩子(摘要)

李淑芳

我们生活在地球上,我们都是地球的孩子。但是从小在老师们"我们的国家地大物博、幅员辽阔"的教导声中长大的我们,在"我们的国家幅员又辽阔,春有鲜花,秋有金星"的歌声中成长起来的我们,始终觉得地球上的宝藏是取之不尽,用之不竭的,从未担心有一天地球上的资源会用尽,地球妈妈会枯竭……

人们都说,人最难得的是要有一颗感恩之心,地球给我们提供了如此丰富的资源,作为地球上的一分子,我们是否应该扪心自问:我们应该如何感恩地球——我们共同的无私的母亲。

作为一名教育工作者,我时常在考虑一个问题:我们的学校甚至于班级,今天这样一个主题,明天那样一个主题,伴随着一个个"响亮"的主题长大的学生到底学会了什么?学校食堂垃圾桶里被扔掉的整个馒头、学校走廊甚至于教室里大白天亮着的灯光、洗手间正在滴着水的水龙头、吐在地上的口香糖……这些不起眼的"小事"是否可以作为班会主题让我们的孩子去细细考量?

教师应多读书、读好书

读着宋老师的读书感言，有一种感同身受的感觉。是啊，窦桂梅作为一名起步较晚的农村小学教师之所以能够走到现在、走到今天，我想，她前进的道路上的每一步都是用书铺就的。她提出的"三个超越"，不是每一位教师都能达到的，她之所以敢于超越、能够超越，是因为她拥有一个最好的指导教师，那就是书。

书是人丰富精神世界的最有效的方式，也是实现教师专业发展的主要手段，但是，现实中老师的阅读现状却令人担忧：一是教师的阅读行为越来越平面化，如经典的人文作品与科学著作日益受到冷落，娱乐性的休闲读物却逐渐受到青睐。二是阅读的狭窄化，阅读的内容仅限于自己所教的学科。三是阅读的功利化，只关注教参，长此以往就导致了课堂教学的程式化。这种现象值得引起每一位教师的注意。如果我们还不能认识到这一点，只停留于学习的表面化，那么最终将会导致自己人生的平庸化！

【链接文章】

读书有感（摘要）

青岛惠水路小学　宋兆蕾

超越教材、超越课堂、超越教师是窦老师富有创意的理念。当我们对这位年轻特级教师的创造力发出赞叹的时候，往往容易忽略一点：超越必须始于一个平台，必须拥有一个原点，这就是常常被人们忘记的"学好教材"、"立足课堂"、"尊重教师"。那就让我们走进名师的"家常课"，从"学好教材"的原点开始，审视窦桂梅的教改主张，看看"三个超越"到底是要拽着学生的头发离开地球，还是建立在坚实基础上的改革创新。

以往的语文教学，教师只守着一本教材教学生阅读、学习。窦老师带领学生积累了 300 多首古今诗词，精讲了 180 篇文章，泛读了 84 篇文章等。可见，超越教材，就是让我们带领学生多角度、多渠道、全方位积累知识，让我们引领学生走进阅读的空天阔海。

超越课堂不仅仅把语文从课堂延伸到学生的生活中去，还要触及学生的心灵。只有这样的学习才是感受自然、发现社会、体悟人生，才是为学生的终身学习奠定坚实的基础。

教师的自我超越，是富有时代魅力和精神境界的行为，使自己不断学习、不断进步、不断创新，成为学生心中一本百读不厌的大书。

读书是一个教师的内功，是一个教师的本分。

反思"学习者精神"缺失问题

　　王有升老师这篇文章中提出的"学习者精神"缺失问题是基于现实生活的观察与反思。这也就是我们为什么在构建学习型组织、学习型社会的过程中步履艰难的原因。人，应该是有点精神的，没有精神力的驱动，就没有学习的动力与动机。

　　那么，为什么学习者缺乏精神呢？这需要我们深刻反思。这个反思不仅是面对社会，面对他人，而且更重要的是要面对自己。精神，或者说精神力是一个民族兴旺发达的基石。试想，假若缺乏精神，学习者的学习热忱还能支撑多久呢？假若缺乏精神力，一个民族的竞争力还能有多大呢？

　　文中提出了人即学习者的观点。这个观点提出了我们如何对待学习的问题。作为自然人也好，社会人也罢，经济人也好，道德人也罢，他们每时每刻都处在学习环境之中。一个人从一降生起就处在学习的进程之中，不管是衣食住行，还是读书工作。只不过，有些人学得更深刻些，有些人学得却肤浅些，但不管怎样，每个人的学习都应该以满足其生存为底线。当然，有些人因学得"好"而过上了"富裕"的生活，有些人学得"不好"只能过简陋的生活。这里，需要对学习有一个重新的认识，那就是，学习不单是本本，更重要的是生活的一种状态，是一种生态化的东西。

　　作为现实社会中的一员，每一个人都有过上"好日子"的理想、期盼，这是人们的内在需求。可是，总有不同阶层、不同社会位置的角色存在。作为一个组织，也寄希望于其成员们能够在推进组织发展中发挥出效能，使组织在社会中占据应有的地位，但最终有雄起的，也有败落的。花开花落，兴衰轮回，这是自然规律，但在这个过程中，有的人、有的组织却享受到了精神的愉悦，而有的却遭受着精神的压抑。因此，作为人，还是应该时刻想到自己学习者的身份，有了这个意识，在对待社会、对待工作、对待生活时就会更认真些，从而就更能激发出精神的力量。

【链接文章】

现代教育理念中"学习者精神"的缺失与重建（摘要）

王有升

现代教育理念高度弘扬学生的主体性，强调学生作为具有主体性的人所理应具备的品性，"学生也是人"被认为是现代教育理念最重要的发现之一。这种对学生主体性的强调，对学生独立人格的尊重，无疑具有极为重要的意义。但这种旨在扭转传统教育弊端的表述也蕴含着一种教育精神的失落，人作为"学习者"所理应具备的品性变得隐匿不彰。由此，导致了现代教育的一种内在悖论，造成了现代教育理论诉求与教育者经验的内在断裂，也导致了现代教育中"学习者精神"的迷失与"虚假主体性"的泛滥。为此，我们需要重新考察人作为学习者的基本涵义，重新明确人作为学习者所应具备的基本精神品质。通过人类学意义上的探讨以及基于历史文化视野的探索可以为此提供有益的启示。

一、人：学习者

二、虚心学习的意向是决定能否真正成为学习者的首要因素

三、志向与意志使学习者成为真正的文化主体

四、"诚"、"敬"、"专一"是学习者投入学习的必备状态

感动之后是行动

刘可钦老师的教育情怀是朴素的、原生态的,她的教师生涯中没有惊天动地的"英雄事迹",也没有轰轰烈烈的"感人场面",但是,她在日常学校生活中的那一件件、一桩桩的教育生活化的细节故事,透射出了她那教育的真诚。她把学校教育与个人的生活紧密联系到一起,成为不可分割的一个整体。

刘可钦老师的举动看似那么的平常,那么的简单,可这平常与简单的背后却代表着很高的境界。因为,在她的眼中,每一个孩子都是块"宝",都是有用之"才",她相信经过学校的学习,每一个孩子都应该在社会上找到原本属于他的"位置",这些位置的组合构成了和谐社会的基础。

反观我们的一些学校、一些教师,他们在功利教育的影响下,教育的真谛、教育功能被异化,以至于一些教师把自己"不得已"的做法归咎于这种"大环境"。可是,就在这同样的大环境下,为什么会出现刘可钦式的优秀教师群体呢?我们教师中那种眼睛只盯着少数考试分数高的学生、忽视大多数考试成绩平庸的学生的做法是不是应该进行一下检讨和反思呢?

教育就是应该使每一个孩子成为他自己。教育就是应该设法使每一个孩子将来能够在社会上找到属于他的位置。教育也可以使施教者享受到生活和发展的快乐。这就是我们教育工作者的责任。如果我们教师具有这样的教育理念的话,我们的心态是不是就会更平和一些,就会在所处的不太好的教育生存环境的夹缝中找到可以自由发挥的空间，来实施人性化的教育，来进行"布道"、呵护和引领。

　　感动之余应该做些什么呢？那就是行动！期待着刘燕老师、东川路小学的老师，还有其他更多的老师们，行动起来、坚持下去。其实，刘可钦老师离我们并不遥远，有时就在我们身边，只不过我们还没有发现、没有整合。有行动就有收获，但愿我们的老师待山花烂漫之时能在丛中享受到收获的喜悦。

【链接文章】

无法拒绝的感动（摘要）

青岛东川路小学　　刘燕

　　4月21日，国家级数学名师刘可钦老师来到我校。下午的讲座中，刘老师更是用具体的事例，展现了她开放、民主、平等的教育观，没有什么高得无法触及的理论，也没有惊天动地的创举，每个事例都那么实在，而且这些事情就真实地发生在我们的身边。如当举手回答问题站起来却不会的时候，学生迟到的时候，学生作业没有完成的时候，当学生的想法完全错误的时候……而刘老师都用自然而然流露出的爱心化解。这些问题，也是我们在实际工作中经常遇到并成天为之烦恼的，但刘老师处处让学生体验到一种自由、尊重、信任。特别是她讲述的关于一个小孩痴爱画画，把他了解到的天文知识画在桌子上、板凳上的故事，给我留下深刻的印象。老师走上前去，发现了学生热爱天文知识的秘密，以至于后来老师专门为这个特殊的学生举办了一次天文讲座。最后，刘老师说，看看孩子究竟在画什么，有没有教育的空间在里面。这句话深深地打动了我：一位多么细腻的老师！一份多么细腻的爱呀！老师需要一双发现的眼睛，去发现每个孩子所作所为的背后隐藏的秘密。同样，这需要爱和耐心的"融合剂"。日常时候，我们往往失去了这样的耐心与童心。就是因为孩子的习惯不好大声斥责，如果第一招不管用，再教育，久而久之，孩子的智慧就这样泯灭、消失。一想到这些，禁不住有一种愧疚的感觉，想想自己因为这样"粗糙"的处理，是否使学生原有的美好的梦想就这样"夭折"了呢？

关于"教育就是培养习惯"的思考

读罢姜老师的《教育就是培养习惯》一文,感到这是一个很用心的老师。她从培养学生"马上就做"、自主自立两个方面,谈了她的教育实践与体会;从榜样的力量与"细节决定一切"谈到教育工作者在培养学生习惯养成方面应该注意到的问题。文章朴实实在,给我们一些思考。

教育就是培养习惯,这句话对我们来说似乎是耳熟能详,有的老师甚至还可以阐述出一大堆道理来。可是,真正地把这个理念能够有效、科学地落实到具体的教育教学生活中的并不多见。这里,首先有一个"好"习惯与"坏"习惯的判断价值标准问题。其背后就是我们的教育理念问题。不同教育理念背景下的"习惯"的判断标准是不同的,西方人与东方人受传统习惯等因素的影响,使得教育在复制着"传统",将其传输到受教育者身上,形成传统所认可的"习惯"。

传统的习惯势力只要是对社会有推动作用的,对人们所处的环境是适合的,就应该传承下来。问题是那些明显阻碍社会发展、违背教育规律的"传统习惯"却很少有人真正去触及它,去进行改造。所做的要么是回避它,要么是还在沿用它。这样一来,一些受教育者在这些"问题"习惯的"培养"下,成为一个个平庸的人。

在培养学生方面还有一个突出的问题就是怎样唤起学生自我培养的意识与能力。我们的教育长期以来"习惯于"大而统一,在强势的外力压迫下,学生只能"招架"、应付,没有自己的自主权,那种不能通过自己的切身体验,缺乏主动的意识所硬性"制造"给学生的习惯是不能长久印刻在学生心灵深处的。

　　培养学生的习惯首先需要变革教育者的思维习惯,其次再调整教育者的行为习惯。这样,使受教育者所接受的"习惯"教育才能入脑入心,才能对其一生都有用。

　　可喜的是姜老师已经注意到上述的问题了。我想,假以时日,姜老师在她的教育教学实践中定会创造出符合教育规律、与时俱进的"习惯培养法"或者是培养模式。只要行动就会有收获,我们期待着那一天的到来,与姜老师共同分享成功与收获的喜悦。

【链接文章】

教育就是培养习惯（摘要）

姜俊颖

　　近代教育家叶圣陶说:"教育就是培养习惯。"什么是教育?当你把受过的教育都忘却了,剩下的就是教育。谁都明白,剩下的就是习惯——好习惯或坏习惯。而这些习惯是在长期里逐渐养成的一时不容易改变的行为、倾向或社会风尚。习惯总是表现于一个人的行为中,而且是比较稳定和自动的。但习惯形成和表现于行为也受诸多因素的影响。而一个人一旦形成一种良好的习惯,这种习惯的深化和整合又能促进其健康人格的形成。

　　在这里我先讲一个小故事。当一批诺贝尔奖获得者云集巴黎时,记者们蜂拥而至,纷纷采访大师们的成功之道。不料,一位获奖的老人回答:"我的成功归功于小学,因为小学让我养成了良好的习惯。"这是一个绝妙的回答,这是一个科学的结论。人的良好习惯的形成,在幼儿时期和小学阶段所接受的教育至关重要。古人有"少成若天性,习惯成自然"的说法,便指从小培养和造就人才的重要性。

　　小学生是处于成长、发展中的一代人。因此在习惯的培养上要注意其基础性。让学生养成做人的习惯、做事的习惯、学习的习惯。我们认为这三个方面的习惯应该是成才的基础。学生习惯的培养应从日常学习、生活具体的基本行为着手。

关注每一个孩子

看罢这篇文章后,老师们您有何感想呢?

李老师所看到的现象在我们学校里比比皆是,可怜的孩子们就是在这种课堂的环境中,慢慢地变得"失语"了,变得懦弱,变得冷漠了。这样的教育能够培养出有思想的创新人才吗? 能够培养出热爱生活的自然人吗? 能够培养出自立于社会上的社会人吗?

我们老师为什么不关注"差生"呢? 为什么不能容忍学生的缺点甚至错误呢? 我们都有孩子,当您自己的孩子犯了错误您能置之不理吗? 我们也是从孩子阶段过来的,当年被老师、被他人所忽视的感觉难道就忘了吗? 远的不说就说现在,我们如果被同事、被领导所忽视,自己在心理上能好受吗?

关注孩子们吧! 多关注一个孩子就多给自己带来一份"福分"。不是吗? 将来总有一天我们老师会得到曾经教过的学生们的回报,因为,他们会"知恩图报"的。在这个时候,我们做教师的不就感受到职业所带来的幸福感了吗?

关注孩子们吧! 多关注一个孩子就多善待了一个生命,就多塑造了一个有益于社会的生命,就为社会多作了一次贡献。这又何乐而不为呢?

尊重生命吧! 尊重孩子的生命也就是尊重自己的生命。但愿我们的课堂能够回归到田园春色中来,变得更温馨、更和谐,让课堂成为老师们、孩子们共同成长的幸福的家园吧!

老师从来不叫我（摘要）

李淑芳

　　期中考试结束后的一天,有机会到一所初中学校调研,随意地到了一位语文老师的课堂听课。我手提小凳,选择了教室最右后角的一张课桌边坐下。因为右边最后一张课桌两人的位置只坐着一位男同学。我对他善意地笑了笑,问了一句:"我可以借你课桌的一隅记一下笔记吗?"他笑了笑算是默许。

　　一个环节是老师检查学生对课文的预习情况,看哪位同学能按老师的要求背诵课文的前两段。老师要求能背过的同学举手,我向前看了一眼,班上无一人举手,这时坐在我右边的这位男生小声对我说:"我能背过。"我说:"那你快举手啊"。谁知他接着说了一句:"我举手老师也不会叫我"。"为什么? 你举手试一试嘛!""我不试。""为什么不试?""没有用的。"一节课,我的这位"同桌"不停地举手,但是始终没有发言的机会。

呼唤对"弱势群体"的关爱

周教授所讲述的故事,所谈论的问题,发人深省。与国外学校形成鲜明对照的是,我们对那些在学习上、身体条件上、智力发育上的"弱势群体"的态度是冷落甚至是歧视的。

我在想,为什么会出现这个问题?难道教师不知道"爱"自己的学生是自己的工作职责吗?难道教师不曾努力去试着爱学生吗?当然,要说清楚这件事也不是简单几句话就能讲明白的。

"爱"的缺失问题是现在存在的一个重要的问题。这种爱的荒漠化现象影响到今后和谐社会的构建。我们现在所生活的社会大环境中,在很多方面还存在着不够和谐的死角、环节,社会上的那些弱势群体,那些生活在社会底层中的普通老百姓,他们在为每天的生计发愁,在为孩子的生活四处奔波,可是面对他们生存这种状况,作为那些"优势群体"又是怎样对待他们的呢?社会的主流文化又是怎样去呼吁、感召并唤醒那些有良知的人们呢?在这种大背景的影响下,一些学校、一些教师的随波逐流也就不足为奇了。

诚然,对弱势群体的关注、关爱,需要从根本上来解决,需要我们的社会不断进步,我们的经济不断发展,这样,我们在制度上、在财力上对他们有扶持有保障。但是,在社会转型期间,我们不能把关注弱势群体的责任简单地推给国家、推给政府,因为,我们的社会是由每一个细胞组成的一个统一体、一个完整的机体,这个统一体中假若有一些细胞不健康的话,那么这个社会的机体就会出现不适的症状,就会"生病",就会影响、威胁着其他健康的机体,到那时,你就有可能会为自己的"与己无关"埋单,就会后悔当初我们为什么不去帮助那些不健康的机体解除病灶呢?因此,作为本应是和谐社会大家族中的一员,互相之间的关爱,不仅是为了他人,同时也是为了自己,更重要的是为了社会的大家庭。只要社会的每一个细胞都是健康的,那么这个社会的肌体就是健康的,而这个健康的社会机体反过来又能通过自己的"健体强身"的功能为自身的机体增添出更强的活力来。

关爱弱势群体应该对生命的意义、内涵有着深刻的认识和理解。要树立珍爱生命的意识。每一个生命降临到人间,在社会中的出现,都对幸福充满了憧憬,希望享受着自己所渴望、能够得到的幸福,享受到社会的温暖,得到人与人之间的关爱,也想展示一下作为地球人的一种尊严。可是,在现实生活中我们又给予他们多少机会?不平等的社会地位,使得他们不能与优势群体享受同等的社会优质资源。

当然,发表上述议论并不是在鼓吹那种平均主义,相对不均衡是永远存在的,不可能是一种僵化、死板的公平,因为每一个人由于自身的价值取向不同,自身承担社会责任与义务的能力不同,自己对于幸福的理解与接受值不同,因此所呈现出来的幸福感也就不同,但是,只要他们心灵是健康的,对社会、对生活的反应是积极的,达到了人与社会和谐共存的状态,那么,我们的社会就会是一种健康的社会。

我们需要对爱进行呼唤。这里首当其冲的是教师应该积极地回应,用自己的实际行动去把爱撒向学生群体。其实,爱学生也是爱自己。可能有的生命的"血型"与你的不相符,有的生命的性格与你产生不了共鸣,但是,由于你的努力,由于你的关注,由于你的一个小小的善意的举动,哪怕是不经意的友好"习惯动作",也会给这些生命带来精神上的宽慰和享受,他们所给老师回应的将是令教师精神释然的一种快乐:孩子们听话了,努力了,进步了!这种工作的快乐感不就是对自己生命的"保健"吗?拓展到学校,如果我们学校能够让每一个幼小的心灵在学校教育中打心眼儿里印有爱的烙印的话,那么今后他们走向社会不就会给社会的和谐增添一份积极的力量吗?

是的,只要人人都献出一点爱,社会就会变得更美好。为了你、我、他的美好的生活,让大家共同努力吧!

希望我们就周教授的文章开展多视角、多层面的讨论。很希望能够听到那位在国外研修的同行,以及听到过这个故事的同行们的高见!

【链接文章】

教师最应该关爱的是哪些学生?（摘要）

周嘉惠

前不久,一位老师给我讲了她亲历的一件事。

这位老师是岛城一位有名的英语老师。她参加了一个考察团,到美国去考察那里的基础教育。有一次,他们一行到一所小学参观,该校学生在老师的带领下,列队对来自大洋彼岸的中国友人表达了他们友好的感情。让我们的老师大吃一惊的是这样的一幕:只见站在队列最前面的,是一些有残疾的、有智障的孩子! 老师亲切地拉着他们的手,看到他们和正常的孩子一样,欢呼着、跳跃着,老师的眼睛里流露出的是鼓励和热情。而在这些孩子之后,才是发育正常的孩子!

我在想,如果是我,当有一批来自外国的参观者来到我所在的学校的时候,我能这样做吗?

我在想,如果是我,能这样对待这些身有残疾或有智障的孩子吗?

我在想,作为一个老师,最应该给予关爱的,是哪些学生?

也许有人会说,老师应该关爱每一个学生!

是的。这无疑是最佳答案。但往往做不到。

那么,老师把爱给了谁呢?

那些听话的,那些学习好的,那些得高分的,那些会"来事儿"的,那些能说会道的,那些家境好的,那些家长当干部的,那些长得漂亮的,那些聪明伶俐的,那些智力好的,那些多才多艺的,那些能给班级挣来荣誉的,那些有各种特长的,那些性格活泼的,那些上学有家长开着车送的,家长经常和老师沟通的,那些性格开朗的,等等。无疑,这样的一些学生,最容易受到老师的关爱。

相反的,那些不听话的,那些学习不好的,那些不会"来事儿"

的,那些不会花言巧语的,那些家境不好的,那些智力不突出的,那些没有任何特长的,那些性格孤僻的,那样的一些学生,老师会特别关爱他们吗?

现在社会上有一个词,使用率特别高,那就是"弱势群体"。不只是社会上有弱势群体,我们的学校里也有,我们的班级里也有。这些学生,更需要得到老师的关爱。不是吗? 如果这种爱是厚此薄彼的,如果这种爱是有选择的,如果这种爱是讲条件的,如果这种爱是依据个人好恶的,如果这种爱是有某种前提的,那么,这种爱必定是残缺不全的。

坚持目标的坚定性

这则寓言告诉我们做看准了的事情,不要被他人所左右,就像那只可敬的青蛙那样:爬自己的路,让别人说去吧!

不过,在琢磨这则寓言之后,我倒又有了些其他的联想。

比如说,这只青蛙的耳朵真的聋吗?是不是在装聋呢?我们可以常常看到,一些人经常在"装聋作哑"地干着自己喜欢干的事,外界的影响与干扰对他们来说是微乎其微。也有些人的耳朵是间歇性的聋,他们选择性地听到一些对他们有用的东西。这种会装、会选择的表现,体现出适者生存的法则。

能有一个容纳"聋子"去"为所欲为"的环境实属不易,但难能可贵的是,这人能够"装聋",装得让他人无可奈何,装得让他人从愤怒到嫉妒,从嫉妒到羡慕,从羡慕到同行。

但是,更多的环境是不能容忍一个真正的聋子,更不用说是装聋了。来自四面八方的流言蜚语,冷嘲热讽,还有那些斥责会压得人们喘不过气来,使得一些意志不坚强的人的斗志荡然无存。

还比如说,这只青蛙有必要"装聋"吗?两只耳朵非要痛苦地拒绝外来声音有这个可能吗?有这个必要吗?听到一些消极的声音怕什么?如果连这点承受力都没有还谈得上什么能力?况且,装聋后,那些积极、美好的声音也被拒之门外,享受、利用都无从谈起了。

再比如说,胜利一定属于"聋"青蛙吗?如果真是在途中存在着危险,自己没有发现而又去拒绝他人劝诫,一味我行我素,最后岂不是自取灭亡？另一方面,那些不聋的青蛙在打起精神后所产生的力量将是巨大的。

聋与不聋从某种意义上来看并不是很重要,关键是应该有一颗平常的心,好听的也好,不好听的也罢,听后正确对待才是科学的态度。

其实,从不同角度还能阐述出许多观点来。但是,有一条应该是很重要的,那就是,做事情(不管是大事还是小事)一定要有目标的坚定性,只有这样,取得成功的机会就大些。

【链接文章】

一只可敬的青蛙(摘要)

寸草心　荐

从前有一个故事是这样说的:有一群青蛙在比赛谁能爬上最高的铁塔,比赛开始了,一大群的青蛙看着那高大的铁塔议论纷纷:"这太难了! 我们绝对爬不到塔顶的……""塔太高了,我们不可能成功!"……听到这里,有些青蛙便放弃了。

看着那些仍然继续爬的青蛙,大家又继续说:"这太难了! 没有谁能爬上塔顶的。"……就这样,你一言我一语,越来越多的青蛙退出了比赛。

但有一只却越爬越高,最后当其他的青蛙都无法再前进的时候,它却成为唯一到达顶点的选手。

其他的青蛙都想知道它是怎么做到的,于是便跑上前去询问,才发现原来它是个聋子!

教师，更是自己的培训师

　　李淑芳老师的这篇发自肺腑的文章，充满着教育的真诚与激情，向我们当中那些还在彷徨、迷茫、木讷甚至还在睡梦中的人们发出了令人奋进的呐喊，传递着良知的呼唤，吹响着行动的号角。

　　我常在想，是什么造成了在同一片蓝天下教育的不平等？是什么使得我们一些教师没有了激情？这方面的原因我们可以罗列出很多很多，比如说办学条件差，经费短缺，教学设备落后，图书资料陈旧，生活环境恶劣，信息闭塞，城市化程度不高，经济发展落后，等等。

　　是的，物质条件落后是客观现实，需要有一个渐进的发展过程。问题是，我们的一些教师眼睛只盯着客观因素，在埋怨，在叹气，而很少考虑主观上应该怎么办。

　　看罢李老师的文章后，作为教育的同仁是不是应该有些触动？是不是感到自己肩上的那份责任？我们经常会看到那些嗷嗷待哺的小动物在其妈妈的关照、呵护下那种温馨，那种惬意，那种无法用语言来表达的场景，这种场景会使人们沉浸在爱的磁场里情不自禁地为之动容，感受到生命的可贵，感受到爱的力量，感受到心与心的交融。当然，我们也会看到那些教室暴力下一个个生命被摧残的场面，看到一个个鲜活的生命之花在一些人的教鞭下枯萎、凋谢甚至死亡。

　　是的，农村的条件相对是艰苦些，困难些，可就在同样的环境里为什么涌现出那么多优秀的教师？还有众多的在教育战线上勤勤恳恳的无名英雄，他们是我们农村教育的中坚力量，成为为祖国的人才高地

"添砖加瓦"的生力军。这些人用自己的实际行动来"培训"着自己,来创造自己的生命,来实现着自己的理想。

一个充满教育理想的教师,其职业生涯从某种意义上来说就是一部自我培训史。他把教师的职业赋予了新的意义,把工作当成了生活中的一个有机链条,在每天的"职业生活"里进行着自我培训,他们无论在学校还是在家庭里,在辛勤地耕耘着,在学习、反思、研究中发展,他们也把培训"生活化"了。在这种生活的情境里与学生和同伴分享着成功的喜悦,体味着幸福的快乐。

人们最大的敌人往往是自己。一位哲人说过:人是不能自己看到自己的身高的。要想突破自我就要敢于否定自己,不断寻求超越自我的路径。

人是有思想的高级动物,来到人世间有幸与他人结成社会成员关系,就应该珍惜"人缘"。教师是好人缘的重要制造者,因此,教师有责任为和谐社会的构建来帮助求学者书写好人生。

人既是自然人,也是社会人。但对教师来说只有这两方面还是不够的,教师职业的伟大要求教师具有道德人的理想目标,以此来影响、熏陶后人。

教师不仅是学生的培训师,也是自己的培训师。

【链接文章】

老师,您是自己最好的培训师

李淑芳

"李老师,说心里话,这篇课文我自己都不知道应该怎样教!"

这是我在一所农村小学听完这位语文教师的课以后,在和她及她的同事进行交流时这位老师对我说出的一句心里话。不知您看到这句话时的心情是怎样的,当我听到这句话时我的心一阵颤抖,当我在电脑上写下这句话时,我的泪水竟止不住地往下流……

台下是一个个"嗷嗷待哺"的孩子,台上是不知道该如何教的老师;台下是一双双渴求知识的眼睛,台上是面对教材着急迷茫的心灵;台下是一棵棵急需滋润的幼苗,台上是一只干的水桶……这样的画面谁都不愿意看到,这样的画面谁见了都是一种熬煎,但是,在农村不少的学校,这样的画面却真实地存在着。

只要深入农村学校,只要和老师们坐在一起,需要培训、需要贴近老师课堂教学实际的培训,是各个学科、各个学段的教师都要提到的一个共同话题,而且教师中普遍存在着一种盼培训、等培训、靠培训的依赖心理。大多数老师们手里除了教材、教参没有其他任何书籍,课余时间也没有几个教师读书。这其中的原因当然是多方面的,如工作量太大,心理压力太大,没有时间也没有心境去阅读,但缺乏读书的习惯是一个重要的原因。

《国际歌》有一句歌词大家都熟悉:"从来就没有什么救世主,要靠我们自己。"因此,我想对这些老师说:在这个世界上,最懂你的只有一个人,那就是你自己!不要再等待,不要再依赖,你就是自己最好的培训师。

不信,你可以看一看所有名师的成长经历,没有一个不是靠自己去争取。如张思明、李烈、窦桂梅、邱学华,他们中有些人的知识底子并不如您,但是他们靠自己的不懈努力实现了自己人生的价值。无论他们身在农村还是城市,其成长的历程却是惊人的相似:进名师课堂,读理论书籍,及时反思自己,喜欢研究问题,并能随时记下那些触动自己心灵的教学案例。外面的培训只是一个外推力,自我培训才是一台永动机,而读书就是这台永动机的原动力。在教师专业成长的道路上,如果缺失了自我发展的原动力,仅仅依靠外推力,就会像一只被抽打着转动的陀螺,终日忙忙碌碌却没有离开原地一步。

行动起来吧,老师!从敢于在同侪面前暴露自己的"短处"开始,追根溯源,认真挖掘自己"短处"的根子,然后内外并举,合而攻之。学会借用外力,从走进身边教师的课堂开始,通过其他教师身上的"教学问题"来警示自己;注重修练内功,从培养读书习惯开始,通过广泛阅读不断提高自己的鉴赏能力和反思能力。如此坚持下去,你就会发现,其实,您就是自己最好的培训师!

教育教学应该"心理化"

　　读读老师们的教育随笔，就会发现一个共性的问题：这些老师只会站在自己的角度看问题，而最后所有问题的解决也无一不是关注到了学生的心理、学生的需求。

　　我们都说看问题要透过现象看本质，不要只关注表面的东西，但是现实中我们在进行班级管理时却往往忽视了这个问题，只愿就事论事，常常是事后才感觉到自己处理问题过于草率和简单，既伤害了学生，又造成了工作的被动。所以，这一点尤其应该引起我们的注意。

　　为什么会有好心无好报的感觉，是因为不了解学生的心理；为什么有出力不讨好的感觉，是因为不了解学生的心理；为什么有付出了不见成绩的感觉，是因为不了解学生的心理……

　　有效教学的条件是什么？答案是"基于学生心理学的教学"！

　　刘燕老师谈及的问题值得我们深思。在对待学生、在处理与学生的关系上，一些老师总是将自己定格了的标准来要求学生、来看待学生的行为；以一种有色的眼光来对待学生的问题；以自己的心理感受向学生施加影响。

　　走进学生心理，了解学生，这是老生常谈的事情，可是我们一些教师往往并不在意，而是以简单化、表面化的一些生硬的处理方式来对待学生，这样的结果必将导致表面上学生变得"老老实实"，但在实质上并没有解决问题的结果。

　　教育教学应该"心理化"。这样，教学活动才能实现心灵与心灵的对话,才能产生好的效果。教育教学心理化所倡导的是对教育教学规律的研究,有了对学生行为与其心理活动的研究,才能找到出现问题的成因,才能"对症下药"、水到渠成。因此,作为一个有智慧的教师就应该具有这样一种意识,同时,应该具有学习、反思的不断积累。

【链接文章】

寻找时间,放眼回顾(摘要)

青岛东川路小学　刘燕

在教育教学中尊重孩子的心理教育从来没有像今天这样被如此重视,这是我们教育的进步。

一个游戏,一些表现,不得不令我们深思。我们遇到问题,只停留在表面现象,而不去追究背后的原因,造成解决问题的被动。时间长了,形成了总站在成人的角度俯视儿童,为小孩子的做法感到烦、感到生气、感到奇怪,感到匪夷所思,并不理解小孩子的内心世界和行为表现,没有认识到"小学的课堂多么奇特,多么让人费尽心思"(《小学课堂管理》),从而缺少想去研究的意识与冲动,却只把他们看作一个个麻烦。

寻找时间,放眼回顾,我们需要的不是简单的抱怨,而是静静地思考、分析、研究……

撰文点评篇

教育就应该使学生成为他自己

　　看罢这个故事,既为这个故事所打动,同时也因这个故事缺少些什么而感到遗憾。是的,在老师的爱心之下,这个"差生"成功了,取得了中考第一的佳绩。那么,是不是可以推导出这么一个成功的模式,那就是:在老师的爱心普照之下,只有"差生"最后转化成完美的结果才属于教师的成绩? 只有我们事先框定好了的一种标准的结局模式才是应该被"感动"的呢?

　　在日常的教育教学生活中,我们有很多兢兢业业的老师们释放了很多具有爱心的"光"和"热",但结果却不太理想,未能让每一个被"关注"、被"关照"过的孩子在"阳光雨露"下"茁壮成长"。事实上,老师的辛勤汗水并不能让所有的孩子最终成为学习上的优等生,考试成绩名列前茅;也没有帮助孩子们实现德智体美全面发展的目标。有的未能考取名牌学校,有的只是在原有基础上品德学业(不单指文化知识)方面有了些进步,有的则在原地踏步徘徊,甚至还有的出现了倒退。但是,这些并不能否认老师们的努力。

　　对一个正在发展着的人来说,其培养教育的过程是一个复杂的过程,不可能像工厂产品生产那样,只要按照图纸的要求去做就会制作出合格的产品。现行环境下,我们的学校教育的价值取向,我们的对人的培养的价值取向,往往还具有一些很浓的功利色彩,往往具有一些程式化、脸谱化的特征。比方说,在推出一个典型、倡导一种理念、弘扬一种精神时,就追捧一定是一种完美的结果,这种泛化的东西干扰了我们对教育真谛的追求。

教育就应该使每一个人成为他自己。这个他自己就是属于"他"的，而且在将来的社会上，可以找到他应该拥有的"位置"。这个位置，可能是公务员，也可能是科学家，还可能是企业的蓝领工人，甚至有可能是个体工商业主、农民、摆地摊的摊主，等等。正是这些位置在社会上的存在，他们相互间通过合法的劳动来享用着为对方的"服务"与"货币交换"，这种耦合式、交互式的关系成为和谐社会的基础，在这些"位置"上劳作的人们享受着人间天堂般的幸福——而这些，不就是有我们教育的功劳吗？

教育就应该让每一个人成为他自己给我们带来的思考是，教育应该走向平凡，不应该走向泛化。作为学校、教育工作者，有责任、也有义务尽自己的可能培养出那些按"分数"评价的"知识栋梁之才"，但也不应该忽视或者漠视学校、教育工作者所培养的那些"劳动栋梁之才"吧？这后者也是我们学校、教育工作者的责任啊！

值得我们反思的是，我们现在衡量、评价学校教育和教师工作的时候，只用一只眼睛来考量教育功能发挥的问题，而不是用双眼客观、全面地考量。我们应该感谢那些默默无闻的一线教育工作者，特别感谢那些在艰苦环境之下，在那些简陋的校舍、拮据的生活状态之下，为了孩子们的将来苦苦劳作着的那些往往被人们遗忘或者边缘化的教育工作者们，是他们为了国家、为了孩子，在夹缝中为孩子们苦苦地撑起了一片蓝天来，让他们享受着阳光，享受着教育的快乐。与城市相比，与名校相比，尽管可能看起来是那么的简单和一般，但是，在这里，教师的爱心已经让孩子们感受到了人间的温暖，为他们日后在社会上能够"有效"地活着、有意义地生活尽可能地创造更多的条件。

教育成功的结果并不是去追求某一种"格式化"了的东西，其实，回归常态还有很多很多……

【链接文章】

有一种坚守，让人泪湿（摘要）

佚名

宋小迪，一个单亲家庭的初一男生，一个天赋良好、性格乖戾，习惯极差的特殊学生。父母对他，无奈大于期待，绝望胜于希望。为他，班主任三年如一日竭尽心力地教育，并坚持每天在键盘上敲下教育孩子的心路历程，1000多个日子的坚持与守望，写下15万字的教育日记，引起了各大新闻媒介的关注。

初中生的叛逆，我是早有耳闻的。但是，像宋小迪这样"集大成"者实属鲜见。他上课时，或者随便插嘴，顶撞老师，或者戴着耳机听MP3，或者看自己的杂志；下课时，辱骂同学，挑衅打架；看见篮球，好像丢了魂儿，把功课全都抛在脑后；为了追求自己"钟爱"的女生，几次扬言要跳楼；他只把特立独行的韩寒作为偶像，什么家长、老师、教导、校长全不入他"法眼"，鲁莽、冲动、偏激、好斗、敏感……可谓大祸三六九，小祸天天有！

就是这样的孩子，老师依然努力欣赏他的可爱。孩子点点滴滴的进步和成长，都能成为老师感到幸福和满足的理由。"老师欣赏你，就像欣赏一部作品。"这是老师在孩子日记里的一句批语，"聪慧的宋小迪！灵气的宋小迪！独一无二的宋小迪！"这是老师批改试卷时内心深处的独白。

毕业考试结束后，宋小迪主动留下来，一个人默默把教室打扫得一干二净，同学们都走了，他却迟迟不愿离开。

中考的成绩揭晓了，宋小迪以660分（满分685分）的成绩名列昆山市中考榜首！

临毕业，宋小迪恭恭敬敬地站在老师面前，深深地鞠了一个90度的躬。

精彩的设计还是精彩的评价

　　首先肯定迟老师启迪学生思维所做的尝试。能迈出这一步的确不易，因为教学设计方面，教师需要考虑如何应对学生所提出的各种问题，找到处理问题的途径。

　　我们的课堂应该是启发、拓展、完善、培植学生的思维意识、思维能力、思维品质、思维导向、思维效度的场所，应该充分地体现在教学的相关环节之中，自然和谐地呈现在课堂教学之中，而不是那种为了思维训练而思维训练，后者，往往是一种表象化的外在形式，好看不中用。

　　就这堂课"N 只乌鸦喝水"的开发学生想象力的教学设计，单从作者文章所述的情境来看，我个人认为，并没有充分达到开发学生想象力的有效目的，甚至还有思维混乱的危险。可能，这种判断会引起支持跟帖的一些同行的反对，我想，我并不希望大家认同我的看法，我倒是希望大家从我的质疑中思考一些问题。

　　迟老师似乎在牵引着学生，在让学生的思维落入老师事先准备好的、或者教师本人所认可的那种标准化的答案。因为，老师"及时"、"明确"地评价了每一个学生所提出的让乌鸦喝水的方案，是以成人的视角来替换孩子眼中的世界，以成人的思维来替代孩子们的思维，而且还会理由充分地认为：对待学生的"不合理"的答案、"错误"的答案就应该及时地纠正、帮助学生。可是，这样做，学生一定就会理解吗？就能达到训练思维的目的吗？写到这里，我想起了一个小孩子所画的全是人腿的画！是啊，这就是孩子眼中的世界，这就是他的思维倾向。我个人的思考是,教师对学生所提出的方案不要一味地"求全责备",不要随意地以自己的好恶来进行评判,应该有"容忍"之心。在孩子身心成长阶段中以自己的想象语言表达出来的思想,尽管看似幼稚可笑,但对他们来说却是合理的表达,是他们对外界刺激而产生的属于自己的思维回应。

可怕的是,我们老师僵化的思维在影响着学生的思维,老师还振振有词地说,是他们在启迪学生的思维——用那些并不怎么思辨的思维,并不怎么科学的想象来"纠正"、"引导"学生的思维。教师也切不要以为通过自己的"及时"帮助或启发了学生,因为,教师带给学生的是教师思维的复制品,又将"克隆"的思维传承给了学生,这样又怎样培养学生的创新思维与想象力呢?

学生想象力与思维训练,需要以亲身的体验为基础,需要学生之间"共同语言"的交流。就这堂课来说,老师为什么不把对一些方案是否可行的话语权、评价权"让给"学生呢?这样的讨论是很有价值的,因为,这样更能呈现出问题的生态性与价值性。教师课堂教学的过于主动、过于积极有时往往会起到帮倒忙的作用。

想象力的培养不一定非要对提出的问题有完美的答案,对于看似不能解决的问题,没有最终结果的问题,并不代表想象力与思维没有训练好。假若学生在课堂上把头脑中的疑问都解决了,没有带着问题走出课堂、又带着问题再进入课堂的话,思维与想象力的培养还能激发学生的兴趣吗?

另外,老师的评价似乎在训练学生的口头表达,看似幽默、氛围活跃,但,这就是启迪学生思维的表现形式与技巧吗?

是精彩的设计?还是精彩的评价?我反复在寻找回应的答案,但至今没有理出头绪来。

【链接文章】

乌鸦喝水(摘要)

城阳区仲村小学　迟兆夏

前几天,我们举行家长开放日活动,我的课题是《乌鸦喝水》,

上课的前两天,我发现学生对这篇课文非常熟悉,有的都能熟练地背诵下来了,我想:如果在课堂上让他们继续反复诵读,已经没有必要了。正式讲课那天,串讲完课文后,我在黑板上写下"N只乌鸦喝水"的标题,然后对学生们说:"同学们,第一只乌鸦通过往瓶子里放小石子喝到了水,现在让我们开动小脑筋,想象其他的乌鸦会怎么做?"学生们的眼睛立刻亮了,不大一会儿就有人举手了。 印象最深的几种方法如下,括号内为我的评价:① 用头把瓶子撞破。(这乌鸦得练过少林寺的铁头功才行。)② 把瓶子搬到天上去,再扔下来砸破。(瓶子破了水就流到土里了,那乌鸦只能喝眼泪了。)③ 用石头把瓶子砸破。(司马光教了个好徒弟。)④ 把瓶子慢慢放斜。(这个方法好,不过放的时候要慢点,放快了会流出来。)⑤ 找根吸管。(好办法,我们以后把吸管留下来送给乌鸦。)⑥ 用针管吸。(好,小紫准备针管啊,小紫家开诊所。)⑦ 我用剪刀把瓶子剪破。(好好学习,将来当一名发明家,发明能剪动玻璃的剪刀。)⑧ 练缩骨功钻到瓶子里。(改天让这只厉害的乌鸦教教咱们。)⑨ 我不喝了,去别的地方喝,这水一定是臭的。(喝不到水就说水臭!)整节课的课堂气氛非常活跃,在场的家长不时哄堂大笑,孩子们的想象力发挥得淋漓尽致。

每个孩子的想象力都是一笔无价的财富,我们每一个教师,都应该而且完全可以去保护他们的想象力,引导他们的想象力。

警惕泛教育化倾向

一

《意想不到的收获》其实并不意外，这种"意外"在课堂教学生活中比比皆是，只不过我们没有有心、用心地去发现而已。这位老师的意外收获就我的理解来看，不能仅仅定位在对学生进行感恩教育、引发感动，还有很多可以拓展的空间，还有很多值得我们深思的方面。

1. 如何具有利用并把握好课堂生成性资源的意识和敏感度？现实中，很多课堂上学生们所创造的资源往往被教师所忽略掉了。

2. 教师作文教学如何才能远离虚假，回归自然与真情呢？这节课所出现的意外的价值还在于，具有生活的感悟才能写出生动的作文来。教师应该抓住这个机会，启发培养学生从生活中挖掘写作素材的习惯。要记住，这是语文课呀！不要因为"思想教育"而丢掉了语文教学的"本"啊！人文性与工具性如何和谐统一，一直是我们应该把握的问题。

二

泛教育化的倾向是目前学校教育的一种带有危害的倾向，这种倾向所造成的负面影响着教育的真谛，使得学校教育外在的、标签式的、虚渺的，甚至虚假的、功利化的问题严重。

什么是语文教学的"本"呢？请注意课程改革所确定的语文课程标准的表述吧。我以前并未关注过语文的课程标准是如何确定的，但我一直认为语文教学应该是工具性与人文性的统一，这个统一就是"本"，因为这是语文教学的特殊性,不同于其他学科教学,尽管其他学科或多或少也具有人文的东西。

教育的目的在于培养如何做人,这里面自然就有做人的精神层面的东西,可是,单纯通过"思想教育"、"情感教育"就能把一个大写的人给立起来吗?表述得激进些,"文化大革命"中"忆苦思甜"的教育、"斗私批修"的运动、"红宝书"的崇拜,这一切曾轰轰烈烈,人们(包括中小学生)的心灵都被"净化"了,一切都显得如此"圣灵"与"纯洁",可是,我们的人才却一个个地夭折了、荒废了,人们得到的是政治精神的提升、创造能力的缺失。没有判断、再生、创造、鉴别等基础能力,哪来的人性光辉层面的精神塑造呢?凭什么来塑造呢?当然,没有"人之初、性本善"这种本源性的精神,没有一种积极向上的精神,所得到的能力要么是蹩脚的,要么也是异化的,要么还是浅薄的。

什么是"教书育人"?教书育人需要的就是"情感交流课"吗?"心灵课程学分修满了"就一定会为学生成长的道路铺垫出坚实的基石吗?我们怎么理解"教书育人"呢?按照我们一些老师的理解,我们要么关注到"教书",要么关注到"育人",这原本是不可分离的两个方面的统一体,可是我们却自觉不自觉地给割裂开来,或者给忽略掉了。我们往往在讨论是先有鸡还是先有蛋的问题,其实,这种讨论在现实生活中又有多大的意义呢?没有鸡也就没有蛋,同样,没有蛋也就没有鸡。是不是也可以这样理解:没有精神也就没有能力,没有能力也就没有精神呢?同时,是不是这种观点也可以成立,那就是:教书是为了育人,育人离不开教书。

具体到这篇课文,教师应该抓住这一幕感人的故事,指导学生怎样把情感、把经历、把观察、把体验通过文字语言表达的技巧书写出来。比方说,教师可以让其他学生听这位学生的作文故事,写出一篇记叙文、论述文、听后感,也可以让其他同学回想自己所经历、所观察的类似故事写一篇话题作文,当然,需要根据话题作文的要求,教师和学生一起讨论作文表现的手法与技巧,这样把语文情感与语文技术结合起来就是一堂地道的语文课。

　　每一个有追求、有信仰的人不一定非要赞同他人的观点(这当然也包括我在内),但不可以不思考。引发一些问题的讨论,其实并非要求大家趋同一致,皆大欢喜,而是从不同的角度来看待一些现象,阐释一些原本就属于教育本质的东西。

　　就这篇课文中,老师抓住课程资源进行拓展的做法是值得肯定的,问题是如何把资源用到位。资源单纯用在思想教育方面还是不够的,这个资源应该是一个素材,是每个同学现场感受到的、发生在自己熟悉的人与环境下的真实的故事,在这种经历中,每一个同学都"有话可说"、"有话想说",而且还能说出精彩来,因为,这里面没有凭空编造的东西。因此,教师抓住这一由头,便使得写作有了基础素材。这种做法也是教师在潜移默化地为学生做示范——应该怎样去留心积累素材,怎样远离浮躁。

　　我所说的泛教育化倾向问题是基于目前教育界的那种"假、大、空"的教育弊端。我们的思想教育真的入脑入心了吗? 学生打心眼儿里真的接受了一些教师所实施的思想教育了吗? 我们的一些行为、社会上的一些问题,我们做教师的是不是已经为学生解开心中的迷惑了呢? 德育是要渗透在课堂教学中,但是,应该是无痕的教育、应该是人性关怀的教育、应该是真诚的教育。那种生拉硬拽的、灌输式的思想教育真的管用吗? 相信我们教师心中是很清楚的。这节课,老师的做法的意图在于抓住"契机"对学生进行思想教育,我并未否定这种做法,只是说怎样将语文的工具性体现出来,让学生借情育能。说实在的,我们每一节语文课都或多或少地产生出一些思想情感方面的故事或者是一些感动点,可是,如果我们每一节课都用很多的时间来进行情感教育、思想教育的话,长期下来,学生的语文素养又能有多大的提高呢?

　　至于语文的工具性与人文性怎样统一的问题,在这里因时间关系暂不进行讨论。但是,就真正理解这两者的统一问题,我可以建议思考如下几个关键词:教师素养、文本解读、辩证思维、教育内涵、课程意识、教育观念等。

意想不到的收获（摘要）

曹县三中　王中河

今天第二节是我们班的语文课。在全班挑选一位同学朗读自己的作文。这次选到了女生陈萍。

她站起来后，手捧着作业本，望了我一眼，就低下头去看作业，嘴张了几张，却没有读出声来。我以为她紧张，也不催促。"今天是妈妈的生日——"一句话还没读完，眼泪却顺着两颊流下来，滴到桌面上。我心里一沉，莫非有什么隐情？她的失态也把同学们吓了一跳。谁知她的眼泪一发而不可收，竟然滚滚而下，人也禁不住抽泣起来。"今天，是妈妈的生日，我多想回到家，祝妈妈生日快乐啊！可是，我不能，妈妈也不许我这样，她希望我能安心学习。我——我还知道，妈妈的生日，是姥姥痛苦的日子，我——"这是一个多么细心而又善良的孩子啊，她今天要借这次作文表达对母亲的爱呢。

我让全班同学对陈萍的作文展开讨论。

等同学们说得差不多了，我又进一步补充说："我们都应该拥有一颗感恩之心，因为，我们都欠着别人一份甚至许多份永远也报答不完的恩情啊！时常感念着别人的恩情，才能更加明确自己的责任，为自己、为别人、为社会、为国家努力学习，勤奋工作。

说到这里，我发现全班同学的脸上都显得格外严肃，格外庄重。我知道，孩子们心灵的桌面又一次被擦拭了一番。这正是我一直努力的方向：作为班主任老师，要善于抓住任何一次机会，开启学生的善良之门，智慧之窗。

看看表，早已超过了检查作业预定的时间，我却以为非常值得——这是我原本没有预料到的收获啊。

281

撰文点评篇

漫谈课前聊天

一

刘燕老师是个有心人，说她有心是在于她能把"道途听说"的一些事变成一件有意义的思考，变成一个学习的资源，这种善于观察社会、善于思索的学习习惯值得我们学习。学习，不仅仅是那种坐在书斋里的固有模式，信息社会的出现迫使我们的学习空间拓展了，很多新知识与技术由过去学习的静点变为现在学习的动点，很多领域中的学科本位的知识体系被其他领域的学科知识所"侵入"，学科封闭的壁垒被打破，越来越交融生成一种新的边缘学科，同时，知识的"授体"也在发生着变化，专家作为知识象征的权威地位已经动摇，知识源越来越走向大众、走向社会，这样，也迫使我们改变学习习惯。因此，从事教师职业的每一个人应该强化这种学习的意识，让学习走入生活，让学习互动起来。这样，教师的工作即生活着，使工作增加了生活中的情趣，快乐地工作成为印刻在生命中的一种记忆；教师生活即工作着，使生活增添了工作中的激情，惬意的生活成为职业生命的一种动力。

与学生聊天，反映出教师的一种思想意识，这是走进学生的一个好的途径。需要我们注意的是：一是为何聊？二是和谁聊？三是聊什么？四是怎么聊？五是（聊了以后的）怎么办？六是，聊后的效果反馈评价。教师与学生的聊天可以是无目的的，主要是强化与学生的和谐关系，也可以是有目的的，为了了解学生以便于提供帮助。这种聊天，其实就是沟通，就是教育工作者的"管理职能"。值得提醒的是，教师与学生聊天沟通时应该注意自己角色的转换,也就是说降低自己的"辈分",成为学生的知己,知道学生需求是什么,性格特征是什么,将自己的思维习惯与学生的思维习惯、将自己的表达方式与学生的接受方式相交融。这种聊天,还应该是一种学习,学习学生中对教师有启发作用的知识、思维等等,也学习学生中存在的错误、问题,将这些资源转换为自己应对的思想与措施,为有的放矢的教育教学工作奠定基础。

和学生聊天,这是难能可贵的一步,也是艰难的一步,说艰难是因为我们教师往往难于突破自己。和学生聊天,这是一种沟通,也是一种意识,更是一种思想。思想决定我们的行为。聊天可以聊出思想的火花,聊出生活的精彩,聊出师生信任,聊出校园的和谐,聊出生命的意义。让与学生聊天成为我们教育工作者学校生活的一种习惯吧!

二

如果说课前聊天、交流是必要条件,那么是不是说没有课前聊天、交流就不能上好课,而有了课前聊天、交流就一定能上好课? 这里面的逻辑关系又是什么呢? 反过来说,是不是充分条件呢? 也就是说,学生学会了课堂知识是因为有了课前的聊天、交流?

不是说要取消课前的聊天、交流,关键是怎么看待。如果是为了聊天而聊天,为了迎合、取悦学生来"配合"老师上好课,这样功利的价值取向的后患是什么呢? 年轻老师在起步阶段的这种准备是必要的,但应该是自然的,同时还应该从自身驾驭课堂的素养、能力等方面去进行锤炼,开始进行一些课前的聊天、交流是为了以后的课前可以不必进行聊天、交流的工序性的刻意准备。当然,每一个老师都有自己的特点与秉性,有强势、弱势之处,我们希望老师在课堂上一站就是一本书,浑身上下都有学生喜欢看的"戏",他的一举一动都在与学生"说话",身上有吸引学生的一种"磁力"。尽管这是一种理想化的东西,但也是一个成功的老师所需要努力去做的。

东川霞光老师认为自己上课没有做好互动,没有调动学生学习的积极性,那么,其背后的原因究竟是什么呢? "从学生上课的反应来看,这班的学生素质很好,可是,课堂上举手的学生却寥寥无几,来来回回就那么几个人。下了课,我很迷惑,为什么他们明明都会,也都有自己的想法却不举手回答问题呢？"从这段描述中我们可以读出些什么呢？

"我觉得我所谓的学生会了，并不是指全部的学生都会了，只是那部分会的学生没有举手，学生与学生还是存在着很大的差异，我们要让那些优秀的孩子带动或者去教那部分没有掌握知识的学生，因此这部分学生的举手回答问题就非常的必要。"可是，为何优秀的学生不举手、不配合呢？这里面有很多可以联想、假设的地方，譬如说，学生在将您与他们原先的老师比较，比方说他们习惯了原先老师的那种教学方法，比方说您还没有"拿住"这些学生，比方说你可能是因为公开课的原因显得紧张而造成学生的紧张而不敢或不愿意举手，等等。您的用意是好的，可是，当学生没有配合您实现教学意图时，这时，您应该怎样调整呢？其实方法有很多。单纯说教学机智，这仅仅是表面化的东西，教师内涵、教师的教育情怀是很重要的。

我所谈到的学生会了是不是还需要执行"举手回答"这个流程的问题，是基于我们司空见惯了的那些表演课而言的，这种课，眼里没有学生，只有教师自己，只有教参里别人的模板，只有教研权威部门所推崇的规定教学模式，教师成为执行程序的一个"机械手"，把有生命的课堂变成了无生命的产品制造，这样的课堂教学有何意义呢？

三

是不是课前聊天就一定会达到预想的结果？这个只有实践后才能信服。我建议东川霞光老师试一试，究竟是不是一定需要课前的聊天交流？

"但到底能不能上好课，还要看老师的发挥与学生的配合，学生能不能掌握课堂上所讲的知识，也要看他们的听讲是不是认真等多方面的因素。"这个配合又说明了什么呢？我个人觉得似乎东川霞光并未充分回答我提出的一些问题。

是的，回归我们的常态教学生活，我们的每一节课都需要有与学生课前聊天般的"热身"吗？答案几乎是没有。其实，与学生之间的沟通交流散落在教学的流程之中，一个有志向的教师就应该在教学的各个学段中通过潜移默化的熏陶，激发学生学习激情。

我们需要通过"兵教兵"的办法达到教学相长的目的。我所谈的课前交流在现实教学生活里并不多见,更多的交流在课堂教学的实施过程中,每一时段都具有交流的意境。可是,为何那些优秀的学生不配合呢?

四

从课前老师与学生聊天是不是就能上好课的问题讨论来看,我觉得这倒不是问题的实质。从一剪梅的观点来看并不是否定课前聊天的必要,而是说这种聊天的效能问题,是结合东川霞光老师对借班上课所出现的状况而引发出来的思考。所讨论问题似乎是将课前聊天这一个细节问题引入了一个较深层面的探究,引发如何构建有效的课堂教学的思考。

课前的聊天需要进行认真有目的的准备。比方说,借班上课之前可以了解一下这个班级的情况,掌握了准确的信息之后设计出能够打动学生并与课堂教学有关的一些话题,如借助于这个班级最近发生的有意义的事情进行评述;说出几个学生的名字以及他们在学习本门功课的特长进行激励等等,这些也是必要的。这需要有巧妙的语言、真挚的话语,不能生硬和做作。然而,课前聊天式的对话失效的情况也是屡见不鲜的。

聊天的目的是什么?是希望拉近老师与学生的距离,增强教师的亲和力,为了保证教学顺利进行。这里有两个需要注意的问题,一是学生并不买老师的账,出现对老师聊天的话题不呼应的尴尬场面;二是学生进行了积极的呼应,并把这种呼应带到课堂教学中,但一堂课下来教学效果并不太好。这就需要反思自己究竟是在哪些方面出现了问题。

仅仅有课前聊天这道工序还是远远不够的。驾驭课堂教学的核心竞争力取决于教师的职业素养与职业能力,一个有感召力的老师他在课堂教学的各个环节与细节中都能体现出对学生的真情,把教学艺术表现得恰如其分,带给学生的是一种精神享受,激发起学生学习的热情。

我的观点是:有效的课前聊天才是必要的,没有课前聊天的准备也能上好课。有效的课堂教学不在于教师所具有的教学技巧,而首先在于是否具有顺应时代潮流的教育思想。

提前到班里聊聊（摘要）

刘燕

很多时候，我们提到老师需要"走进孩子，了解孩子"，实际，我们又对现在的孩子了解多少呢？他们现在感兴趣的话题，经常谈论的电视，有时候玩的游戏，我们了解吗？孩子呈现给老师的一面往往是经过掩盖、修饰的一面，不了解，怎么算走进孩子呢？

记得一位热爱教育的高中校长，为了真正理解现在学生的心理，抽出时间看学生私下看的小说，年过中旬，专门去看"超女"，再与学生交流的时候，就有了"共同话题"。这位校长的做法，了解学生现在做的事情，感受学生现在需要的心情，是一种真的"童心"，一种对教育的"大爱"之情。

提前去班里和学生聊聊，没有多少的技术含量，也没有惊天动地的作为，却是那么的平和、亲切、自然、坦诚而富有人性，这就是教育的本真吧。

让读书成为习惯

人们在原始积累到一定程度后，就有更高品位的精神追求，书店，商店，饭店便是几个首选的地方。饭店里的酒桌，茶坊边亲朋好友的餐叙，那浓浓的友情、亲情往往溢于言表。人们为"缘"而相聚，为"知"来推杯，更为"梦"去编织。幽静、恬美的房间里，人们心与心在交融，情与情在对接，那热烈的沙龙氛围感染着大家，使人们血管里的热血在升温。寥寥数语可以使大家如释重负，善意的示意也使得大家有一种从未感受到的温存。

在偕同家人、好友或者是独自一人步入商店时，常常会和着美妙轻柔的音乐，伴着熙熙攘攘的脚步去欣赏那琳琅满目的商品。那千姿百态的服饰吸引着你的眼球，尽管没有消费，但在那"涮涮"眼珠中却得到了享受与快慰。售货员的解说使自己知晓了商品的性能，在挑选商品的过程中又使自己获得了满足。

从书店中飘出来的墨香味引诱着那些"书虫"们，他们在堆积如山的书丛中挑选着爱不释手的书，只叹自己带钱太少。一些"聪明"的"书客"们则把书店当成了自己的流动图书馆，他们将一摞摞选好的书堆在一旁摘录。这些"书客"一族已成为书店的一个景观。

周教授的这篇文章在给我们解读着生活，尽管他把大量的笔墨放在了书店，但你从全文中可以品味出"书"的意义。我们不管是在饭店的"交流"也好，还是在商店的"浏览"，或是在书店的"品读"，都离不开读"书"。其实，书是不受时段、地点限制的，只要你有心、用心，书就在你身边,这样,你的生活就会更有品位,你的精神就会更充实。亲爱的朋友,让读书成为我们的习惯吧!

【链接文章】

书店、商店、饭店

周嘉惠

这是一个电视和书桌争夺眼球的时代。这是电视在这场争夺中屡屡获胜的时代。

我却不同。我可以不看电视,却不能离开书桌。

我喜欢看书,于是书成了我一个终生的朋友。看书就得有书桌,于是书桌也就成了我终生的朋友。

小时候没有也不可能有自己单独的书桌。家里人口多,我们兄妹五个,都正是上学的年龄。白天,这一张书桌是闲着的,爸爸妈妈上班,我们兄妹上学,都不在家,于是书桌可以"休息"。可到了晚上,上班的父母下班了;上学的我们放学了,书桌也开始忙了起来。我们要做作业,要背书,要在书本上写写画画,都离不开书桌啊,于是就挤在一处,谁也不影响谁,各做各的事情。每逢这时,大多数情况下,都是爸爸在沙发上看报纸,妈妈在床边上织毛衣,一家人和和睦睦,其乐融融。当我们该忙的都忙完了,陆续上床休息了,我的当小学老师的妈妈就该"上班"了:她揉一揉发困的眼睛,坐在书桌前,开始备课、批改作业、钻研教材。有时半夜醒来,看到母亲还在书桌前忙,在我那幼小的心灵中,母亲总是这样精力充沛、不知疲倦的。

后来我长大了,大学毕业后分到了远离大海的山区工作。那里条件艰苦,物资匮乏。那是一个文化贬值的时代。我住在学校里,领导分给我一张办公桌。正是这张办公桌,伴我度过了那艰苦的年代。在这张办公桌前,我开始写出第一份教案,我开始批改第一份作业,我开始写第一封家书,我第一次给报社投稿而且被采用。当时,我的所谓的家,只有几件简单的"家具",除了一张床、一张办公桌、几把椅子之外,别无长物。穷尽管穷点,但内心是充实的,因为我可以无拘无束地看书。别人在打牌、下棋消磨时光的时候,我却在看书。差不多能够找到的书,我都读了。我从书中感受人生。那是个多姿多彩的、妙趣盎然的想象世界。是个奇妙的世界,对我来说,这样的奇妙有着一种势不可挡的力量,我无力抵抗。我喜欢在那个世界里疯狂地漫游,心平气和地与灵魂对话,并以此安慰自己。

斗转星移,我终于回到了我的家乡了。我终于又可以天天嗅到大海的气息了。当然,我家的条件也变了,办公桌变成了写字台。这写字台宽宽大大,我在这上边写字、备课、批改作业、看书,真可以说游刃有余。只要一有空,我就坐到写字台前,伸一伸懒腰,端上一杯茶,铺开书,或者打开稿纸,进入了我的"一人世界"。那份陶醉,那份痴迷,那份执著,是别人体会不到的啊。我会很投入地大声朗诵屈子的《离骚》。我会旁若无人地大声唱苏轼的《明月几时有》。我读了一本好的小说曾经放纵地号啕大哭,我看到我的学生的一篇好文章会拍案叫绝。读书的时候,可以忘记周围的一切,内心世界会变得空旷无边,我可以独自一人享受那份孤独。那一种气氛,是优美的,是悲伤的,是疯狂的,是舒展和自由的,是一种幸福也是一种痛苦。只因为你迷恋着,你深陷其中。在那个世界里,你会发现,你找到了另一个真实的自己。读书是一条通途,它能带着你通往一个更广阔更深邃的世界。那个世界是神秘的,它的美摄人心魄,其创造的乐趣无与伦比。

后来,我的书桌上多了一台电脑。其实它也是一个书桌。只不过一般的书桌是平面的,它是立体的而已。你看,它的荧屏不是叫"桌面"吗?在这个立体的桌面上,不是放着许多文件夹吗?我在这个"书桌"上看书、写文章,比起那传统的书桌更得心应手,更如鱼得水。前几年,我获得过市劳动模范的称号。我想,工人,是在工厂的机器旁"劳动"而"模范"的;农民,是在田间"劳动"而"模范"的,我呢?是在我的书桌旁"劳动"而"模范"的。在书桌旁劳动也能成为模范,这件事本身就意味着知识分子地位的提高。

书桌啊,它陪伴着我,它帮助着我,它注视着我。我可以不看电视,但却不能没有书桌!

人生需要用智慧去经营

　　《辞海》中对"经营"一词的解释是：筹划营谋。但是，时下人们对"经营"一词的理解，多认为它是一个单纯的商业用语，认为企业需要用心经营才能求得生存和发展。其实，人生又何尝不是这样呢？我们要实现自身的价值，获得成长与幸福，不也同样需要我们用心去经营？

　　郝海峰老师以王岚老师为例，告诉了我们一个朴素的真理：好人生是用智慧铺就的。

　　是的，在人生这条漫漫长河中，我们每个人都会面临着许多的诱惑，许多的无奈。你要向哪里走，如何走，到哪里去，需要你不停地做出选择，不停地去挑战自我，这就需要智慧，这就需要用心。因为，"你今天的选择，决定了你今后过怎样的生活……"

　　如果您选择了追求，那么人生就会回报给你以充实；如果你选择了宽容，人生就会回报给你以幸福；如果你选择了爱，人生就会回报给你以情；如果你选择了虚度，人生就会回报给你以无为……

　　人生需要经营，就像在菜园里播种、洒水、灌溉、施肥一样。就让我们在人生的长河中，多一点时间来呵护自己的亲情，多一些关爱来培育自己的友情；多抽出一些时间来强健自己的身体，多付出一些思考来筹划自己的事业；多读一点书来增长自己的才干，多一些行动来享用人生幸福灿烂的旅程。

　　人生需要用智慧去经营！

用智慧经营人生（摘要）

青岛永宁路小学　郝海峰

这次见到王岚,她已经是学校校长了,虽然角色发生了变化,但她的睿智、她的谦和、她的人格魅力却越来越深地吸引着我,对她的了解越多,越是为之折服。从听她讲自己的专业发展之路,到听她亲自授课,到今天《站在校长岗位前的思考》,我认为这一切都是那么顺其自然,水到渠成,从王校长身上体现的两个字就是"智慧。"可以说,王校长用智慧经营自己的人生,当然,智慧来源于学习,来源于规划,来源于反思。

一、人生就是判断和选择

二、不断学习,让自己拥有渊博的知识

三、在生活中生成智慧

教育需要智慧,生活需要智慧。用智慧经营的人生是幸福的,是快乐的! 愿我们每个人不断地成长,学习,积累,成为一个充满智慧的人。

291

撰文点评篇

如何关注每一位学生

刘燕老师谈到的这个问题应该值得我们注意。往深处想,这个事件并没有"圆满结束"。依我个人的理解,一是,学生文静在日后是否能够感受到老师对她的关注,是否满意,还得看老师与这个学生究竟如何相处。二是,如何看待这类事情? 新课程改革以来,我们倡导学生自主学习,要求教师尊重和保护学生的学习热情,这些都是要认真去实施的。但是,作为教师还应该注意去积极地引导学生,让学生正确对待自我,正确对待他我,正确对待集体,而不能一味地迁就,把原本属于教师的育人的职责给抛弃掉。

作为我个人的建议,就此类事情是否可以这样处理:

首先,让学生知道,他们所在的班级是一个团队(团队:为了一个共同目标而一起努力的一群人),只有全班学生都能有所进步,这个班级团队才能实现自己的目标。所以,老师就应该关注全班每一个同学,同时那些学习、表现好的同学也应该关注表现相对比较差的同学。要在这些方面培养学生的集体荣誉感。我们有时候对学生的思想品德教育往往空对空,讲一些空泛的大道理,没有实际的效果,可是,这些具体生动的案例就发生在班级教学生活中,就在我们老师的视野范围内,而我们往往不在意地给忽略掉了。

其次,具体到上课回答问题一事,应该让学生共同制订一个规则,这个规则就是每一个学生应该有回答老师提问的权利,这个权利不能是那些学习成绩好的学生所独有的。要让那些所谓"强势"的学生懂得关爱、尊重那些"弱势"的同学。

【链接文章】

"我认为老师会烦我"（摘要）

东川路小学　刘燕

　　今天数学课上，大家交流一道题的算法。以往，我总让学生尽可能地说出自己独特的算法，学生积极性很好，班里几个数学"能将"更是不甘示弱，总想找到和别人不一样的算法。这道题，已经有几种算法了，马上要下课了，可是，雪峰和文静的手还是举得特高，热切地希望叫到他们。我知道，这两个积极分子要是说起来，决不会轻易罢休，那样肯定会耽误下课，况且，一节课他们举手很多，不能总叫他们。

　　于是，就叫了不是经常发言的×××，文静一看没叫她，"啪哒"把手无力地甩在桌子上，胖胖的嘴翘得老高。

　　下课了，我把雪峰和文静叫到跟前，说："今天上课的时候，老师知道你们特别想举手表达自己的想法，可是老师没有叫你们，你们怎么想？"

　　"我知道，老师想把机会让给那些不经常举手的同学。"雪峰说。

　　"文静，你认为呢？"我把目光投向文静，

　　"我认为老师会烦我。"

　　"为什么？"我极为诧异，更没有想到这个孩子会这样去想。

　　"我有自己的方法，但是老师不叫我。我就认为老师不喜欢我，是烦我的。"

　　"你说说你们的算法，如果有价值，老师为你们俩开个发布会。"

……

　　这件事情圆满地结束了，但是文静的"我认为老师会烦我"的话一直在我的脑海里回荡，面对班里的这些"强势学生"，如何去引导他们正确地看待自己想得到但是不见得事事都能够如他们的意的事情呢？

沙龙是一种有效的教师培训

将"沙龙"的形式用到教师培训,这是一种创意,是一种高品位的教师培训。原因恐怕至少有以下几点:

一是开放性。话题讨论没有一个固定的答案,能够激发参与讨论者的思想火花。二是灵活性。表现在讨论的形式多样,可以在餐叙的饭桌上,也可以在会客室;可以有主题的研讨,还可以是无主题的漫谈等等。三是深刻性。由于是一群有共同语言的"圈内人"的聚会,因此在讨论问题时没有顾虑,可以畅所欲言,各抒己见。四是平等性。参与讨论的每一个人都是"主角",没有高低贵贱之分。五是层次性。这里所说的"层次"指的是所讨论问题具有一定的深度,一般来说是一些普遍关注的热点、难点问题。

沙龙式的对话培训使我想到在欧美一些大学中所流行的"导师制"培养模式。学生与老师看似在进行一对一、一对若干、几对几的"聊天",但这种聊天对学生来说其作用却是非常大的。但愿教师成长工作室的"沙龙"式培训能够吸纳一批批教育的有识之士,推出更多的培训成果来。

【链接文章】

沙龙活动（摘要）

寸草心

沙龙活动也是琴岛教师成长工作室所推出的一种教师培训的

模式,是在借鉴国外研究生培养过程中导师与学生对话交流的基础上所进行的尝试,近两年的实践证明,这种培训模式给参加者思想上带来的震撼及产生的影响是其他形式的培训所不可替代的。

撰文点评篇

适合的教育才是最好的教育

"适合的教育才是最好的教育"。是的,遗传、环境、社会等各种因素,造就了一个个性格各异的孩子。作为一名老师,如果我们无视这些差异,而一厢情愿地想按照一个固定模式去塑造这些孩子是注定要失败的。对一个正在受教育的孩子来说,什么才是最好的教育?答案只有一个:那就是适合这个孩子的教育!

正如刘可钦老师在讲到自己班里的那个小女孩时所说的,按照人们的习惯思维,6 年来我在那个女孩子身上是那样的用心,付出了比对班里其他学生多得多的努力,她考初中时肯定会取得一个非常好的成绩。但事实却做出了相反的回答,数学只考了 48 分。这个结果可能使人大失所望,但对这个女孩子来说,这却是最好的结果。

存在的就是合理的。我们老师只有尊重孩子们的差异,才能更好地为学生服务,也正因为学生的这种差异,才彰显出了教育的魅力。

从李东方老师的体会中可以感觉到,她从刘可钦老师的亲身经历中受到了启迪,开始考虑如何对待"差生"问题,并有了一些"假设",准备着手实施。衷心祝愿并期待着李老师取得成功。在这里,我向李老师提几点建议供参考。

一是要对"假设"的实施做好充分的准备。这就需要制订出比较可行的实施计划。这个计划考虑到时间跨度、环境影响等方面的因素。应针对不同的"差生"对象实施不同的方法,切忌将刘老师的经验原封不动地"套用"过来,因为对人的教育帮助的那些经验往往是不可复制的。

二是要有面对困境、曲折甚至暂时失败的心理准备。因为，转化"差生"的工作是比较艰苦的。良好的学习习惯，正确的生活态度，这些对那些"差生"来说，需要下大气力才能逐渐养成。况且，这些学生往往稳定性差，出现反复恐怕也是难免的。

三是关键在于拥有一个什么样的学生观、质量观、人才观。解决这个问题需要对学校的办学功能、社会地位有深刻的理解。这个问题不解决，对待"差生"所采取的那些做法就不会取得积极的成效，就有可能会出现老师"满腔热忱"地向"差生"伸出帮扶之手，但最后却因"差生"的"不作为"而导致老师发出"恨铁不成钢"的埋怨的现象。也就是说，对待"差生"重要的并不是我们采取了哪些带有"技艺"的做法，而是我们处事的思维方式是否符合社会环境、人类生存发展的规律。

【链接文章】

换种思维去思考（摘要）

青岛东川路小学　李东方

"那个刘老师特别'关照'了6年的女生，最后小学毕业时，还是考出了48分的成绩。"如果换成我，我会有所抱怨，自己的付出没有得到应有的回报，这六年的时间，我极有可能做不到像刘老师那样耐心、运用多种方法去帮助她、辅导她，可能只会把她当作一个差生，按照其他学生的标准来要求她，她可能每天会受到惩罚：没完成作业时，在教室里补作业，不能出去玩；捣乱纪律时，到墙根罚站，更严重时请家长。其实，我们通常的这种做法只是习惯性的，觉得其他学生能做到、做好，那么这样的学生应该会做好，虽然我们都知道：每个孩子的差异，应该因材施教，但是做起来就不是那么容易。听到刘老师举这个例子时，我顿时感到心里轻松了许多，觉得我不会再为那几个不完成作业的学生而苦恼生气，觉得那些孩子也不会再对作业产生恐惧，其实他们也可以和其他同伴一样的。

撰文点评篇

谈谈对"合作学习"的几点体会和认识

关于合作教育中的情感关注问题我与刘燕老师有同感，正是因为有同感，所以就想来点"有感而发"。

新课程实施以来，教师开始注意将合作学习方式引入课堂教学中，对促进教育教学起到积极的作用。但是，在一些课堂上，那些作秀、空洞、形式、泛化了的合作学习屡见不鲜。而刘燕老师对合作学习问题的关注，也正是我们课堂教学过程中在运用合作学习所缺失的一个重要方面——合作学习或者说合作教学过程中的情感缺失问题。我在这里说的，不仅应该注意学生之间在合作当中的情感交流、情感生成等方面的情况，还应该注意的是教师的个体情感表现，教师与学生之间情感之间的呼应与对话情况，这样才是课堂教学活动（包括合作学习或教学片段）中所需要的。

关于合作学习方面，自己有一点体会和刘燕老师交流一下。

1. 合作学习的切入点问题。首先考虑所设计的合作学习是否有必要，不能搞"拉郎配"式的合作学习。其次，要根据学生的"学情"和文本的设计需要进行形式多样的合作学习的设计准备。第三是根据教学过程中的实际需要临时组织。比如，学生中出现"意想不到"的生成性、有价值的问题或者说学生向老师提出"挑战性"问题，教师"卡壳"没想好怎么回答或者教师觉得应该先由学生回答，这时需要教师随机应变，临时决定合作讨论。总之，合作学习的设计需要从解决问题、引发思考出发而定。

2. 合作学习的组织形式问题。个人理解不一定只是一种前后位 4 个人为一组的这种单一模式,还有不同座位的同学临时组成的合作小组等等。从小组内的"组织结构"来说,也不一定是有主持的,也可以是无主持的。应该根据教学需要来考虑是否进行"分组"和怎样"分组"的问题。其实,整个教学班级就是一个大的"小组",也完全可以进行合作讨论,关键是教师如何把握。

3. 合作学习关注的重点问题。应该考究学生(也包括教师)的思维是否被激活,交流合作的状况是否和谐,问题的解决是否达到预想的目标,合作交流是否生成新的"知识增长点"。

4. 合作学习的评价问题。关注点不能仅仅放在单一的结果上,还应考虑到合作的过程,在这个过程中,学生间以及教师与学生之间他们相互联系怎样,情感交融程度如何,问题解决的程度怎样,等等。有时合作学习并非要追求最终的答案,有些问题是没有标准答案的,需要关注的是学生的思维训练的目的是否达到。

5. 合作学习并非一定要追求完美。合作学习的设计有时应该随"缘"而定,这包括"学(习)"缘、"情(境)"缘,一切都是那么原生态般的自然,就如同生活那般,有些事情尽管不是那么完美,但是在处理这些事情或者与之在一起的时候却感觉是那么的可爱,那么感到珍视,因为这些已经是生命中不可或缺的东西,这种真诚、这种放心,是人世间美好的东西。因此,合作学习越贴近生活实际越有生命力,越能体现出这种学习方式的价值。

很欣赏刘燕老师的这种读书学习的方式,那就是学有所思,学有所动。这种潜心、用心的读书学习假以时日,刘老师一定会成果丰硕的。在这里,我建议刘老师把读书学习的视角再扩大些(可能这方面已经做得不错了),除了"本本"以外,把整个社会,包括学校生活、社区生活、家庭生活等等都看作是一本"书",当然也包括你自己。

在读书学习中,以哲学家辩证的眼光去审视思考教育的问题,以经济学家成本与集约的意识去修补教育实践中的缺陷,以社会学家的触角来倡导教育的和谐与公平,以教育心理学家的思维分析来促进人格的完善,等等。这种点多面广的多维的读书学习领域,就会使自己超越原有的教育的空间范围,"居高"才能"临下"。

读书学习不仅是要读出"他们"，还要读出"自己"；不仅要读出品位意境，还要读出思想火花。因此，读后的所感所悟，不管是洋洋万字还是寥寥数语，都是一种读书学习生活过程的一种记忆。

当然，这种读书学习需要经历一个长久的过程，这里面可能会伴随着酸甜苦辣，但是，为了自己心中的那个"梦"，我想一个有梦的有志的教育工作者一定会去"追梦"的，一定会"圆梦"、"梦想成真"的。

【链接文章】

合作中情感的关注（摘要）

青岛东川路小学　刘燕

今天去书城买了刘可钦老师的《刘可钦与主体教育》一书。读到《数豆子——百以内数的认识》的课堂教学实录中，有一个教学环节：学生小组合作后，老师就站在小组前，微笑地看着大家，有的学生看到了，马上坐好了；没有看到的学生，经过其他学生的提醒，也是很快坐好了，老师向大家竖起了大拇指。然后，老师总结道：刚才我们大家在玩豆子的时候，都非常开心，大家合作得很愉快，有的同桌出现矛盾，经过大家的协调，也找到了解决的方法，而且大家还记得我们的约定，没有一粒豆子掉在地上，非常好。

反思：

1.小组合作中的合作情感关注。老师关注的焦点是学生有没有解决问题的结果，很少去关注孩子们怎样合作的，合作时的情感体验，而刘老师观察到了这一个细节，及时指导，让每个孩子在伙伴的参与中享受积极的、愉悦的感受。

2.老师积极的语言评价。刘老师关注的是学生之间的合作与交流，走进学生去发现学生是怎么学的，小结的时候，把学生具体的学的过程用积极的语言去评价，使学生高高兴兴地进行下面的学习。

3.活动后的组织教学。课堂教学是一个动态的过程，随时会有学生的各种各样的活动，刘老师也有个组织教学的环节：当学生几乎都进行完了小组合作的时候，"老师就站在小组前，微笑地看着大家",没有手势,没有语言命令,此时无声胜有声,微笑便是信号,微笑成了学生与老师之间心有灵犀的自然约定。

撰文点评篇

我的孩子们，你们现在还好吗

　　读罢张静老师的这篇故事很受感动。这份感动缘于文章平实的真情实况的描述，缘于诉说了一个个教育生活故事的动人细节，缘于作者情感上的真诚动容。

　　这么多年过去了，在张静小时候的学校生活中所享受到的那份自然的、惬意的、美妙的幸福已经铭刻在她在孩提时生命的印记里了，这一串串小小的、不经意的学校生活的片段，那一束束投来的善意目光，一个个友善的微笑，这一切是那么的和谐、自然。在人生旅途中，每一个人都有许许多多的经历，可是，能在脑海里历历在目的并不太多，特别是在童年阶段，在那份脆弱的心灵里能够享受到的那些"阳光雨露"。

　　张静是幸运的，她遇到了一些好老师，正是这些好老师，才使得张静的童年是幸福的。张静把给她带来幸福人生享受的一个个学校生活的片段展示给我们，提示我们当教师的怎样去将心比心地宽容孩子们，通过让我们分享她幸福童年的同时，回味自己的童年，来唤醒大家久存的一份良知。

　　张静老师的孩童时代并不是仅有这些美妙的故事，肯定还有一些不和谐的声音，一些令人胆战的行为，一些不堪回首的痛苦吧？可是，张静并没有来"痛说"、去"控诉"，而是把那些美的故事诉说给大家听，由此可见张静老师的用心良苦，特别是文章的结束语中，张静动情地发出"我的那些老师，你们还好吗"的肺腑之言，让读者们产生了共鸣。张静还把这些老师划归为"我的"，可以体味到她对这些老师的那份真挚感情。我在读这句话时,也想起了小时候我的那些老师亲切的脸庞,他们的音容笑貌,回想这一切是那么美好!我也想起当年我所教过的那些孩子们,和他们相处的岁岁月月。我曾给过孩子们的一些精神上的愉悦,也曾给过孩子们一些精神上的痛苦,有与孩子们分享幸福时的快乐感受,也有因自己的不当的行为造成孩子们痛苦的自责。现在,我已步入中年,我的那些老师们有的已经年事已高,也有的已经不在人间了,但是,我同样也还是要道一声:"我的老师们,你们现在还好吗?"同时,我还要向我教过的孩子们问一句:"我的孩子们,你们现在还好吗?"

【链接文章】

我的那些老师(摘要)

青岛广水路小学　张静

我善于忘记事。但不知为什么,教过我的那些老师,虽然有许多我叫不出名来,也想不起他们曾教过我什么高深的知识,他们的形象却经常在我脑中浮现,没有一位能让我忘记,这是真的。

印象最深刻的老师是一年级时的语文老师,一位慈善的中年男教师。……

二年级时的班主任是位年轻的女教师,姓孙,名什么我就不知道了。……

我所有的老师中,长得最文雅、最帅气的应数三年级时的语文老师高老师。……

当我做了教师时,我仍然会时常想起我的那些老师们,特别是当因为学生而发火时,我想起他们的那些做法,心中的火会消了很多。

真的,如果我们能经常回忆自己小的时候,回忆那时自己经历的快乐、经历的感动、经历的悲伤和痛苦,我们就不难体会到学生的心理,就能用一颗宽容的心来对待学生的错误。

我的培训观

　　名师是不是培训出来的？有人说不是，也有人说是，还有人说是又不是。那么，到底是不是呢？我的看法是，在一定意义上说，在一定程度上，名师就是培训出来的！那么，为什么现在有这么多不同的见解呢？我个人的思考是：

　　1. 现在的培训没有达到培训的本意。也就是说给予老师的那些培训不符合老师的需求，不管是教学技术上的需求，还是身心发展的需求，培训机构（包括教师所在学校）的培训是一种体现着培训者意志与"想象"所"造"的一种形式，既没有教师共同需要的"精神食粮"，也缺乏"量体定做"个性化的"小灶"，那种空洞、乏味的培训怎么能对教师的发展有用呢？培训没有课程意识，没有按照教师学习、发展的规律来设置培训课程，不是按照学校的运作对教师的职业生涯进行全程关注，而是蜻蜓点水般地给教师培训工作撒芝麻粒，这种不受教师欢迎的没有实际意义的培训没有倒也罢。

　　2. 作为教师对培训缺乏自主、自觉的要求。这里首先对培训的内涵应该有一个清晰的认识。什么是培训呢？从字典上的解释看，培训就是培养与训练，那么培养也好，训练也好，究竟是一种什么状态呢？培养、训练是什么？这里包括组织上对教师的一套"打造"的一些规划、计划吧？这不就是培训的内容吗？听讲座是培训，到培训班学习是培训，那么，参加集体备课是不是培训？教学研究是不是培训？沙龙讨论是不是培训？每天的上课、批改作业是不是培训？每天的自修、看电视和报刊是不是培训？我们之所以把培训"定格"在很狭小的空间里，是因为我们到底应该具有一种什么样的培训观的问题。培训包括自我研修和接受性培训两个层面，我们对培训在意义上的理解出现的偏颇是因为对培训没有从更深刻的层面和意义上去理解，认为接受培训就是听别人讲，看别人的示范，而把自己的自我培训丢在一边，这样没有自己主动学习、自动发展需要的培训，是不能成长为名师的。培训不单是教师在教学技术层面上的需要，应该是教师综合素养提高的需要，教师需要不断补充"五谷杂粮"，精神与智力方面的"营养"应该合理搭配，否则教师发展就不是健康的，就会在一些方面出现一些"病灶"，结果会影响自己的职业素养的完善，影响教育教学的实施。

3. 养成培训的习惯是教师发展成功之路。我们说，培训不是只为了教师成为名师的"敲门砖"，而是说，对一个合格的从事教师职业的"教育人"来说，培训，或者说培养与训练对一个有良知的教师来说，对一个在人生旅途上生活得有意义的教师来说，是一种生活状态，是一种享受人生的经历。可是，检讨我们自己，我们在日常的教学工作中到底是怎么度过时光的呢？每一次备课、每一次参加研修、批改每一份作业、上的每一次课到底是不是认真、尽责呢？我们在看电视时联想到我们的教师职业了吗？联想到、悟出些什么道理了吗？我们说没有时间读书，可是时间哪去了呢？自己问问自己这些并不是难以回答的问题，正视自己的问题需要勇气，需要重塑自我，需要重新定义人生的意义。老师们，行动起来吧，其实，培训就在我们的身边，就在我们的实际生活中，只要我们有心、用心地去积累、去关注，我们的培训就是生活中的一个不可或缺的重要部分，这种融入生命的培训就会使我们的生活更具有幸福之感，这种人生享受是一种福分。老师们，您不妨试一试？坚持、坚持、再坚持，一年以后，两年以后，若干年以后您再回头寻觅自己的人生轨迹的时候，兴许您还有一些更精美的景色与美妙的追忆吧？

【链接文章】

琴岛教师成长工作室活动反思（摘要）

青岛广水路小学　张春艳

通过这次活动，更让我明白了，教师的成长是循序渐进的，不能够急于求成。有人说"名师"是培养出来的，所以很多人希望通过"爆炸式培训"可以出名师，但是我觉得"名师"是在实践中磨砺、在挫折中成长的。就像当天在座的专家教授，他们也是通过自己的实践，总结出来的经验，这并不是一朝一夕的事情，需要慢慢地积累。所以说人才的成长如同树木的成长，速生的树木经不住风雨，当然也不能持久；只有经过风风雨雨、慢慢长大的树木才能够长久参天。所以在"名师"的认定中，我并不欣赏那些干了十年八年，出过几次表演式的公开课便一鸣惊人，奉为所谓的名师的做法。我觉得，真正的名师是实践中磨砺出来的，不是通过几次培训，几个展示速生出来的。我相信只要自己不断实践，努力进取，一定会到达成功的彼岸。

我们应有怎样的"教育观"

周教授所给出的这个案例,从处理方式上看,可以找出我们管理上的弊端,我们评价制度上的缺陷,我们教育目的的异化,等等。其实,这些背后我个人的一个观点是我们"教育人"(教师、校长、家长等)究竟应该具有一种什么样的"教育观"? 我们在实施教育功能的过程中,所守望的那种教育的底线是什么? 对待孩子当中的错误我们作为教育工作者应该怎样去应对? 去迎合某种东西,还是回避一些问题? 我为什么说教师需要守护着自己的那份良知? 因为我们的天职决定了教师的使命是神圣的,那些将来在社会上能够与社会和谐相处的大写的人需要教师去呵护、调教。

有什么样教育观就决定着什么样的行走方式。应该倡导什么是与社会主流健康文化和谐一致的向善的东西,什么是不良的东西,什么是需要弘扬、倡导的,什么是需要批判、摒弃的,这应该是学校的责任,而且是学校校长、老师推脱不了的责任! 学校教育就应该做好原本就属于自己所应该承担的那份责任! 我不否认社会不良倾向对学校的干扰与影响,但是,我们作为"教育人"来说,是否扪心自问:我们应该做的工作是否都做到位了?!

学校教育需要有积极向上的精神力量来支撑,在某种程度上必要的德性的"教化"还是应该有的,在国外,一些国家从学生孩提时不就开始实施《圣经》的灌输教育了吗? 因此,我们不应该在这些方面有所缺失,因为这是增强一个民族竞争力的基础。

六一儿童节感言（摘要）

周嘉惠

一个小学四年级的班里，几个学生偷了低年级学生的东西，被自己班的一个女同学发现了，这个女同学向教导处的老师说了，教导处的老师通知了该班的班主任，让班主任对这4个偷东西的同学进行批评教育。

可是，想不到的事情发生了。该班的班主任紧急召开班会，不提那几个偷东西的学生，却把矛头对准了那位大胆向教导处汇报情况的女同学！说这个女同学给班级丢了面子，说家丑不可外扬，说如果班里评不上"优"，就由这个女同学承担责任，还说了许多批评挖苦的话。这个女同学当时就委屈地哭了。

乍一听到这个事情，我最初的反应是奇怪：这样的本末倒置，这样的蛮不讲理，竟会发生在我市的一所号称很优秀的学校里。继而是同情，我仿佛看到了那个女同学委屈的泪水。最后我是愤怒，一个老师，一个堂堂的人民教师，竟然当着全班同学的面，去羞辱一个无辜的学生，如此没有理智，没有道德。那位老师的心里，还有正义吗？还有真理吗？

修炼自己的职业幸福感

人生怎样活得更有意义,不同价值取向的人会有不同的活法。然而,对于选择教师职业的人们,其价值取向就应该不同于他人,因为这个职业是创造生命的职业,是培养人和塑造人的职业。

教师有了职业幸福感,才能有职业奋斗感,有了职业奋斗感,才能有职业钻研感。王琪老师提出了一个很重要的话题,那就是要成为合格的教师,要成为成功的教师,就要有教育理想和教育信念,有了理想与信念,就可以内化为自我完善、自我发展的驱动力,就可以提升自己的生活幸福指数,提高自己的生活质量。

读书学习实践,观察教育生活,反思教育行为这是夯实自己生活"物质基础"的前提条件,有了这些,就可以比较容易地抓住教育契机,就可以在对待教育问题时保持清醒的头脑,在处理问题时可以游刃有余。

老师们,为了他人的快乐也为了自己的快乐,为了他人的幸福也为了自己的幸福,我们行动起来吧!有行动就一定会有收获,不信,您试试看?

【链接文章】

读书破万卷,教书如有神! (摘要)

青岛广水路小学　　王祺

教育追求是我们教师、特别是作为青年教师的我们对于教育根本问题的个人价值取向,它决定着教师关于教育的理想和信念。一名合格的教师只有具备正确的教育观、学生观、成长观,才能真正把教育当成一项崇高的事业,而不是或者说不仅是一种聊以谋生的手段,也才能成为冬天里的一把火,热力四射,温暖学生;更能够在教育事业上孜孜不倦地有所追求。

有教育追求的教师,他们可以追求不同的教学理念,可以拥有迥异的教学风格,可以有着独特的思考方式,他们有着许多出色的独特的表征,不能穷尽列举,但有教育追求的教师,必定是个"读书人";有教育追求的教师,必定有股"钻研劲"。

学生的幸福就是教育的幸福

读罢东方老师这篇短小的文章，自己的内心竟也被一种幸福充盈着，为我们的教师队伍中有这样的教师，为我们的教师有这样的理念。

是的，正如东方老师所说，我们的教育绝不是以损失教师的幸福来造福学生的活动。教育是而且必须是教师不断超越自我的活动，并在这种不断超越自我的过程中体验到那种前行的幸福。

可是现实中又有多少教师能体会到这一点？他们把自己的幸福完全地建立在学生的考试成绩上。学生考好了，自己便感觉幸福，学生一旦"考砸"了，自己幸福的感觉便彻底地崩溃了，有的教师为了追求这样一种幸福甚至从此走上了一条不归路。而且是越走越远，越走越没有了幸福感。

所以，今天我们很高兴地看到了东方老师对教育工作的解读——"让幸福充盈教育"。学生的幸福就是教师的幸福，教师的幸福就是教育的幸福，学校应当是一个幸福的乐园。在这个乐园中，我们每一个人都贡献着自己的一份聪明才智，教学相长，彼此关爱，体验到一种做人的幸福、一种生活的幸福。

但是，有一点我也想在此和东方老师商榷。东方老师在文章的最后一段说：如果说学生的幸福是由教师创造的，那么教师的幸福就是由学校创造的！我个人认为：幸福对每一个人来说都只能是一种内心体验，你认为幸福的事情对我来说未必就是幸福。如有的老师认为考试成绩好对学生来说就是一种幸福，所以加班加点，拼命地想提高学生的考试成绩,但事与愿违,有的学生感觉一点也不幸福。另外,我认为教师的幸福也不仅仅是学校给予的。为什么在同样一所学校,有的老师感觉非常幸福,而有的教师则没有这种幸福的心理体验,甚至于感觉自己一点都不幸福呢? 其实您在文章的第三自然段中已经给出了答案,作为一名教师要体验那种为人师的幸福就必须不断地超越自己,正可谓"境由心造",幸福亦如此也。

【链接文章】

让幸福充盈教育（摘要）

青岛东川路小学　李东方

在教育中,有一种独有的、无法替代的幸福——教育的幸福!

所谓教育的幸福,即是一种师生共享的内心体验,是师生双方共同成长、相互感应,最终达到"同悲共欢"的境界。这种情感体验的教育方式,增强了师生之间的感情,从而让教育产生事半功倍的神效。

我认为,教育绝不是以损失教师的幸福来造福学生的活动。教育是而且必须是教师不断超越自我的活动,在这种不断超越自我的过程中体验到那种追求的快乐与幸福。

学生的幸福就是教师的幸福;教师的幸福就是教育的幸福。学校应当是一个幸福的乐园。

如果说学生的幸福是由教师创造的,那么教师的幸福就是由学校创造的!

教师应具有"归零意识"

　　王庆老师反思、总结在指导学生作文时的得与失并进行补救,这就是一个有心的教师在其发展、成长的过程中的一次很有意义的行动。

　　作文教学是目前的一个难点。学生作文难的问题是综合性的。为什么在写作文时学生感到无话可说呢?这里,有学生知识面狭窄、单一的原因,也有长期概念化统一模式训练的原因,还有社会情感沙漠化不良现象影响的原因,更有课堂教学中生命关怀的缺失的原因。学生在这种课堂学习文化的熏陶下,久而久之,失去了真情表白的动机和能力。

　　学生的真情需要唤醒,而这前提是教师应该首先自我唤醒。在充满真情的课堂环境下,学生的情操才能得到很好的培养,才能激起想要说、想要写的冲动,才能远离虚假、回归自然。

　　教师应该具有亲情。教师在与学生相处的亲情示范下,就可以使学生摒弃冷漠,养成感恩之心,并逐步将爱内化成为自觉的行为规范。

　　学生的能力需要引领而不是束缚。得当的引领,学生的思维在训练中便可得到发展,就可以形成具有鲜明个性的思想;不当的束缚,只能使学生的思维发展受到限制,最终僵化。

　　解放学生吧!这样的学生才能有学习的活力,才能出现学习的激情。教师解放自己吧!这样的教师才能在课堂教学中创造生命财富。这种解放,不仅对学生,同时对教师本人都是一次新的革命,尽管要面临着因变革而除旧推新的暂时痛苦,但呈现出来的却是在历练过程中因自我提升而得到职业幸福感。这里面包括自我价值的重新定位,专业发展的空间拓展,教学真谛的高位追求,课堂教学的成果涌现,等等。

作文教学,教师首先要有话可说,有话会说。教师要善于讲故事,要有自己的故事,要有自己对生活的深刻感悟。这样的教师才能在与学生的作文对话交流时,开启学生的心灵,激发学生的灵感。

语文教学,还应要让学生有话可说,有话能说,而这就需要教师创设出学生话语情境。

王庆老师的这篇文章给我们带来的另一个积极思考是,教师应该具有"归零意识"。也就是说,在做重复的事情时,在做每一件事情的时候,都要突破原来的"自我",从零状态开始,从否定或审视自我开始,根据不同的教学情境和教学对象,尝试新的教学模式、教学方法。这样,在变革中使教学生动起来,让自己曾经或者即将倦怠、懈怠的心理回归自然,回归到曾经有过的教育激情的"初心"状态之中。

【链接文章】

父亲节给我的启示(摘要)

青岛崂山区东韩小学　王庆

我翻阅了学生的作文,只有3个学生写的是自己对父亲的感受,很真实。其余同学也写了,但事情叙述只有三四句话,剩下的就是空洞议论。怎么会这样?我先调查了一下大家做的事,因为我要求每位家长签字,说明都属实。为什么作文写得不感人呢?我让学生先想。学生告诉我:我们写的客套话太多了,所以不感人。我提议,把文章再拿回家给父亲读一读,让父亲说一说他的神态、语言对吗?你写得对吗?或者请父亲说一说自己的感受,然后再写。为什么这样呢?有的学生还不了解父亲的真实想法,他回家以后进一步与父亲沟通,既能起到教育学生体谅理解父亲的作用,又能培养学生用自己的言语表达清楚自己的感情。第二天,学生交上来了作文,一个个情感的流露可用一个词"真实"来概括。

读着孩子质朴的语言,我的泪水也流了下来。学生都是可塑的,都有一颗善良的心。大哲学家弗郎西斯·培根曾作过这样一个比喻：美德好比宝石，它在朴素背景的衬托下反而更显美丽。是的，其实每一种美德都是出自善良的内心，它让人们肃然起敬。但是它需要我们去发现，需要我们去创造机会，给它一个释放的契机。

要有发现的"眼光"

　　从李晓柯同学行为的转变过程可以看出,善于发现、捕捉学生闪光点和长处对一个学生的发展来说是很重要的。而能够发现闪光点和长处,首先需要教师具有这个理念,也就是说应该具有能够发现的"眼光",教师所具备的这个眼光,或是一种智慧,或是一种能力,或是一种态度。

　　对学生长处的发现,还需要善于找到契机。冯老师正是这样做的。他准许李晓柯同学主动请缨帮助要好的同学抄写笔记,给这位淘气的"问题学生"一次展示自我形象的机会:在好友面前,展示自己的"义气";在全班同学面前展示自己的"助人为乐";在老师面前展示自己的"能力"。也就是说,对李晓柯来说,这个举动是要引起大家的"注意",只不过这次注意是积极、正向和有意义的。要不,李晓柯怎能找到老师"邀功"呢? 由此可见,不仅对孩子,包括我们的每一个人,都是很关注别人对自己的评价的,而这个评价点正是每一个人自认为具有"闪光点"的地方。

　　可贵的是,冯老师并没有停留在"帮助同学抄写笔记"上,而是在这个基础上趁热打铁,赋予李晓柯更重要的任务,这样一来,李晓柯找到了集体归属感,感受到自己在集体中的存在,感受到自己被尊重的价值,感受到积极进取的力量之所在。

　　这个案例并不是简单的对学生闪光点、优点其表面层面的发现,而是在它的背后顺应了孩子身心发展的活动规律,利用并抓住了孩子希望"别人改变对自己看法",就其证明"我能行"、"讲义气"所施展的"表现欲"做大了文章。这一下子点燃了这个孩子积极追求的希望火焰。

这个案例还告诉我们,如何能够抓住契机,找到一个有效的结合点的问题。这就需要我们教育工作者要能用心、有心。就这个事例来说,李晓柯同学帮助好友抄写笔记,就需要认真听课,否则就不能完成帮助同学的任务,而这个过程,正是改掉自己上课注意力不集中毛病的一个机会,其效果要比来自教师的控制、管教外力要有效得多,因为,这是来自学生内驱力的一种自觉的行动,是学生自觉自愿做的事情。原来只是简单地为了帮助好友的"义气"之举,没想到这个过程改变了自己上课精力不集中的毛病,养成了认真听课的习惯,从而得到了老师、同学的积极评价,后来又在承领为集体服务的任务后进一步强化自己"要好"的内在心理。有了这样一环扣着一环的积极引导、鞭策,"问题学生"逐步向好的方面转化便就是理所当然的。

【链接文章】

善于捕捉闪光点(摘要)

冯长喜

本班的李晓柯同学是一位多动型学生。这类学生的心理特征是活泼好动,富有朝气;情绪多变,喜、怒、哀、乐无常;精力不集中,语言直率,坦诚;动作敏捷,待人亲热大方;遇事欠思量,轻率浮躁。课堂上表现是自控能力弱,听课不到3分钟,就坐不住了,像是椅子上有钉子,或者拿笔玩,或者开合书,或者前后桌、左右桌地跟别人搭讪,直到别的同学生气急眼、骂他,他才嬉皮笑脸地收敛一些。老师提示他的话转身就忘。下课铃一响,第一个跑出去的就是他,无论离门远近,在跑动的过程中,还随手打一下这个,碰一下那个。课下总有被惹急的同学追打他,依旧不改。

在一次偶然的机会,同班一位和他不错的同学的右手不慎摔伤,不能写字。我正想着让谁帮助这位同学抄笔记时,晓柯来找我,要帮助朋友抄。我心里想:"你自己的笔记上课都记不全,还给别人记?"我要对他说:"我还是找别的认真的同学给他抄吧!你把自己的抄好就行了。"这里有很大的不信任成分。可他一听急了:"老师,我一定好好抄,我抄二遍笔记,一遍给他,一遍给我。""这个工作要求细心,要有对朋友特别负责的心,而且不能一时热血,要坚持很长时间的。"我将"特别"两个字说得很重。他非常认真地点点头。看着他那份认真劲。我说:"好吧,不过,同学回家笔记要给家长看的,你别抄少了。"

他听到老师同意了他的建议,像拾到了金元宝,兴高采烈地跳着出了办公室。随后的每节课,他都将笔记拿来给我看,我时常也拿好学生的笔记对照,还很详细。而且每次都很认真地拿来两份,"这份是他的,那份是我的。"他说。我知道他这是来找奖赏的。我大大表扬了他这种义举。以后每次的笔记记得更认真了。家长在接孩子时还称赞说笔记记得详细,工整。一段时间下来,任课教师也反映,晓柯同学的上课状态好多了,不闹了,听课认真了。后来我还叮嘱伤手的同学要上课认真听讲,要对得起他抄的笔记。

这样坚持了一个多月,笔记每次都是很工整,认真,详细。之后在午检时我及时在全班表扬了他,"他能将自己答应的事,坚持这么长时间,做得这么好,很不容易。基于你的优秀表现,老师想聘请你做老师的助手,主管午餐工作。"听到有了新任务,而且受到老师的肯定,他高兴得不得了,动作又多起来,向左乐一下,向右乐一下。"做老师的助手了,要注意自己的形象。"我说。课下向他交待了一下工作任务,如何分发,如何收取,如何摆放,都作了详细安排。时常,我在一边观察。小家伙干得很出色,很像个领导,指挥着大家有序地拿取。若看到码放不好的,就自己动手将其码好……我对于他的工作表现及时地做了表扬和进一步的规范。课堂上表现也好多了,集中注意力的时间也变长了。

也谈语文教学

读了周国平先生的文章深有感触。周先生以他自己的体会，说明了自主学习的重要性。同时，也从一个层面说明了语文学习应该是"语言"与"文字"和谐统一体的问题。一个广阅读，一个深写作，再加上教师未受"整齐划一"、"固定模式"的干扰，这样的语文学习就会是生活气息浓厚、生动活泼、千姿百态。

我们现在的语文教学，从客观上看，受到了功利性的"行政干预"的影响；从主观上看，受到了贫血性的"思维缺失"困扰的烦恼。这两方面，逼得教师们违背教育教学规律，违背学生成长的规律，违背语文本体性的自然属性规律，制造出一些看似非常完美无缺的教学与评价模式，模仿出一批"教参版式"酣畅淋漓的教学流程。可最后，在这种教育教学之下所培养出来的学生，缺少思想，缺少创造，缺少和谐，缺少后劲。

【链接文章】

如果我是语文老师

周国平

我问自己一个问题：如果我是中学语文教师，我会怎么教学生？ 对这个问题不能凭空回答，而应凭借切身的经验。

我没有当过中学教师，但我当过中学生。让我回顾一下，在我的中学时代，什么东西真正提高了我的语文水平，使我在后来的写作生涯中受益无穷。我发现是两样东西，一是读课外书的爱好，二是写日记的习惯。那么,答案就有了。

如果我是语文老师,我会注意培养学生对书籍的兴趣,鼓励他们多读好书,多读好的文学作品。所谓多,就要有一定的阅读量,比如说每个学期至少读三本好书。我也许会开一个推荐书目,但不做统一规定,而是让每个学生自己选择感兴趣的书。兴趣尽可五花八门,趣味一定要正,在这方面我会做一些引导。我还会提倡学生写读书笔记,形式不拘,可以是读后的感想,也可以是摘录书中自己喜欢的语句。

如果我是语文老师,我会鼓励学生写日记。写日记第一贵在坚持,养成习惯;第二贵在真实,有内容。写日记既能坚持又写得有内容,即已证明这个学生在写作上既有兴趣又有能力,我会保证给予优秀的语文成绩。我主要就抓住这两件事。所谓语文水平,无非就是这两样东西,一是阅读的兴趣和能力,二是写作的兴趣和能力。当然要让学生写作文,不过,我会采取不命题的方式,学生可以把自己满意的某一篇读书笔记或日记交上来,作为课堂作文。

总之,我要让学生知道,上我的语文课,无论阅读还是写作,最重要的是要有自己的真实感受和独立见解。我最不会做的事情,就是让学生分析某一篇范文的所谓的中心思想或段落大意。据我所知,我的文章常被用作这样的范文,让学生受够了折磨。有一回,一个中学生拿了这样一份卷子来考我,是我写的《面对苦难》。对于所列的许多测试题,我真不知该如何解答,只好蒙,她对照标准答案批改,结果几乎不及格。由此可见,这种有所谓标准答案的测试方式是多么荒谬。

(转载于《中学语文教学》2008 年第 2 期)

引发深思的"国际礼仪"

关于"国际礼仪"的话题,不禁使我想起20世纪80年代台湾著名作家柏杨先生的《丑陋的中国人》那本书。该书对那些有失礼节的行为进行了鞭笞。尽管当时这本书的问世曾在一定程度上伤害了国人的情感,遭到了主流舆论的抨击,但是,不可否认的是,在我们生活中,那些不够文明的行为的确比比皆是,屡见不鲜。我曾到过一些国家,令我感到汗颜的是,我们当中一些人不讲礼仪、破坏环境的行为被外国人视为我们的"传统项目",甚至把唐人街上的脏乱差归罪于华裔、亚裔所为。

我同意在学校开设"国际礼仪"的教育课程,也赞成对学生实施"公德意识"的文化熏陶。但我觉得仅有这些还是远远不够的,单靠学校教育,力量还是很单薄的。没有大的环境的改变,没有文化"质"的变革,仅从表面上进行推进往往是步履艰难的。家庭与社会风气的消极影响,法制观念的淡漠与法制制度的缺失,教师不良行为的"言传身教",这些都使得学校教育处于尴尬的地步,以至于我们传统文化中的优秀美德在一些地方不仅没有发扬光大,反而被异化,甚至一些陈规陋习还在滋生泛滥。

与国际大家庭相融合的"国际礼仪"的构建,需要和谐的社会环境的营造,这里包括基本建设方面的硬环境,也包括精神文化方面的软环境。这些是每一个"社会人"的责任与义务,这个"社会人",既包括个体,也包括团体。当然,这个任务是任重而道远的,需要付出艰辛的努力。其实,我们当中的那些陋习也并非不能摒弃掉,我看到过很多出国的游客,他们在礼仪方面的表现远远要好于国内,那些不良的行为也收敛了很多,这到底是什么原因呢? 是因为惧怕国外的管制与处罚,还是因为国外那太好的环境使得他们"不好意思"去破坏? 或者更是因为融入了国外的"社会人"生活的缘故? 这些难道不能引起我们深思吗?

【链接文章】

边走边思(摘要)

李玲

坐在韩国首尔机场里,我禁不住回忆起 2005 年韩国之旅在细节中感受到的韩国文明。

我们乘坐游轮到仁川码头,然后乘坐大巴经过长途跋涉来到一个依山傍水的小镇。下车后,大家一扫旅途的疲劳,眼睛不够使,嘴巴不够用,叽叽喳喳、吵吵嚷嚷,"安静的小镇似乎因为我们的到来而'热闹'起来",而"路边的很多居民看着我们这群外地人"。我觉得,这是我第一次看到这样的眼神,不知大家什么感受,反正我的脸红了。导游下车后匆忙示意我们让一下,我才发现我和我的同伴下车后都在马路中央驻足停留,已经挡住了大半个马路。在导游的示意下,我们赶紧聚集到路边,把马路让开,一辆停在我们身边的面包车开始徐徐前行,车窗打开,四五张笑脸露出来,向我们招手示意。我纳闷,明明我们挡住了前行的路,司机为什么不鸣笛告诉我们? 导游说,鸣笛是对大家的不礼貌,是为了减少噪音,注意环保!

记得今年 3 月份到新加坡游学访问后,在老师、孩子写的游学日记里,记载着开阔眼界的喜悦,也记录了我们在外国人面前"失礼"的糗事。

在机场回形带里排队等候安检的一件事让乌海东同学"顿时觉得脸上一阵热"。当时大家都在排队,一个同伴就从拦护的铁链下爬过去插队。这时,正在排队的乌海东同学发出"嘘"声,表露出无可奈何的表情。乌海东觉得同伴们"真是不爱遵守规矩,喜欢耍小聪明"。

为什么我们不能让我们的孩子在孩提时早一些了解国际惯例? 为什么让我们的孩子长大遭受尴尬才知道早该了解的常识,才明白早该明白的道理? 小学很有必要开设一门课程——国际交往礼仪。

应当具有怎样的面子观

《老师的"面子"》这篇文章以发生在师生之间的一个很平常的案例，引发出网友们对老师"面子"问题的思考与讨论。这是一个很有意思的话题，我觉得有必要再深入地讨论下去。

面子，这是生活中人们常挂在嘴边而且频率比较高的一个词。古今中外，司空见惯。面子，在中国人的内心世界里占据的位置是十分重要的。为了面子，我们可以去做自己原本不愿意做的事情，去迎合、去动怒，想方设法去"找平衡"；为了面子，我们可以"委曲求全"，千方百计地掩盖自己的苦楚、辛酸，以彰显自己的"阳光"；为了面子，可以耗尽自己的全部资源、超出自身能力去办实现不了的事情，其目的就是要为了自己要强的颜面。

为什么中国人这么在意面子呢？这恐怕与中国的传统文化有关。如中国儒家学说中的"君君、臣臣、父父、子子"、"三纲五常"就是等级森严、唯我独尊的面子文化。

当然，随着时代的变迁，当下国人的思维方式与行为习惯在一定程度上发生了变化，但爱面子的特征还在延续着。这是因为，国人具有群体性较强的特点，他们注重社会关系，注重别人对自己的评价，而西方人与之则相反，他们不在意外界的影响，所关注的则是自己个性的张扬。

在我们的面子文化中，出现了一个逻辑上的悖论：长者、职位高的需要被尊重，晚辈、职位低的则不需要被尊重。就我们的众多家庭来看，普遍存在着大人需要尊重,孩子不需要尊重的现象。当大人的,可以随意地去取笑孩子,去揭孩子的短,去令孩子尴尬,大人们还可以随意地对孩子发号施令甚至有时会大打出手。对此,大人们会振振有辞地说:这样做是对孩子的严格要求,是为了孩子。殊不知在这般状况的日积月累下,孩子心灵中所存有的深深伤痕与短处便"成就"了自己的自卑,缺失的自信让他们缺少了尊严,他们变得谨小慎微,很在乎别人对自己的看法,害怕自己的短处被暴露,在这种环境下,他们这般爱面子的习惯在身心发育的过程中也不知不觉地"培养"了出来。

可怕的是,当这些孩子在长大成人后,会怎样面对他们自己的后代呢? 他们已经学会了用自己长辈当年对待自己的方式来对付自己的孩子,来续写着长辈在他们身上未能完成的"面子工程",这样年复一年,周而复始地轮回下去,"面子文化"成为一种对生活产生消极影响的顽疾。如同家庭生活一样,一些教师在与学生相处的几年学校生活里,他们也在"践行"着他们的长辈、他们的老师当年在维护自己面子时所做的一切,有时甚至还表现得更为"淋漓尽至",以至于一些教师的面子是在学生面子缺失下给足和保全的,一些教师的尊严是在将学生的尊严扭曲后而获得的。

把教师的面子建立在损害或牺牲学生面子的基础上的做法是不足取的。教师所赢得的、所展示出来的面子关键还是依靠自身的内在力量,企图靠外在给予来获取面子往往是徒劳无益的。

教师应该从尊重孩子生命的角度来尊重孩子的面子,这应该是教师的良知,是教师职业的本分。解决处理好师生之间"面子纠纷"根本在于是否拥有现代的教育观。

实现内在、自我价值的面子观与获取外在、"图个好名声"的面子观是截然不同的两种思想。前者更多的带有西方文化的烙印,而后者则多体现了东方人的文化内涵。然而,我们所需要的既不是西方式的面子也不是东方式的面子,而是不能给自己套上精神枷锁的面子。

面子文化问题的讨论,其目的在于通过对"面子"问题的分析折射出人际关系学的问题。爱面子,既是一种心理现象,也是一种社会现象。在人际交往过程中,人们不仅要考虑到自己在别人面前要有面子,而且还有考虑要给别人面子,顾全这两方面的面子往往使得自己活得很累。

为了维护自己的面子,有时做出了失当的举动;为了取悦别人的面子,有时也违心做了一些不该做的事情。因此,我们做教师的在对待面子问题时,应该保持理智、平和的心态,冷静地对待出现的问题,在现有的文化环境中处理、平衡好各方面的关系,不仅正确地对待学生,还要正确地对待自己,避免陷入到"死要面子活受罪"的陷阱中去。

【链接文章】

老师的"面子"

寸草心

　　早晨,在办公室里,突然听到外面有一对师生对话。老师很生气地说:"当着那么多人的面,你连声老师都不叫,就让我把书还给你,到底有没有礼貌,到底给不给我面子?"学生也吼着说:"当着那么多同学的面,你一上来什么都不问就把我的书拿走了,一点也没有给我留面子。"老师接着说:"我刚才不是跟你们说过了,虽然是阅读课,但不能看这种课外书吗?"学生又说:"那你也不能一上来就把书夺过去,然后当着那么多同学大声呵斥我啊,这让我在同学面前怎么抬得起头?"……

　　由于他们对话的声音很大,我出了办公室然后劝阻他们先不要那么激动,冷静一下大家再处理。之后,他们先回去了,我也回到办公室,但我无法平静下来,开始思考学生和老师口中这个所谓的"面子"问题。今天,我们就只说教师的"面子"。

　　在很多教师眼里,面子体现在哪里呢?首先,体现在招呼声里。上课前,学生必须要向老师起立站好,接受老师的"检阅"方可坐下;课间碰见老师,学生必须主动向老师问好敬礼,当然老师不必向心爱的学生问好。这样的面子,老师似乎还可以要,似乎也应该要,学生确实也应该给老师,毕竟老师是自己的长辈,毕竟这是在中国,虽然外国教师主动跟学生打招呼问好每每可见。接下来,体现在错误面前。面对课堂教学中的错误,教师一般不会当着学生的面承认错误,主要是觉得这样有损自己的权威形象,怕失去学生的尊敬。这样的面子我觉得就有些不合适了,每个人都会犯错误,在学生面前敢于承认自己的错误,只会得到学生更加的尊重;一味隐瞒才会更加让你觉得你不值得尊重。

人人都要面子，所谓"人活脸，树活皮"嘛，这本无可厚非；做老师的尤其要面子，因为他面对的是比他低一辈的学生，自也不必大惊小怪。可问题是，人生在世，总免不了会"失面子"，作为老师，天天和学生打交道，这样的机会就更多了。关键是，该怎样看待自己的"失面子"？如果是自己的原因，却硬要把火撒到别人身上，那可能会失更大的面子。老师在班上指责学生，学生顶撞老师。

老师觉得"师道尊严"受到侵犯，失了面子，就更严厉地训斥学生，甚至讽刺、打骂学生，这样一来，后果就难以预料了。做教师的，在和学生发生矛盾时，不妨多想想：学生是不是真的有错？或者我指责他的场合是不是适当？我采取的方式是不是有点过激？大多数情况是，学生真的有错，而老师也确实由于自己的处理方式不当激化了矛盾。可老师往往顾及面子，不愿、不肯去想自己的错误；即使想了，也会顾及面子，不会去认错。所以，就可能出现我前面提到的我那位同事与学生之间的矛盾冲突。当然，我最终目的绝不是为了批评教师，因为我自己也是一名教师，我深深知道作为一名现代教师的难处，现在学生的确有很多令老师头痛的坏习惯、"高手段"，我只是要提醒我们的教师，既然我们成为了一名教师，我们的任务就是教育好学生，而不是为了保留面子就难为学生、借题发挥辱骂学生，如果丢我们的一点面子就可以教育好一个学生，这么简单的事情我们何乐而不为呢？

我心中的学校教育

由《把课堂还给孩子》所引发的思考

把课堂还给孩子,首要的问题是要明确课堂究竟是什么。这方面恐怕会众说纷纭,但是,课堂所具有的核心、内涵的东西又是什么呢?

为什么会出现老师多讲的现象?不这样是不是老师就不会"教"了呢?

"老师成为一个发问者"能否将课堂真正地还给学生?老师如果在课堂上"满堂问"怎么办?发问多了能不能造成学生的新的"厌倦",从而不再积极地学习?"所有问题的答案"都尽可能让学生回答出来,那么老师在干什么呢?

课前老师一定要做到或者能够做到"胸有成竹"吗?假设老师每一次都"胸有成竹"的话,都能够把学生的问题"一网打尽",学生的问题跳不出老师的"手心",学生不再有新的问题的话,那么,学生还会有发展性思维吗?学生的思想在复制老师的思想,学生的思维被老师的思维牵引,那么,后果又将是什么呢?追求课堂完美的背后又是什么?万一达不到"胸有成竹",被学生的"问题"问倒,那么此时的课堂又属于谁的呢?

"全面了解"学生是教师应该做的一件事情,可是,作为教师是否清楚,所了解的学生,掌握的"学情"是今天甚至是昨天的"学情",而不是明天甚至后天的"学情",万一所备的课在明天、后天出现"失真"怎么办?此时的课堂该怎么运行呢?

"兴趣"的讨论在国内已经炒了多少年了,也出现了一些"解读"性的观点,但是,还有很多问题没有解释清楚。比方说,要提高学生学习的兴趣,那么,兴趣从哪里来?有人说,需要培养。不可否认,对一些孩子来说,兴趣是需要培养的,可是培养是"万能"的吗?是否一定要求每一个孩子对某一学科知识,或者某一方面的要求一定要"一刀切"地达到"兴趣盎然"的地步、达到学校和教师主观设定的兴趣的标准呢?从客观实际看,从学生的个体差异来看,这,能够实现得了吗?

以上提出的这些问题,是我感觉到一些困惑的问题。依我个人愚见,当我们对一些问题争论不清时,我们是不是可以回到原点,从本原来理性地审视我们的思维是不是出现了混乱?我们的方向是不是出现了偏差?以上问题敬请各位指教。

【链接文章】

把课堂还给孩子(摘要)

青岛广水路小学　杨瑞玉

"把课堂还给孩子"是师生的真情互动,是师生的和谐共处,是师生亲和力隐形的翅膀。而现实中,我们师生的交往活动是不是真诚的、和谐的呢?是不是真正抛弃"独角戏"了呢?当我们真正要把课堂还给孩子的时候,总会少一些行动的勇气和实施的方法。

"把课堂还给孩子"需要教师有扎扎实实的基本功。

"把课堂还给孩子"需要我们教师从根本上改变。

"把课堂还给孩子"是对学习兴趣的激发和延续。

"把课堂还给孩子",需要我们做的很多,又不太多。要实实在在做到,需要改变的也实在很多。这是一种艺术,是努力追求的艺术。

怎样看待教育公平

一

看了这篇书信文章,需要与王老师交流的问题是:班主任在班级管理中的角色应该怎样扮演呢? 怎么落实在实际行动中呢? 班主任可以决定学生到学生会的选择说明了什么? 学生会所谓的"歪风邪气"会影响学生的成长吗? 班级可以得到"实惠"的评优的机会又说明了什么呢? 老师的强势地位与学生的弱势地位之间的不对等,会有真正意义上的公平吗?

这篇文章以及网友们的讨论更多的是涉及教育公平的问题。需要引起我们反思和注意的是,往往一些我们常挂在嘴边的东西,却是我们最容易出现问题的东西。可悲的是,我们一些老师并未感到自己的行为有什么不好的地方,而是引以为自豪地进行推介或自赏。我们一些教师在班级管理的过程中往往处于一种中心的地位,不管是在自己的言语表达上,还是在自己的肢体语言的默示下,都体现出一种主宰者的强势。他们在与学生的交往中,往往是以自己的感受来置换学生的感受,让学生来适应、理解自己给予学生的所谓的公平,体验自己所谓的良苦用心,而从未考虑到自己是不是应该走进学生心里去倾听、去感悟他们的心声,去理解、体验他们的感受。

对待老师给予的学生所谓的公平的反映,不应该由学生被动地去按照老师的喜好来回应一种标准答案式的呼应,回馈一种所谓感恩式的虚假道谢。真正判断是否公平的评价权在学生手里,在于他们所享受到的所谓公平后的态度与行为是否是自然、和谐的,我们不能一味地、简单地去要求学生正确对待挫折、端正态度,要求他们以忍耐、默认去委曲求全,去换取老师的恩惠。因为,我们的社会文化对老百姓来说,权利中心主义还是具有相当大的力量的,这种力量使得那些弱势群体没有了话语权、没有了位置权,这在社会各个角落中是一种经常见到的现象,学校、班级也不例外。

公平不是老师制造出来的,而应该归还给学生。我们当老师的不要以自己所谓的呵护、关爱为借口,把原本可以由学生去做而且还可以做好的事情全揽在自己的手中,以为这样就是尽职尽责,就是一种责任,或者就是公平的了,其实,这样往往适得其反。我们都是从孩提走过来的,当年我们在做学生时也有很多类似因为教师的不公平对待,或者是那种在教师的网罩下的所谓关爱后的苦恼、委屈、甚至愤怒,这些,我们难道就忘记了吗?为什么我们把曾经遭受过的苦闷、痛苦又制造给现在的学生呢?这,是否能够引起我们的反省呢?

二

一个人很难办到的事是否定自己。不能否定自己,是因为自己还没有跳出那个罩住自己的那个无形的大网。这是一个艰辛的过程,不可能一下子就实现突变,需要一个过程,也需要有那么猛然顿悟的时机。

"当一个学生不适合做某事的时候,我们该采用自然后果法呢,还是去告诉这个学生你不能做而阻止他去做呢?"当我看到这样的问题(其实,是隐含着某种辩解吧?——恕我武断)时,我陷入了沉思。不是我无话可说,而是我该怎么去说。我们不去对"学生不适合做某事"的各种情境去预设并进行评述,而是还是紧紧扣住所发表的文章中的案例来"就事论事"吧。

关于那位学生,老师认为她不适合去当学生会干部,怎么应对?这里面有若干个需要注意的"点"。

首先,学生选择到学生会,这是她的民主权利,能不能当选应该按照程序来确定,这个程序,就是大家所认可的一种约定,这样在没有外来因素干扰下的结果,对这个学生来说是心服口服的,因为,学生一族中有他们处事的方式,学生自己处理自己的事情比起老师的介入能更自然与和谐些。我们现在缺少"法"的意识与"法"的自觉。我并不否认教师的参与与指导,但是,还是应该注意自己的角色定位,不能越俎代庖,更不能去阻止,老师在阻止、剥夺学生参加学生会的机会,不是一个明智之举。

其次,让符合"法定"程序的学生进入学生会有何不好呢? 我们怎么就一定判断其"不合适"呢? 现在的不合适就一定能代表着将来的不合适吗? 盖茨的大学退学是合适还是不合适? 假若说是不合适让他回到学校,那么还有今天的他吗? 还有,我们不能因为怕葡萄酸就不敢去摘葡萄了吧? 再说,即便是这个学生进入学生会后出现了不合适,那么,会有一定的程序进行调整,这样对这个学生来说不会感到不公平的。也许,有人会认为,让不合适的人参加了学生会工作可能因为其不合适将会产生不好的影响或者后果怎么办? 就这个优秀的学生来说,假如她进入学生会工作能发生多么大的糟糕的事情呢?

第三,老师也有与学生交流的权利与责任。假如老师凭自己的主观判断认为学生不合适进入学生会,那么,正确的处理方式是与学生进行沟通、建议而不是决定,决定权在学生而不在老师,因为这些学生不是认知度低的小学生,他们已经比较成熟了,更多的需要是心灵间真诚的对话。

我们缺乏的往往不是思想,而是看待问题的角度。假若我们对待棘手问题能够换个角度来看待的话,兴许就会出现"柳暗花明"。曾经有这么一个雕塑——一个倒立着的人,雕塑旁的解说词是:换个角度看世界。因此,当我们的思维被束缚、被禁锢时,需要做的就是批判自我、反思反省、理清思路,将自己的思维与行为轨迹回归到问题的始点、原点,这样是不是就可以寻找出一种解决问题的"出路"呢?

【链接文章】

学生来信

我最信任、敬重的王老师:

您好! 这是我第一次给我的老师写信,举起笔来,却不知如何开口,内心的压抑、疼痛、失望聚集心头,可我不能不说,您知道吗?

一直在内心以您为骄傲的我,是多么敬重您,可是老师您却一次次伤害了最信任的学生。

作为老师,您与我们的身份不同,因此不管干什么事考虑的思路也不同,这个我是懂得。现在我们相处已经3年了,同学们都很了解我,您作为我的班主任更了解我,可您真正知道我的心中到底想的是什么呢?您是一位很优秀的青年教师,您讲的课很好,班级管理得也很好,这是大家公认的,我并不是在奉承您,这是心里话!但是在其他方面,我真的很心酸。记得那是进学生会的日子,在同学们的支持下,我比她略高一票,我在心中默默地感谢我的同学,可是到了第二天……我彻彻底底地成了一个牺牲品,别人笑料中的牺牲品。老师,那时您在哪儿?可我明白,里面有一定的特殊原因,我谅解您!

升入大一了,为了更好地充实自己,我想担任教育课代表,幸运的是我赢了,您也在班里宣布了,可第二天……我又一次成了班级议论的主角。老师,您那时又在哪儿?可我还是信任我的老师,我原谅了您。

不知不觉3个月过去了,又是一个夜晚,幸运的是我又被评选为那6名之列。我在心中默默地感谢我的同学,那晚我学到很晚,可第二天……我再次成了新片上映的主角。老师,您在哪儿?

现在我委屈、伤心到了极点。老师,您应该能够看到,这3年来我一直都很努力,与我的同学交往得很好,班中的大事小事我也去用心帮忙,因此才有了同学们对我的大力支持,结果是每每给你吃了一颗甜枣,再给你一巴掌。

老师,这又是为什么?为什么那个受伤的总是我?是的,评选之前您就说过一要品学兼优,二要票数高,三要看学习成绩。学习成绩这一点我不得不承认,也是最感羞愧的,既然如此强调学习优秀,老师为什么不按成绩来划分?全部的票数都堆满了黑板,个个都看得清清楚楚,为什么单单把我弃之门外呢?

老师,您的年龄比我们大不了几岁,您也能体会到我的心思,再说您也有弟弟妹妹,如果是您的亲妹妹像我这样,您忍心吗?

我是一个善报喜不报忧的孩子,因此有什么麻烦事我不会惊动我的父母,记得老师说过:"父母不容易,要靠自己。"我的母亲身体不是很好,因此外面的伤心事我不会告诉她,更何况离家这么远,我更不想让他们再为我牵挂,因此在校中,大事小事我都要靠自己努力去争取,老师您还说过我是个懂事的孩子,然而现在我感到很迷茫,善良单纯懂事又有什么用呢?

老师,这样的结果我该如何向父母交代,以后在同学们面前该如何立足?若要等到下一次,那么这一次何时弥补?

将心比心,前面两次我都为老师考虑了,这一次老师您真正应该为您的学生主持一下公道,否则我的颜面何存!

教师在我心中永远是最神圣的,我的老师,您的一句话便影响着我的一生的命运。

您的学生　×××

××年×月×日

掌声响起来

　　"掌声响起来",这是我在读了《爱,让他苏醒》一文后撰写的读后感的题目。这掌声就是爱的呼唤,这掌声就是教师的精神,这掌声就是教育的本质。这是一个很感人的教育叙事故事,也是一个生动的教育案例。读这篇故事时,我回想起自己所看到过的《汤普森太太的师生情缘》的故事,同样,在看到这篇故事时也被故事所打动,被李方老师所感动。是的,在我们现实生活中,会有很多很多像李勇这样的孩子,他也是一个生命体,他也应该具有和其他人一样的生命的权利,被尊重的权利,被爱的权利! 尽管李勇的家境不好,尽管李勇有这样、那样的缺陷,然而,我们作为有良知、有感情的人,就应该自然自觉地去给他们阳光、温暖、沙滩、雨露,这就是社会的和谐,这就是人间的关爱,这就是教师的责任。我在想,这个孩子现在怎样了呢? 他还好吗? 建议李方老师一直和这个孩子保持联系,做好教育方面的跟踪,直到他在社会上找到适合他生活、发展的位置。让爱能够唤醒更多的弱势群体,使他们的生活充满着阳光,同时也使教师自己在这爱的过程中,享受这爱的精神回报。

【链接文章】

爱,让他苏醒(摘要)

山东曹县青菏办事处田油坊学校　李方

　　2004年,我调到现在的曹县青菏办事处田油坊学校任教。第一天的课堂很宁静,我很满意,心里有一种轻松的感觉。作业本交上来了,大部分同学写得很认真,批改到最后一本时,我发现他的作业只有一半,而且字迹潦草,根本辨认不出是什么字,我的火气上来了。真想立即把他叫过来训斥一顿,然后把他的作业撕掉,叫他重写。转念一想,不知这个学生到底是什么情况,可别冤枉了他,于是理智占了上风。我没有向前任老师了解情况,我总觉得那样会让自己戴上一副有色的眼镜,对李勇是不公平的。于是,在课外活动时间里,我找来几个班干部,向他们了解情况。

"他连课文都不会读。老师,你知道吗?他爸爸是个半语,没有妈妈了。"一个学生神秘地告诉我。这一点真让我感到意外,也让我陷入了沉思……

接下来的几天里,我时常注意观察着李勇,特意站在他的身边领全班同学读课文。他的声音像是从喉咙里挤出来的,很难听清楚。我没有对他提要求,只是一遍一遍地领着读。随后的时间里,其他同学自己读书,我仍站在他的身边,一个字,一个词,一句话地教他读。虽然读不清楚,但他很认真。渐渐的,他有了变化,上课总是坐得很端正,作业也似乎工整了许多。

一节劳动课上,同学干得很起劲儿。劳动过后,教室里焕然一新。看着这一切,同学们会心地笑了。我表扬了那些干得好的同学,当提到李勇时,教室里发出一阵轻微的轰动。我没有制止,微笑着看着这一切,过了一会儿,教室里渐渐静了下来。我问大家:"难道李勇干得不好吗?"没有人吭声,我又说:"那咱们看看李勇吧!"同学们的目光一齐投向李勇,只见他满脸的汗,身上湿透了。教室里静得听不到一点儿声音,同学们沉默着,我等待着……忽然,一阵轻微的掌声从角落里传来,紧接着连成一片,我也被这些掌声感染了,情不自禁地跟着鼓起掌来。李勇在掌声中慢慢地抬起头,脸上露出了笑容。

从那以后,帮助李勇的人明显多了起来。我也用含有爱的眼睛,注意地观察着这个孩子。终于,两个月后的一天晨读课上,我正在批改作业。一个身影慢慢地移到我的身边,"老师,我……我想给你背篇课文听。"我抬起头一看,原来是李勇。我按捺不住内心的喜悦,轻声说:"好啊,你准备背哪一课?""第一课。"听起来似乎有些不好意思。"好,背吧,老师认真听。"他开始背了。

　　或许是紧张的缘故,他背得不太流利,甚至有些结结巴巴,但我仍然听得十分认真。同学们读书的声音也渐渐小了,注意力都集中到了李勇身上。好容易背完了,李勇的脸涨得通红。我带头鼓起了掌,同学们也鼓起掌来。李勇竟然兴奋地跑下讲台。这是我第一次看到李勇如此高兴。在以后的课堂教学中,我始终用"鼓励＋表扬"对待李勇。慢慢地,李勇逐渐从自卑的阴影中走了出来,他的脸上终于绽开了笑容。

找到自我

很同意管老师的观点。教师成功的因素有很多,但是,其中有一条是很重要的,那就是要找到自我,也就是要回答这么几个问题:我是谁?我从哪里来?我到哪里去?

在看管老师的这篇文章时,引起我深思的不单是前面所谈及的,而是文中所说的那位"免费旅行者"的教师,可以说,是她的那些"劣势"成就了她的成功。她跟着学生的那些"免费旅行",其实在践行着"解放学生"的理念,尽管她可能在当时并未意识到这些,可是,这一"歪打正着"却激活了学生的思想火花和驱动力,学生的智慧之火被点燃之后就形成了无穷的力量,这就是理想教育所期望的,这种田园般的和谐的教育生态环境,对学生、对老师来说都是一种幸福的感受,这就是一种和谐的课堂环境,这就是一种和谐的师生关系。我常思考这么一个问题:其实,学生也是老师的老师,老师也可以是学生的学生。就拿音乐艺术来说,几十年前的技术技法在现在已经很落后了,可是我们当时的那些艺术大师在那个年代来说,所掌握的技术技法是先进的,但在现在,新生代们所掌握、所创造的一些技术技法对当年的艺术大师来说就是一门门新的知识与技能。另一方面,教师和学生成为朋友关系后所产生出来的生产力其效能也是巨大的。朋友可以伸出援助之手;朋友可以密切合作;朋友可以宽容谦让。那位"免费旅行者"的做法体现出了她的优势,因为,别人没有做到、没有想到她却做到、想到了,这就是差别,这就是机遇。

老师们，我们是不是可以去试一试，把课堂主角的位置"归还"给学生，让他们真正地成为课堂的主人，而不是教师的附庸，这对那些习惯于传统的按部就班的教学程式的教师来说，需要有勇气，需要有智慧，需要有底蕴，需要有理性。老师们，行动起来吧，其实，您的优势就蕴藏在您的身上，您的成功之路、您的幸福感受也就在您的脚下。

【链接文章】

老师，请发挥您的优势（摘要）

即墨市蓝村镇教育办公室　管秀艳

在录像中，我看到了一位优秀女教师的成长路程。这位女教师是一位"免费的旅行者"（本人给这位教师的称呼），给我留下了深刻的印象。就像常言说的"人无完人，金无足赤"，这位成功的教师自身条件并不好：口头表达能力差，有点前言不搭后语；字写得也很糟糕，可以说连一般的教师都比不上，为此她感到非常苦恼。但这并没有阻碍她成为优秀骨干教师！她自己不会说就让学生说；自己写不好就让学生想办法找规律摸窍门。在她的课堂上，学生的积极性特别高，个个儿是小先生，教师常常是学生。学生说她就跟着说，学生表演她就跟着表演，像友好的朋友，真诚的姐弟，同喜同悲，同苦同乐，水乳交融，共同探索创造，师生有效地互动推动课堂向前发展……以生为本、对学生的尊重、关注，使她班的学生思维活跃，善提问题，学味浓厚，乐于创造。老师上公开课都愿意用这个班，用他们自己的话说：这个班出彩！这对于我们不是一个很好的启示吗？

由此我感到，自身底子好，不是成为优秀教师的关键，主要的是在于自身的努力，个人的追求，经过学习、实践、探索、反思这样的多个循环，在教中学，在学中写，在写中思，在思中创……我想经过这样的锤炼，每一个人的素质都会有很大程度的提高，都会成为学生爱戴、家长喜欢的优秀教师。

珍视时间的过程

人们常常对第一次和最后一次印象深刻。第一次往往是缘于新鲜的兴奋，最后一次也往往是缘于失去的惆怅。循环往复，周而复始，人们就是在兴奋与惆怅之间轮转。可是，假若人们将最后一次的惆怅变为兴奋的话，那么这最后一次便就是很有意义的了，因为，这最后一次也就是下一个更高品位的第一次的开始。

怎样才能将最后一次保持在兴奋状态呢？我的看法是，如何在第一次与最后一次之间过好每一分、每一秒。作为教师，尽到教书育人的职责；作为晚辈，尽到做子女的孝道；作为父母，尽到呵护引路的义务。这些都做到了，就不会感到因自己人生旅途中少些什么而感到遗憾。

时光因不会倒流而显得宝贵。有一所大学在广场的显著位置上悬挂了一座只有时分针，而没有时间刻度的钟，其寓意是提醒学生要用好属于自己的时间。而我个人的理解是有淡化起始与终结的时间的意图，不要把注意力放在追求具体是什么时间上，而是应放在注意时间的过程上。亲爱的老师们，善用时间吧！过好每一天、每一分、每一秒，让自己的职业生命更加美丽、更加辉煌！

【链接文章】

人生的加与减

寸草心 摘

每当"第一次"发生时，我们会觉得人生多么灿烂，充满希望与未来。

婴儿呱呱坠地后,第一次叫爸妈,第一次学走路;上学后,第一次打架,第一次获奖;长大后,第一次交异性朋友,第一次工作赚钱……

不过,有一天,你忽然发现,"第一次"不知不觉间减少了,相对增加的是"最后一次"。

学校毕业前,最后一次上学;出外奋斗前,最后一次依靠父母;结婚或生子前,拥有独往独来的最后一天,明天开始,就要照顾更多人。

退休的朋友最清楚,上班的最后一天是真正的最后一天;遭遇家人变故的朋友最清楚,见亲人的最后一面是绝对的最后一面。

其实,每次更换工作,改换跑道,不都有新鲜第一天和阶段性的最后一天?原来人生就是如此。兴奋地迎接每一个"第一次",在学习,成长后逐渐蜕变"第一次"越来越少,"最后一次"却越来越多。

在短促的人生里,我们对太多的结果都无法去真正捉摸掌控。所以,我们真正需要做的,是珍惜"第一次"与"最后一次"其间的每一分钟,珍惜自己存在的每一分钟,每一件事,每一位碰到的朋友!

准确把握"充分"教育的尺度

王老师的感悟是深刻的,从文章中可以看出,他对教育有着较深刻的理解。"让孩子享受充分的教育"提得很好,能够有这种思想的人就需要有正确的教育观。关于教育观问题,看似简单,但在实践中却不是一件简单的事情。我们现在缺乏让孩子们享受充分教育的环境,让孩子们根据他们的兴趣、特点等来选择教育,而给他们的则是教师、家长或者学校给予的统一的教育,当然,孩子需要有做人的教育,有培养规则习惯意识的教育,我这里强调的是在公共标准的基点之上,我们给予孩子们的教育要么"缺位",要么"越位",需要的不能给予,不需要的却一个劲地"强灌",这种教育把孩子们的学习欲望给打压下去,使学生失去了对学习的兴趣。

享受充分的教育需要社会环境的改变,当然,在现有学校,教师群体中的小环境中只要教师努力,就会创造出一些可以让孩子享受比较充分的教育机会,但这个"充分"一定要准确地把握。我们所要做的是,要让每个孩子在学校教育中,在教师的引导下,都能够享受到教育所带来的一切,让这些孩子们都能属于"他自己"。

当然,在这个过程中,教师的责任是重大的。

撰文点评篇

【链接文章】

让孩子充分享受教育（摘要）

青岛崂山　王一干

当我选择这个题目和教育同仁们交流的时候，我们很容易得到的一种认同，那就是，回想我们的学生时代，教育对我们的最大感受，大多的时候并不是一种享受，而是一种艰苦的劳动。当了老师之后，每每看到一届届高三学生将大捆大捆的书籍和复习资料或付之一炬或弃之不顾，如果这是平时学习不认真、不求上进的同学的作为，我或许还可以接受。可事实上，这恰恰是很多我们认为品学兼优、至少是学习成绩优异的学生所为，我不能不为我们的教育感到悲哀。悲哀的同时，我又不能不深思，为什么，教育给学生带来这么大的抵触情绪甚至是一种痛苦，弃之而后快呢。

平心而论，是教育帮助我们认识大千世界，学会表达和生活，学会建设和创造，这是多么伟大的工程啊！可是，为何这样一个伟大的过程，给学生的感受不是享受，而是痛苦；在学海里泛舟的感觉不是潇洒而是苦和累；学有所成的感觉不是欢呼而是逃离。

尊重学生的个性，循循善诱，让学生在知识的海洋中遨游，是老师的梦，也是学生的梦。

让学生享受教育，就应当发现学生的长处，让他尝试成功的快乐，教师更不能吝啬自己的赞美之词，这是师生和谐的催化剂；让学生享受教育，就要善意地对待学生的缺点和错误，处理问题要有艺术性，要善于引导。

尊重学生的话语权

刘燕老师提出尊重学生话语权的问题是一个值得我们反思的问题，应该值得我们深入讨论。我时常在想，教师为什么要剥夺或变相剥夺学生的话语权？是因为我们是"大人"、他们是"孩子"的原因吗？是不是还有其他什么原因？另外，假如教师不这样对待学生的话，他们当中有些教师是不是就不会教学了呢？我们的老师那么"有为"地直接或间接地替学生作答，或者让学生配合教师"我"的教学流程，把教学活动看成教师自己的"私有支配"，其背后的问题又该是什么呢？

【链接文章】

给学生话语权（摘要）

青岛东川路小学　刘燕

课堂教学中，会大量出现老师的引导语言，有些是预设的，但更多的是随机性的及时性的引导语。这几个引导语言，我们发现学生只能在这儿做选择性的回答，无法进行思维的思考，数学名师刘可钦老师说："学生问，学生答的启发式，是形式主义，往往是把学生当成应声虫，这实质上压抑了学生的主体性。"

我们知道，学生的思维开始于问题，学生的思维也会伴随着层出不穷的问题展开，如果把老师"揉碎"的问题归结为一个：你发现了什么？或者"谈谈你的想法"，就给学生提供了思考的空间，而不在简单地回答是或者不是。对话教学追求人性化和创造性。而这样的指导，"恰恰把教师的主导变为教师主导，教师控制了课堂教学的话语权"，没有给学生表达的机会和空间。使学生的思维无法展开，对话无法进行。

引导语言的设计，老师的出发点不在于"我想去如何教"而在于"学生如何学"上，有了这个理念的引导，老师应该智慧地躲在台后：你有什么发现？你认为呢？你同意吗？孩子有了表达的权利，就有了展示自己的舞台。

做好教师分内的事情

　　读了周教授的这篇文章，我想起了刘翔曾拒绝春晚剧组邀请其唱歌、演小品时所说的"我是一个运动员"的一句话。这句话看起来很平常，但却反映了刘翔的专业意识，体现出刘翔远离浮躁、潜心训练的一种精神，有了这种意识与精神，就会不断地超越自我，不断地为国家争光，就会不断丰富和成就自己的辉煌人生。与刘翔相比，我们一些教师是不是少了点意识与精神，多了点盲目与功利呢？因此，建议我们当教师的应该注意角色错位问题，不要不把自己当成自己，也不要忘了自己是一名教师，这样，就可以做好教师分内的事情，也就可以成为有职业幸福感的教师。

撰文点评篇

【链接文章】

我愿意做一个这样的老师（摘要）

周嘉惠

　　我愿意做一个这样的老师：热爱教育，热爱学生，愿意终生从事这个工作，不怕麻烦，不嫌清贫，不辞劳苦，教书育人，乐在其中。我的最大的快乐就是学生喜欢上我的课；我的最大的幸福就是学生进步了。为此，我将尽自己最大的能力，工作着，努力着，收获着。

　　我愿意做一个这样的老师：喜欢看书，喜欢和几个知心朋友交流读书心得，喜欢安静。

　　我喜欢做一个这样的老师：活泼，开朗，欢乐，有童心。

我喜欢做一个这样的老师：多才多艺，兴趣广泛，热爱生活。

我喜欢做一个这样的老师：有独立见解，不人云亦云。

我喜欢做一个这样的老师：细心，虚心，诚恳，实在。

我喜欢做一个这样的老师：爱自己的家庭，爱自己的亲人，孝敬长辈，会享受家庭的温馨。

后　记

　　光阴流转，转眼之间，我在教育战线上工作已 30 余年，尽管工作岗位发生着变化，但是始终围绕着教育事业。可以说，教育事业浸润了我几乎全部的经历，倾注了我人生最大的热情，也承载了我人生最美的梦想。

　　教育的本质是什么？怎样进行有效的教和学？这是每个教育工作者无法回避的问题，这也是我一直在思考的问题。这些问题看似简单，但是随着教育环境、教育对象等的变化，没有一劳永逸的答案，而且在我们追求着教育的"效益"的过程中，有时候不经意间会忽视这些简单的"问题"。

　　国家示范性高职院校建设工作已告一段落，在总结我们取得的成绩的同时，还需要反思教育工作中存在的问题。无论是课内的和课外的、教学的和管理的、教师的和学生的，各种各样的问题，归根结底还要从教育的本原中寻找答案。在我进行课堂观摩、与教师交流的过程中，我深刻感受到，要让我们的人才培养水平更上一层楼，需要补上一课，那就是要进一步厘清教育、高职教育的概念和本质，回到教育原点，对教育的功能进行再思考，进而找到高职办学和高职人才培养方面的规律。2013 年，学院启动新一轮课改，从最基本的教学课程开始，捡拾我们在匆忙行进过程中遗落的"真金"，夯实教育基础，启迪教育思路。

　　怎样进行课改，我们没有更多可以参考和借鉴的东西，需要大家一起去探索、去"摸着石头过河"。我回想到了我在"教师发展学校"——

琴岛工作室与教师们进行的关于教师、教育、教学得交流互动。虽然时间过去七八年，仍历历在目。那时候，我针对教育教学中存在的现实问题，撰写了《今天怎样做教师》一书。那时候，我作为一名志愿者，参与了琴岛工作室的组织运行。琴岛工作室是一些教师以志愿者的身份，利用业余时间建设的教育教学交流平台。一方面，我以发帖、跟帖的形式，在网上与老师们进行教育教学交流，进行思想碰撞和引导；另一方面，我以志愿者身份参加了很多次听课议课活动，撰写了一些评论文章；再一方面，我以下午茶、沙龙的形式，与教师们进行了多次课改交流。这些过程中的思想交流、碰撞，引发了我对基础教育一系列的思考，这些思考分享在琴岛工作室的网站上。那是教育漫谈、是教育火花的碰撞，虽然是网上互动，却像是与一两位教育同行进行轻松、愉快的下午茶，谈谈教与学那些事儿。到青岛职业技术学院工作后，我仍继续关注基础教育，关注琴岛工作室。当时的网上发言，或洋洋洒洒几千字，或四五十字只言片语，虽不是关于教育的学术言论，却都是关于教育的所思所悟。就教育而言，我认为，无论基础教育还是高等教育，其本质是一样的，其规律是相通的，关于基础教育的思考对于高等教育的课改同样具有参考价值，于是我开始着手编撰今天这本集子。

这本集子里的文章都来源于当年在琴岛工作室网站上的发帖、跟帖。整理后，发现信息量很大，总篇幅很长。我根据现实需要，进行了分类整理，细致筛选，篇幅压缩，在不改变文章原意的前提下，使文章更加精炼，更好地传达关于教育教学的思考和体悟。文章整理历时一年有余，希望这本册子对于我们今天的课改有借鉴，有启发。

课改的任务是艰巨的，美国自20世纪70年代开始课改，到现在仍然在做。所以，课程改革不应是运动式的、阵发式的，而应该是渐进式的、可持续性的，是常做常新的事情，不可能一蹴而就、一劳永逸。具体的实施策略是"自下而上"，而不是"自上而下"，重点是关注基层、关注课堂、关注学生、关注人的发展。如果把课程类比企业的产品，把学生当作我们的客户。我们把课程这个产品制造出来后，它能不能变成商品，学生接不接受、喜不喜欢、愿不愿意上，这就需要通过营销让学生来认识我们设计的课程，这些问题都需要我们关注。

作为一名教育工作者，课改对我是一个挑战，也是一个责任。结集这本书,对于我来讲,既是对自己教育教学思考的点点滴滴的整理,同样也是出于自己对教育事业责任的深切体悟。希望本书能给我的同行们带来更多关于"课改"、关于教育本质的思考,也希望本书能让每一位教育工作者加深对"教育责任"的认识与理解。同时衷心感谢武文、郑萍萍、解荟霖、曹立堃为本书的结集出版而付出辛勤努力。

覃　川

2014 年 2 月

后
记